民國歷史與文化研究

十一編

第 11 冊

近代回族文化運動（下）

丁明俊 著

花木蘭文化事業有限公司

國家圖書館出版品預行編目資料

近代回族文化運動（下）／丁明俊 著 -- 初版 -- 新北市：花
木蘭文化事業有限公司，2020〔民 109〕
目 4+198 面；19×26 公分
（民國歷史與文化研究　十一編；第 11 冊）
ISBN 978-986-518-116-1（精裝）
1. 回族 2. 文化史
628.08　　　　　　　　　　　　　　　　　109010096

ISBN-978-986-518-116-1

9 789865 181161

民國歷史與文化研究
十一編　第十一冊　　　　　　ISBN：978-986-518-116-1

近代回族文化運動（下）

作　　者	丁明俊	
總 編 輯	杜潔祥	
副總編輯	楊嘉樂	
編　　輯	許郁翎、張雅淋	美術編輯　陳逸婷
出　　版	花木蘭文化事業有限公司	
發 行 人	高小娟	
聯絡地址	235　新北市中和區中安街七二號十三樓	
	電話：02-2923-1455／傳真：02-2923-1452	
網　　址	http://www.huamulan.tw 信箱 hml810518@gmail.com	
印　　刷	普羅文化出版廣告事業	
初　　版	2020 年 9 月	
全書字數	318295 字	
定　　價	十一編 11 冊（精裝）台幣 28,000 元	版權所有 · 請勿翻印

近代回族文化運動（下）

丁明俊　著

目

次

第八章　近代回族民族意識之覺醒

　　20世紀初自孫中山先生在就任中華民國臨時大總統的宣言書中宣布:「國家之本在於人民。合漢、滿、蒙、回、藏諸地為一國,即合漢、滿、蒙、回、藏諸族為一人,是曰民族之統一」。孫中山先生「五族共和」試圖在理論上將中國各民族的民族意識統一起來,並形成全新的近代民族意識。「五族共和」中漢、滿、蒙、藏指向比較明確,而唯獨對「回族」群體所指、構成容易產生分歧。在近代回族知識界、政界由此而引起的「回族」「回教」爭論持續近半個世紀。政界要員、回族內部不同階層、群體對此問題提出不同看法,有學者認為「回」應指新疆維吾爾族,而內地回族應是信仰回教的漢族。進而展開對回族族源、回族構成、中國穆斯林與世界穆斯林之間關係討論。1939年7月26日,蔣介石在中國回教救國協會第一屆全國代表大會開幕典禮講話時稱,中國有許多佛教、基督教、回教,可以說是漢族信仰宗教,佛教不能稱佛民,耶教不能稱耶民,那麼回教也不能稱回民。據此國民政府明確提出內地回民為「生活習慣特殊的國民」,只能稱「回教」,不能稱為回族。以薛文波為代表的一批回族青年知識分子堅持回族是一個民族的觀點,據理力爭,並與國民政府進行針鋒相對的鬥爭。

第一節　民國學界對「回族」「回教」之探討

　　自孫中山先生提出漢、滿、蒙、回、藏「五族共和」概念之後,在中國近代社會及民間引起強烈反響。作為民族思想的啟蒙時期,民族概念也是在後來討論中逐漸明晰。民國時期「五族共和」中漢、滿、蒙、藏指向比較明

確，而唯獨對「回族」所指或群體構成有不同理解。不但後來國民政府認為內地回民是「生活習慣特殊的國民」，而且在當時回族內部，無論知識界還是政界，也存在較大分歧。就內地回族來說，形成兩種不同的觀點：一種觀點認為，凡是在中國信仰「回教」，具有民族意識與民族特性者，無地域種族之分，成為一純回族；第二種觀點即「漢族信回教說」，主張其祖先是漢族，不過後來信仰回教，在民族方面他們是漢族，他們只有宗教意識，而無民族意識〔註1〕。受國民政府影響，大部分人，特別在國民政府任職的回、漢高層官員認為孫中山「五族共和」所指回族並非指內地信仰伊斯蘭教的穆斯林民眾，他們認為內地穆斯林群體應稱回教徒，不能稱回族。

一、「回教」說主張者及其依據

早在 1926 年就有回族學者認為：「我教之人以回字不惡，亦自以回回稱之。自是渾號變而為本名矣。但用以名教，未以名族，尚無大害。至於回族之名，不見中國古籍，亦不見我教經書……，此回族實指新疆土著而言，非謂內地之回教徒也。」作者認為，回族應指居住在新疆的維吾爾等民族，「所以名為回族者，蓋以新疆乃回紇故土。」作者還認為「南北統一之後，袁政府假造民意，粉飾太平。乃有假借北京回教徒充回族代表之舉。於是熱衷利祿者倡之，以為進身之階；潔身自好者聽之，不申一言之辯」。從宗教信仰角度，作者認為稱回教比較好。「晚近吾教志士，憂正道之不明，或刊書籍，或出報刊，或集會講演，不惟宣之於口，而又筆之於書。闡明教理，無微不至。提倡雖勤，猶未臻大盛者，此何故哉？蓋群眾之種族觀念深，則宗教之觀念薄矣。……一切命禁可以不尊，經典可以不讀，飲食可以隨便而不拘。」〔註2〕近代回族文化運動在很大程度帶有復興伊斯蘭教的內容，許多回族社團組織、報刊將闡揚教義、推進教務作為主要宗旨。同時在當時背景下，出於對日本人佐久間貞民族分離主義及倡導的「一個民族，一個國家」的謬論的考慮，認為稱為「回族」就有可能脫離中華民族，正中日人企圖利用民族問題分裂國家的陰謀。

民國時期回族學者尹伯清認為，中國回教徒實為漢族信仰伊斯蘭教。他

〔註1〕達烏德：《中國回族運動》，《回族青年》創刊號，1933 年。

〔註2〕尹伯清：《回教與回族辨》，《中國回教學會月刊》第5期，1926 年5月出版。見《中國伊斯蘭教史參考資料選編》（上冊）262 頁，寧夏人民出版社，1985年。

指出民族與宗教是兩個不同的概念，族不能統教，教也不能統族，「若滿人、蒙人、藏人，族各不同，而奉佛教則一，何以不總稱佛族乎？內地居民盡漢族也，而儒、佛、道、耶、回諸教並行，何以不稱儒族、佛族、道族、耶族乎？獨於奉回教者而別稱回族，於理有未合，於義有未通，實惑之甚也。」〔註3〕可見早在 20 世紀 20 年代在回族知識界內部已經出現分歧。這篇文章發表於 1926 年，其觀點與當時西北回族著名將領馬福祥的觀點應該相一致。馬福祥 1922 年任綏遠都統期間致力於研究王岱輿、劉智的漢文譯著，1928 年北伐時期，馬福祥謁見蔣介石，並提出「非團結各民族，無以立國；而團結民族，在疏通意見，俾了然於主義之所在，乃可圖功」。並將自己翻印《天方典禮》《天方性理》等送蔣介石閱讀，蔣介石關於伊斯蘭教的知識大多來源於與馬福祥的交往與接觸。

　　民國時期有位自稱人類學家的學者指出，「現在有些人，認為回教就是回族。其實宗教是宗教，種族是種族，宗教與種族實在不能混為一談。」他認為，唐宋元時期進入中國的阿拉伯、波斯、中亞穆斯林從血統上已經完全與中國漢族混雜了，但新疆維吾爾回、哈薩克回又與阿拉伯、波斯無任何血緣關係。在中國漢人信仰伊斯蘭教者甚多，這部分人更不能說是回族。他舉例在甘肅一些地方調查時，發現當地一種「土人」，其實是說蒙古話的蒙古人或中亞細亞人，他們也信回教。青海民和縣有孔姓回教徒，自稱為孔子第四十七代後裔。又如甘肅永靖馬家灣附近孔家寺附近的孔姓人家，亦稱為孔子的後代，其改奉回教，係近六十年的事。他認為「回教不僅僅是邊疆少數民族的宗教，而是中華民族一部分人所信奉的宗教。」因此，在中國信奉回教的人不能稱為回族〔註4〕。也有學者認為，「中國的回教徒只有一部分或小部分唐代阿拉伯僑民的後裔，大部分是中華民族，這樣就不能統稱為『回族』」。「假使以阿拉伯民族這個國家或民族為『回族』論的出發點，那就是說全世界的回教徒不分種族，不分國別，都是阿拉伯民族的一份子，都應該以阿拉伯為『祖國』」。作者認為不但中國全國的回教徒不能以阿拉伯為祖國，即在中國已經過千餘年同化過程的少數阿拉伯人，語言文化既因與中國

〔註3〕尹伯清：《回教與回族辨》，《中國回教學會月刊》第 5 期，1926 年 5 月出版。見《中國伊斯蘭教史參考資料選編》（上冊）262 頁，寧夏人民出版社，1985 年。

〔註4〕鄭安侖：《回教問題》，《同人通訊》第 33 期（1945），見《中國伊斯蘭教史參考資料選編》（上冊）280 頁，寧夏人民出版社，1985 年。

雜處而劃分不清，也與阿拉伯毫無相干，又如何能自稱「回族」而以阿拉伯為祖國呢？包括新疆纏回、哈薩回、撒拉回等，他們已經是中國民族的一部分，他們可以向國家要求享有平等權利，國家也應該尊重他們的信仰和習慣，並提攜其文化教育各方面的發展和進步，共謀中華民族的獨立和自由。「因此，中國的任何回教徒，都是中華民族的一份子，不應再以他們為祖國而自稱『回族』」，「中國一切非回教徒，也不應以信仰不同視回教徒為異族，中國回教徒也不應再稱為『回人』或『回民』。」這只能解釋為信仰回教的中國人或中國人民，不能解釋為「回教民族」或「回族人民」〔註 5〕。在這裡作者具有狹隘的中華民族意識，認為稱「回族」就成為化外民族，脫離了中華民族群體。

民國著名漢族學者、任職燕京大學的教育家梅貽寶 1936 年在成達師範做學術報告時也談到這一問題，他說：「我以為回族這個名稱有些不很妥當，因為與其說它是一個民族的名稱，不如說它是一個宗教的名稱恰當些。因為這次我們在西北回民的團體中，有所謂漢回的，這就是起初他是漢人，後來皈依了回教。固然，據說唐朝從西方來了三位聖人，回民都是他們的血統傳來。即是這個傳說可信，但到現在講起血統來，也就微乎其微了，何況回族中還有異族呢？例如裏面有所謂薩拉回、蒙回、漢回、藏回等。所以如其說他是一個民族的名稱，不如說它是一個宗教的名稱」〔註 6〕。

民國期間一些回族知識階層認為，「回教與回族的區別，宗教的信仰是超國家超種族的，回族固然是信奉回教，而非回族的人也可以信奉回教，如印度、土耳其、埃及、阿富汗、伊拉克、漢志、敘利亞、俾路支及南洋群島、馬來半島在全世界中，可以說都有信仰回教的人，若只說回族信仰回教，未免過於狹隘了，同時也可以說是根本認識的錯誤，信奉耶教佛教的人，我們不能稱他是耶族或佛族，回教當然是同一理，我國包含的種族有漢、滿、蒙、回、藏、苗、瑤等，若再倡出種族界限的口號，便是中了敵人——日本分化的詭計。我們中國各民族應該遵照國父的民族主義，由家族——宗族——而國族，造成一個偉大的中華民族」〔註 7〕。

〔註 5〕白云：《西北回教問題》，《西北論衡》第 8 卷第 22、23、24 合刊，見《中國伊斯蘭教史參考資料選編》（上冊）280 頁，寧夏人民出版社，1985 年。

〔註 6〕梅貽寶講，馬湘筆記：《西北概況與回漢問題》，《成師校刊》1936 年第 3 卷，第 40、41 期。

〔註 7〕《回協會的使命》，《新穆民》1943 年創刊號。

二、民國學者對「回族」概念的闡釋

　　民國時期主張回族說的一些學者所提出的回族概念與今天的回族還是有較大區別。一些學者認為因地域或種族關係，中國回族在文化上呈現出多樣性，但他們的信仰是一致的，由「宗教意識」擴張為「民族意識」，於是便形成中國回族。有位學者在一篇文章中將中國回族分為「西北回族」與「內地回族」如下：

　　　　甲、西北回族

　　　　　　（1）纏回族

　　　　　　　　　a. 纏頭回族——散處天山之南。

　　　　　　　　　b. 布魯特回族——散處喀什葛爾、英吉沙爾各地。

　　　　　　（2）哈薩克回族——散處阿爾泰山、塔爾巴哈臺各地。

　　　　　　（3）黑黑子回族，散處伊利、烏什、喀什沿邊。

　　　　　　（4）塔塔爾回族——邊疆

　　　　　　（5）鬧加以回族——邊疆。

　　　　乙、內地回族（東幹回族）——陝甘及內地各省。

　　作者認為中國的回族不是簡單的、純一的，以地域論，纏回居住在天山以南，哈薩克及黑黑子則居於新疆北部，塔塔爾及鬧加以則居於沿邊，東幹回族則居於陝甘寧及內地，相形之下大不雷同。「若以種族論，纏回及漢之西域、鄯善、焉耆及城郭諸種人。布魯特（清代對柯爾克孜族稱謂——筆者注）回族即漢時烏孫休循及捐毒諸種人，哈薩克回族，則為大宛康居之民族。黑黑子實為塔城、烏蘇之民族。塔塔爾及鬧加以，則帶有白種血統之民族。東幹回族，實為突厥之後裔。更推而廣之，蒙古之一小部分，及一部分番人，亦皆信仰回教。因其信仰同一，莫不形成另一種『民族意識』。雖因地域或種族之不同，但其信仰與中心理論皆趨於一致。同時教律中更有不少富有團結性及禁止性之規定，使全部信仰伊斯蘭主義的人形成有一種民族感情，更能使宗教意識全盤變成民族意識，如禁酒、禁食不潔獸類及他物⋯⋯，如此種種，莫不使地域不同、種族不同之回教民族，成為一整個之中國回族。」〔註8〕

　　很顯然，由於作者對民族概念認識的模糊，將國內信仰伊斯蘭教的 10 個少數民族統稱為回族，而有些族稱仍沿用清代或具有民族歧視性質的稱謂，

〔註 8〕達烏德：《中國回族運動》，《回族青年》創刊號，1933 年。

如柯爾克孜族在清代被稱為「布魯特」,「黑黑子」有可能指烏茲別克族,「鬧加以」指塔吉克族。作者將內地回族稱為「東幹」,而東幹是操突厥語族對甘寧青及內地回族的稱謂,並不被內地回族認可,即便清代因回民事變失敗以後遷居中亞吉爾吉斯斯坦、哈薩克斯坦、烏茲別克斯坦三國的陝甘寧回族,雖然被當地政府或國際學術界稱為「東幹族」或「東幹人」,但他們仍然認為自己是「中原人」或「老回回」,作者關於「東幹回實為突崛之後裔」這一論斷,與事實相差甚遠,學術界已有許多研究成果,這裡不再贅述。

民國時期另一位著名學者王日蔚認為「民國奠定,五族共和,而回族之名始立。按回回既本為種族之稱,且其語言文字、血統相貌、風俗習慣、宗教、生活,均各自成系統,原之中山先生民族之定義,稱為回族實至切當。」王氏沒有細分內地回族與新疆維吾爾族之間的區別,將他們統稱為回族。但王先生已經意識到中國各地穆斯林群體在文化上的差異性,並對回回一詞的起源與演變,回回與回紇、回教、回部的關係依據大量史料進行辨析,對史料中出現的熟回、纏回、漢回、民回、夷回、白帽回、黑帽回的源與流及區別進行詳解,王先生認為他們都是今天回族的祖先。同時認為「回族一名源出回部,回部一名源出回回,回回一名源出回鶻與回紇。回族、回部含有伊斯蘭教徒意。回紇、回鶻,則與伊斯蘭教若風馬牛不相及。回回一名初本無伊斯蘭教徒意,後以其部族多信伊斯蘭教者,乃以之代表伊斯蘭教徒。回教、回族二名含義混淆,蓋全以回回一詞為癥結也」〔註9〕。也就是說長期以來族、教不分導致稱謂混亂。目前我國信仰伊斯蘭教的 10 個少數民族,例如回族、維吾爾族,無論從文化特徵,還是民族形成過程都具有較大差異性,當時一些學者將信仰伊斯蘭教的國內民族、甚至國外穆斯林統稱「回族」,顯然與事實相差甚遠。這裡面還有一個原因就是民國時期將伊斯蘭教統稱為回教,儘管伊斯蘭教一詞已經普遍使用,但伊斯蘭教還沒有完全代替「回教」,兩種稱謂並用,在族、教關係上容易造成概念混淆。

「回教」一詞在明清時期出現於史書,是漢族群體對傳入我國伊斯蘭教的稱謂,逐漸約定俗成。民國以後,回教、伊斯蘭教並用,中華人民共和國成立初期,「回教」一詞仍然使用,1956 年 6 月 2 日《國務院關於伊斯蘭教名稱問題的通知》中指出:

〔註 9〕王日蔚:《回族回教辯》,《禹貢半月刊》第 5 卷第 1 期(1937 年)。見《中國伊斯蘭教史參考資料選編》(上冊)233 頁,寧夏人民出版社,1985 年。

　　　我國漢民族地區，一般把伊斯蘭教稱為『回教』，意思是這
個教是回民信奉的宗教，報紙、雜誌也相因成習，經常使用『回
教』這個名稱。這是不確切的，伊斯蘭教是一種國際性的宗教，
伊斯蘭教這個名稱也是國際間通用的名稱。我國信仰伊斯蘭教的
除回族以外，還有維吾爾、哈薩克、烏茲別克、塔吉克、塔塔爾、
柯爾克孜、東鄉、撒拉、保安等九個民族，共約一千萬人，因此，
今後對於伊斯蘭教一律不要使用『回教』，這個名稱，應該稱為伊
斯蘭教。〔註10〕

　　當時國務院以發文形式，通知政府部門、新聞媒體使用「伊斯蘭教」代
替「回教」，對於人們正確認識民族與宗教關係具有重要現實意義。

　　20世紀30年代，以金吉堂為代表的一批學者認為，近20年來回族之界
說爭論不休，「一般教外人及一部分教民以為新疆各部固屬回族，而居住內地
穆斯林又如何界定？一部分回族認為，內地回民，如果以族言，與漢人同，
以宗教言，則係信奉天方傳來之回教」。於是回族說與漢人回教說聚訟紛紜，
至今沒有形成統一認識。金吉堂自認為「經過相當時日之考察，始知所謂回
族，既非回紇人後裔，更非漢人信回教者。」金氏依據孫中山先生《三民主
義》之「民族主義」解釋，即一個民族之構成，必須具備血統、生活、語言、
宗教、風俗習慣之五種要素。今日的回族祖先，以外來成分為主，若細分之，
有敘利亞人、小亞細亞人、伊拉克人、各部波斯人、中亞各族人、女真人、
蒙古人、猶太人……等。此等龐雜不同，風俗各異、語言文字、膚色、飲食、
面貌、骨骼都不同的外國人相率來中國定居；又因同屬一教，信仰相同，對
於教條的遵守罔不一致，然後經過長期的相互通婚、同化、繁殖生息，而成
回族。「質言之，回族者，回教教義所支配而構成之民族也。」那麼對當時比
較流行的族、教關係說如何解釋？即信回教而成回族，何以信佛教者不稱佛
族？信儒者不稱儒族？推而道教、基督教何以不稱道族、基督族？惟信奉回
教者，可以構成民族？金吉堂認為這些宗教與回教相比，回教更具民族整合
能力，其他宗教則無此綜合能力，特別是回教教義中包有社會組織之一切制
度，如經濟、婚姻、喪葬等。從學理上講，金吉堂認為內地回教徒已經具備
一個民族的各種條件。並從血統、生活（包括衣、食、住、行）、語言、宗教、

〔註10〕《國務院關於伊斯蘭教名稱問題的通知》，任一農等主編：《民族宗教知識手
　　　册》122頁，中共中央黨校出版社，1994年。

風俗習慣等方面進行論證。〔註11〕

三、馬宏道提出為回族「正名」建議

1930 年在土耳其國立伊斯蘭堡大學留學的馬宏道寫給《雲南清真鐸報》一封信中，提出給回族「正名」問題，他認為「此事關乎吾人的現在既將來甚重，諸公勿以無關緊要而忽略之」，所謂正名者，實因現在國內教親中，有自以為是回教者，又有自認為是回族者，更有以回族、回教混而稱之者，甚至有欲恢復亞名稱伊教或穆教者。人言人殊，莫衷一是。而各地、各省所立之社會團體，亦各不同，且同在一城市所立之會亦各不相謀。如回教俱進會、回教聯合會、回教青年會、回民公會、伊斯蘭會、清真教會、回族青年會等等。至於各省所立之學校，有稱回民學校，而又有稱清真學校者。究其實際，要不外大家所謀，皆使中國信回教者，得到幸福而已。但名稱既不同，見解也必殊，久而久之，則相互排斥，則將來非但無幸福可謀，至於其禍則不堪言矣。弄的一個信回教者而又如何能團結呢？殊不知回教之主旨在統一，故各種事業，皆當往統一上走。如不先正名，如何可能謀統一，又如何能謀福利呢？古人云：「名不正，則言不順；言不順，則事不成。」總之，當先正名而後方可定出今後回族或回教之歸途與前進的方向和方針來。馬宏道還列舉《醒回篇》《回教要括》等書報在稱謂方面不統一；李謙將回族、回教混為一談，在通電中將埃及、阿富汗、波斯、土耳其等國穆斯林民族均稱為回族。也有人在《伊光》報上發文，稱「清真」係外族對我之美稱，回教為外人對我之呆稱之說。定希程在《中央日報》發文稱內地為回教，而新疆為回族。馬宏道認為正名問題關乎吾人的現在與將來，希望有一個統一的稱謂，一、如正名以後，可定將來的發展方向與方針；二、可避免不必要的糾紛；三、可免外人的分化與利用；四、可團結力量，為國家做一番有益的事業；五、名正以後可為中國穆斯林謀幸福。〔註12〕在這裡，馬宏道並沒有給出一個傾向性答案，但他意識到名稱的不統一，會對回族發展帶來一些負面影響，所以建議通過討論，形成共識，取得一個社會各界普遍認可並統一的族稱。

〔註11〕金吉堂：《回教民族說》，《禹貢半月刊》第 5 卷第 1 期（1937 年）。見《中國伊斯蘭教史參考資料選編》（上冊）247 頁，寧夏人民出版社，1985 年。

〔註12〕《土耳其馬宏道君來函》，《雲南清真鐸報》第 13 期，1930 年 2 月出版。

第二節　孫中山先生在中國回教俱進會發表演講

有學者認為「回族」一詞最早應來自孫中山先生在北京的一次演講。據記載，1912年9月12日，孫中山先生在黃興、陳其美陪同下蒞臨北京，並且到回民區考察，當時王寬、張子文等著名阿訇以中國回教俱進會主要領導人身份，組織北京各界回民代表及宗教界上千人至東珠市口織雲公所召開歡迎大會，孫中山發表即興演講。孫中山之所以面對回族大眾發表演講，與中國回教俱進會第一屆會長馬鄰翼有關。馬鄰翼早年東渡日本，加入同盟會，與孫中山相識〔註13〕。偉大的革命先行者孫中山先生在這次演講中是使用「回族」還是「回教」一詞，值得商榷。

一、傳統先《中國回教史》所記載孫中山先生演說內容

最早引用孫中山演講內容的是一些回族報刊，筆者翻閱民國期間回族報刊，發現孫中山先生五段演講內容被多家回族報刊轉載，其中《突崛》從1936年6月出版的第3卷第1～12期連續在卷首刊登《孫總理對回教民族之遺訓》。後來傳統先、白壽彝二位先生在其著作中引用。經仔細核對，《突崛》所引內容與白壽彝先生所引完全相同。據傳統先的《中國回教史》記載，孫中山先生在演講中指出：

> 三民主義首在解放國內之民族一律平等。回族在歷代所受壓迫最甚，痛苦最多，而革命性亦最強。故今後宜從事於回民之喚起，使加入民族解放的革命運動。

> 回族向以不怕犧牲著名於世，苟能喚起回民之覺悟，將使革命前途得以絕大之保障〔註14〕。

該段文字曾被白壽彝先生著《中國回教小史》引用，該文不到2.5萬字，據白壽彝先生在1981年12月30日的「作者記」介紹，該文寫於1943年，發表於《邊政公論》，1944年作了一些修改，交商務印書館出單行本，白先生在參考資料舉要中列有傳統先《中國回教史》。查《中國回教史》該書第七章「中華民國之回教」，其引文除前面白壽彝先生所引兩段外，後面還有三段，分別是：

> 且國民革命之工作，首在打倒帝國主義；但此種工作，斷非中

〔註13〕劉東聲、劉盛林：《北京牛街》90頁，北京出版社，1990年。
〔註14〕白壽彝：《中國伊斯蘭教史存稿》41頁，寧夏人民出版社，1982年。

華民國可以單獨完成，勢須亞洲各弱小民族為密切之聯合。

亞洲弱小民族，為波斯、土耳其、印度、阿富汗及阿拉伯，皆為回族組成之國家。此多數回族國家既具有強大之革命性，復受強大的壓迫力，今後勢將團結一致，以與歐洲之帝國主義相對抗，而促其覆亡。

總而言之，中國之民族運動，非有回族之參加，難得最後之成功；打倒帝國主義之工作，非有回族之整個結合，亦勢難完成也。

孫中山先生在這裡將穆斯林國家統稱為回族國家，其概念與今天回族有很大距離。傅統先先生解釋說，「孫先生所言回族，大抵係指新疆、蒙古一帶之回民及內地之回教徒而言」。在這裡，傅統先先生將中國回民或回教徒根據居住環境，有新疆與內地之分，但並沒有細究中國穆斯林之間文化差異。更為重要的是以上五段引文全部沒有注明出處，書後有「參考書」，但沒有與引文一一對應，且這些參考書均為回族歷史和正史類，也無法找到原文出處。傅統先著《中國回教史》1937 年完稿，1940 年由商務印書館出版，2000 年寧夏人民出版社重新。沒有找到孫中山先生這次重要講話的全文，為一大憾事，也就無法印證傅統先先生所引資料的真實性。但在民國時期許多回族報刊中能看到以上內容，例如《突崛》雜誌 1936 年出版的第三卷連續多期在卷首刊載《孫總理對於回教民族之遺訓》，內容與以上相同。

二、《孫中山全集》記載的演說內容

中國社會科學院近代史研究所民國史研究室所編的《孫中山全集》第 2 卷《在北京回教俱樂部歡迎會的演說》，全文如下：

今日之中華民國，乃五族同胞合力造成。國家政體既經改良，不惟五族平等，即宗教亦均平等。當初地球上最有力量者為回教，崇信回教之國亦不少。現宜以宗教情感，聯絡全國回教中人，發其愛國思想，擴充回教勢力，恢復回教狀態。

此段原文下注釋為「此件係演說大意」，引文出處為「據《國父全集》第二冊（轉錄上海《中華民報》一九一二年九月十八日《回教俱樂部開會歡迎孫黃陳諸君》）。這裡的「回教俱樂部」很可能是「回教俱進會」的誤寫。本人曾試圖找到 1912 年 9 月 18 日《中華民報》原文進行核對，但至今還沒有成功。從《孫中山全集》與傅統先《中國回教史》引文來看，內容有相似之

處，但還是區別較大，《全集》仍稱「回教」，沒有出現「回族」，但行文比較規範。從時間來看孫中山演講是 9 月 12 日，《中華民報》在 9 月 19 日進行報導，符合邏輯。

三、幾大報刊對孫中山演講的報導

余振貴、張巨齡二位先生也對孫中山先生這次演講內容進行梳理。當時北京各大報紙對孫中山這次講話進行報導，儘管其報導側重點不同，但有一點是相同的，及孫中山明確主張，包括中國各族穆斯林在內的中華各族人民團結奮進，共振中華。對這次講話進行報導的還有《大自由報》，當時回族人丁寶臣創辦的《正宗愛國報》以及上海的《申報》均進行報導。

9 月 22 日出版的上海《申報》報導如下：

> 回教俱進會十五日該會在織雲公所開會，歡迎孫中山、黃克強二君，是日午後二時該會會員及來賓、清真小學校學生音樂隊等，約五六百人之譜。候至三鐘餘，孫中山甫由湖廣會館到該所，該會執事人，出場歡迎，至會場後，由該會執事令學生隊唱「愛國歌」歡迎。次由音樂隊奏音樂畢。該會會長馬振武（即馬鄰翼）君請孫中山演說。孫即演說席，略云：
>
> 「文受諸君之歡迎，實為抱歉，今日中國得為民國，非文一人之力，乃五大族同胞之力。政體既改良，不惟五族人民平等，即五族宗教之平等。宗教為國家不可少之物，貴教在當初地球上為最有力量之宗教，崇拜貴教，信仰貴教之國家亦頗不少。如歐洲、南亞洲、非洲摩洛哥、德蘭司法等國，及後亞非等國之亡，貴教之勢力始少減少，而該國之亡非信宗教之咎，乃政治不良之故也。故雖有極好之宗教，而無所附麗。今我國既改為民國，採共和立憲政體，此為世界之最良、最上之政體，貴教宜以宗教之感情聯絡全國教徒，格外發出一種愛國思想，輔助國家，促政治之進行，並擴充貴教勢力，振頓貴教精神，恢復以前貴教勢力之狀況」說畢告辭，回迎賓館。〔註 15〕

1912 年 9 月 16 日《大自由報》發表的孫中山講話記錄為：

〔註 15〕《申報》1912 年 9 月 22 日，轉引自張巨齡《中國回教俱進會初創記評（中）》，《回族研究》1998 年第 1 期。

　　　　民國成立全賴我北方回族同胞贊成，故能有最偉大最新鮮之宏
大共和國之出現。回族與世界上，不惟在亞洲佔優勢，即歐洲、非
洲千餘年前均在回教範圍之內，如波斯、土耳其、阜落芝、阿富汗、
阿拉伯、摩洛哥，無不崇奉回教⋯⋯現在，由專制制度改為共和，
為世界最偉大、最高尚之政治，回教又為最偉大、最高尚之宗教。

1912 年 9 月 17《正宗愛國報》作了如下報導：

　　　　（孫中山說）歐亞非三洲回教國，本極強盛。現在多至衰亡，
其致滅亡之原因，係為政治不良，並非宗教之關係。現中華民國改
為共和，政治既良，再加以回教之良善宗教，互相維持，必能發揚
光大，強盛中華民族。使中國強盛後，尤望回教同胞以宗教之團結
力，聯合歐美亞非各洲已衰弱之國，一力振興。〔註16〕

　　從以上各報報導內容看，上海《申報》報導最為詳盡，《大自由報》以「回
族」「回教」同時出現，但「回族」所指實為世界穆斯林。《正宗愛國報》報
導內容與《全集》內容比較接近。

　　孫中山先生在中國回教俱進會的這即興次演講，沒有將演講稿完整整理
發表，各大報紙各取所需，進行簡單報導，內容不盡一致，但分析各報對孫
中山先生這次講話的報導，有以下幾點比較一致：一是強調中華民國成立及
政體改良；二是強調伊斯蘭教（回教）是世界性宗教，曾經有過輝煌歷程；
三是強調中國回教同胞在國家建設中發揮應有作用。

　　之所以對孫中山先生這次講話及傅統先生《中國回教史》引文進行核
實，首先因為這次講話比較重要，可能是至今知道的孫先生面對回族大眾的
一次重要講話；其次釐清孫中山先生這次講話到底是使用「回教」還是「回
族」，即便使用「回族」一詞，但孫中山所指「回族」與 20 世紀三四十年代
「回教」「回族」之爭時所指回族還是有較大區別；第三，蔣介石自稱為孫中
山先生忠實信徒，如果孫中山先生這次講話中使用「回族」一詞，並且指向
很明確，也許蔣介石就不會輕易發表否定「回族」是一個民族的言論。第四，
著名回族史專家白壽彝教授在 1943 年所著《中國回教小史》中首先引用，一
直到今天還有許多學者引用傅統先《中國回教史》中這條史料。第五，也有
學者認為民國政府從來沒有承認過內地回回是一個民族，「五族共和」口號裏

〔註16〕余振貴：《歷代政權與伊斯蘭教》233 頁，寧夏人民出版社，2012 年。

的「回」只是一個泛稱而已〔註 17〕。所以筆者在此對傅統先所引資料準確性存疑。

第三節　蔣介石「回教」說提出及其影響

民國時期國民政府對回民的民族界定首先必須得到回族上層及知識界的認同，之後才能得到回民大眾的響應。早期與蔣介石交往較深或接觸較多的回族上層人士，除白崇禧以外，應屬西北馬福祥將軍。馬福祥一生致力於發展回族教育及文化事業，具有較強的民族宗教情結，同時具有深厚的儒家文化學養。他曾將明清之際「回儒」學者王岱輿、劉智等有關伊斯蘭教著述如《正教真詮》《清真大學》等 20 餘部整理出版，送與國民黨高層包括蔣介石、戴季陶等閱讀，蔣介石關於「回教」的知識，也大多源於與馬福祥交往及閱讀其所贈書籍〔註 18〕。

一、蔣介石「回教」說的提出

1938 年 10 月 17 日，甘寧青抗敵救國宣傳團代表西北回族軍民向蔣介石獻旗，蔣介石在獻旗典禮上發表針對回族講話：「我們中國的回教同胞，除一部分來自西域外，其餘大部分還是內地固有的人民，實際上不過是信仰的不同，並沒有種族的分別。」〔註 19〕1939 年 7 月 26 日，蔣介石在中國回教救國協會第一屆全國代表大會開幕典禮講話時稱：「中國有許多佛教、基督教、回教，可以說是漢族信仰宗教，佛教不能稱佛民，耶教不能稱耶民，那麼回教也不能稱回民。宗教傳佈的目的，在於普遍，若回教之信仰，回民和回族始有信仰資格，未免將本身資格變得狹小，不是宗教之本意。若回教即回族，難道非回族人就不能信仰回教麼？過去我和馬雲亭（即馬福祥）先生談過這個問題，他很明白這個道理，他認為中國的回教，多半是漢人信仰回教。」〔註 20〕蔣介石的這次講話很重要，之後「回族」「回民」稱謂受到限制，回族被稱為「內地生活習慣特殊的國民」。顯然這一稱謂缺乏科學性與規範性，並沒有

〔註 17〕 方素梅：《從〈回部公牘〉看民國前期回族的政治參與活動》，《民族研究》2010
　　　　年第 1 期。
〔註 18〕 丁明俊：《馬福祥傳》，154 頁，寧夏人民出版社，2001 年。
〔註 19〕 《蔣委員長對全國回民的訓示》，《回民言論》創刊號，1939 年 1 月出版。
〔註 20〕 薛文波記錄：《蔣總裁開幕典禮訓詞》《回民言論》第 2 卷第 2 期，1939 年 7
　　　　月 30 出版。

得到大多數回族大眾認同，回族內部出版的報刊仍然是「回民」「回族」「回教」混用。

在這次會議上，白崇禧作為理事長也作了《中國回教今後的展望》演講，在談到「回教」與「回族」時說：「過去常有一部分人認為中國回教徒可以單獨構成一個民族，其實這是很錯誤的，因為世界上無論哪一種宗教，都是要普及於全人類的，而並沒有民族或國家的畛域之分，……即回教流傳至今，全世界大多數民族間亦都有他的信徒，以中國而論，全國各地信教的漢滿蒙回藏都有，如青海是種族最複雜的省份，也是各方回教徒薈萃的地方。那裡的回教徒有西藏人，有新疆人，有蒙古人，有漢人，還有少數滿洲人，可以說是五族具備了，如果把回教，看為是回族，不僅不合邏輯，而且也把回教的精神，縮小成太狹窄了。須知一個民族的構成，是由歷史的血統、生活、語言、宗教、生活習慣，各方面配合而自然構成的，宗教不過構成民族的因素之一罷了，且總理在民族主義中曾言及，中國人一向只崇拜家族宗族，而缺少國族主義——即民族主義，故總理他要把宗族、家族意識擴大為民族、國族。更就事實上言，全中國同胞，大家統一血統，共同生活，在中國的領域上，已有數千年的歷史，其所構成的是一個大中華民族。」「『回教』就是『回族』，回族只能信奉回教，這種錯誤的思想，我們應該徹底糾正，現在本人聯想到本會的名稱：——『回民救國協會』『回民』兩字的含義，是『回教人民』呢？抑係『回教民族』呢？從表面上看是很含混的，故我主張改為『回教救國協會』，希望各位加以研討。」〔註21〕

時任寧夏省政府主席的馬鴻逵在一次演講時也涉及此問題，他說「回教與回族，是有分別而不能混為一談的。回教是一種宗教而不是一種種族，如果謂回教即為回族，那就錯誤太大了，考回教傳入中國，在紀元七百餘年以前，距今約一千一二百年上下。自回教傳入中國後，中國舊有的民族信奉回教者日漸增多，於是宗教的範圍漸漸擴大起來，超越了種族的界線，所以到了現在，除了新疆的纏回係真正之回教而外，其他國內各地教民，均係由中國原有民族而信奉回教者，所以回教與回族是絕對不同的。由此我們可以估計，我們十八輩二十輩以前的祖先，尚未信奉回教，與現在未奉回教的人是一樣的。……試問自己不是中華民族，究竟哪一個是從阿富汗、土耳其，或

〔註21〕白崇禧：《中國回教今後的展望——在本會第一屆全體會員代表大會席上之講詞》，《中國回教救國協會會刊》第1卷第1期，1939年10月15日出版。

是阿拉伯遷徙而來的呢？照這樣說，我們根本無漢族回族之分」〔註22〕。馬鴻逵在抗戰時期講到西北回漢關係問題時說道，中國的人民因信仰自由，信仰了回教，而民族仍然還是中華民族，並不因信教而變為阿拉伯民族。我們是中華民族，是四萬萬人裏的一部分。我們是世忠國家，不能忘其祖宗，不能忘其國家。無所謂回，無所謂漢，只有團結救國，抵禦外侮，並無所謂回漢的隔閡〔註23〕。

　　在蔣介石這次演講之前，回族學者孫繩武就中華民族與回教關係進行論述，認為回教本名是伊斯蘭教，也是世界性宗教，是中華民族部分人信仰的宗教，並認為「『回教』一詞的來源，是由於新疆回族信奉伊斯蘭教的普遍。其實在穆聖昌明伊斯蘭教以前，回族早就已存在我國，並且最初將伊斯蘭教傳入中國內部的，也不是新疆回族。歷史告訴我們，大食和波斯人把伊斯蘭教介紹給突厥族（新疆回族是突厥族的一支）；也把它傳入中國內部。在這以前，中國沒有伊斯蘭教；而回族所信奉的是摩尼教，後來因為回族普遍地信奉伊斯蘭教，所以即以『回教』稱伊斯蘭教。回教自唐初傳入中國以後，發展得很快。新疆回族而外，其他各族中也無不有信徒。內地回教徒的姓氏，差不多已經各姓氏都有。從源流上考察起來，除一小部分是新疆回族內徙的，和波斯阿拉伯人來華傳教和經商留居不返、從漢姓者而外，大多數都是內地固有的同胞……所以委員長說：『我們中國的回教同胞，除一部分來自西域外，其餘大多數還是內地固有的人民』」〔註24〕。孫繩武認為，內地的回教徒雖然不能稱為民族，但有其共同的特徵，一是國家觀念很強，二是宗教精神謹嚴，三是生活習慣整肅。

　　從上文可以看出，孫繩武主張新疆維吾爾族可以稱「回族」。孫繩武為了進一步闡述自己觀點，又發表《再論中華民族與回教》一文，在這篇文章中他又認為，雖然回族（指維吾爾族）與回紇有一定聯繫，「但他們是否屬於回紇的一系，經過了一千多年的演化，他們和其他民族也當然也經歷混合，回紇的名稱早已未經沿用，我們若仍以回族稱新疆維、哈等族，未見恰當，我

〔註22〕馬鴻逵：《宗教與國家講演詞》，見《馬氏族譜》，收入李偉、吳建偉等主編《回族文獻叢刊》1245頁，上海古籍出版社，2006年。

〔註23〕馬鴻逵：《西北之一大問題講演詞》，見《馬氏族譜》，收入李偉、吳建偉等主編《回族文獻叢刊》1253頁，上海古籍出版社，2006年。

〔註24〕孫繩武：《中華民族與回教》，《回民言論半月刊》第1卷第7期，1939年4月15日出版。

們如果以維族、哈族稱之，才是名實相符（立法委員艾沙先生即係維族人，他也是主張稱維族不稱回族），『回族』一詞，已成為歷史的名詞」。他認為中國的回教徒不能單獨構成一個民族，我們應該稱「回教」，不應該稱「回族」，尤其不應該稱「回教民族」﹝註25﹞。很顯然，孫繩武之所以提出以上觀點，明顯受國民政府上層影響，也與日本企圖利用民族問題，分裂中國有關。也希望形成一個以中華民族為象徵的國族，對抗日本的分裂陰謀。

二、伊斯蘭青年會之「回族」說

抗戰時期，來到重慶的回族文化青年很多，有薛文波、艾宜栽、王農村、馬述堯、李廷弼、楊敬之、白澤民、閃克行等，他們是堅定地「回族」論主張者。1933年他們曾在北京西單清真寺成立「中國回族青年會」，並主辦《回族青年》，他們主張回回是一個信仰伊斯蘭教的民族，並提倡「民族自治」。北京淪陷以後，他們曾商議在重慶恢復中國回族青年會及主辦的《回族青年》，但國民黨社會部不予備案，行政院也曾明令一切報刊、社團及新聞報導禁止使用「回族」「回民」字樣。回族青年會做出讓步，改為伊斯蘭青年會，仍不能通過，於是伊斯蘭青年會改為隸屬回教救國協會的二級學會，正常活動並沒有受影響。據薛文波回憶，當時一些老年人、宗教界阿訇對「回族」「回教」稱謂無所謂。白崇禧多次約這批年輕人談話，有一次談話時在座的還有達浦生阿訇，復旦大學馬宗融教授，法學家馮子斌等人，白崇禧先問達浦生阿訇，他明確表態「我們是漢族信教」。馬宗融教授提出質疑，並認為應該稱「回族」，馮子斌也說：「別的事可以商量，這事不是一般的，我們不能出賣祖宗。」明確反對「回教」稱謂，並認為回族祖先應以唐、宋、元、明、清時期東來的阿拉伯、波斯人或中亞人為主，漢族改信回教者只占一小部分。還有一次，薛文波、白澤民、謝澄波等前往拜見白崇禧，白崇禧說：「你們都是主張回族的，我想聽聽你們的說法。」據薛文波回憶，他們幾個年輕人對於回回在中國的形成與發展沒有深入研究，就膚淺的說了些回回是一個民族的理論根據，白崇禧聽了，很平心靜氣地說「人家（指陳立夫、陳果夫）不讓說，我們就不要說了，說起根源來，我們白姓來自南京，是元代在廣西為官白篤魯丁後人哩」﹝註26﹞。以後在回教救國協會內部很少談這個問題了。

﹝註25﹞孫繩武：《再論中華民族與回教》，《回民言論半月刊》第1卷第12期，1939年6月30日出版。

﹝註26﹞薛文波：《雪嶺重澤》卷一，102頁，內部資料，1999年。

這個時期，伊斯蘭青年會儘管沒有備案，但隸屬於回教救國協會之下，活動照常進行。當時回教救國協會的小組組長，如第一組組長艾宜載、第二組組長李廷弼、第三組組長王農村都是伊斯蘭青年會骨幹成員，成達師範、中央軍校的許多回民青年支持伊斯蘭青年會的主張與行動。抗戰勝利以後，伊斯蘭青年會改稱回民青年會，在主辦的《回民青年》刊登文章，對國民政府的大漢族主義進行批判，為爭取國大代表回民名額進行鬥爭。

　　民國時期對回族、維吾爾之間關係如何認定，還沒有引起重視，很少有人進行系統研究。有學者認為，民國時期內地回回人將新疆的「纏回」包括在「自我」的認同範圍之內〔註27〕。如果統稱信仰回教的群體，或中國穆斯林，還是可以成立。但也有學者認為回族不但包括維吾爾，並且世界所有信仰伊斯蘭教的群體都可稱為回族。例如民國著名教育家、時任國民政府教育部部長的朱家驊在一次演講時，也談到回民問題，他說「回民是中華民族的一部分，但其人種與語言均與漢人不同，習慣自異，我們對於他們所信奉的回教，當特別尊重。本黨是主張信教自由的，國家的法律也顧到信教自由的原則，沒有宗教差別的限制，我們對於忠誠信仰，嚴守教規的人，蕭然起敬，因為不輕易捨己從人和固守立場，是一種崇高的美德，那麼我們千萬不要強人從己，而應該適應環境，接受旁人的風俗習慣，就是在語文的研讀一點上，也不可讓回民不讀回文而專讀國文，而盡可讓他們讀通了回文再來讀國文。聽說當滿清末年，新疆的官吏，遵行朝廷的命令，開辦新式學校，強迫讀國文，當地的青年不肯上學，便派差役把他們拘捕到學校來，還恐他們逃走，更用方法看著他們，這樣揠苗助長的辦法，自然是弄巧成拙，愚笨可笑之至，我們如果希望回民通國文，頂好從我們先通回文做起，對於其他各民族也亦復如此」〔註28〕。可以看出朱家驊在這裡所說的回民，顯然指今天的維吾爾族。

　　雖然回回人與維吾爾人同屬於「回教徒」，但在認同感上，還存在明顯差異，例如中國回教救國協會是抗戰期間在國民政府支持下成立組織程度最高、影響最大的全國性穆斯林社團組織，從其工作設想來看，也將新疆維吾爾包括在內，在內地比較活躍的維吾爾人艾沙也是協會的骨幹成員，一些維

〔註27〕姚大力：《「回回祖國」與回族認同的歷史變遷》，參見《北方民族史十論》第108～109頁。廣西師範大學出版社，2007年。
〔註28〕《朱家驊部長論回民》，《回教青年月報》第5卷第8、9期合刊。

吾爾人也在內地回民社團任職，穆罕默德‧伊敏到內地，受到回民組織的歡迎、宴請，並發表演講，但在維吾爾人來看，回民與維吾爾人屬於兩個不同的群體，所以抗戰期間中國回教救國協會新疆分會並沒有成立，其原因是「乃以該省情形特殊，久經變亂，致未成立」。至 1948 年中國回教協會理事王曾善出任新疆民政廳長，受回教協會委託，才進行籌備。民國以來對新疆維吾爾大多沿襲清代「纏回」稱謂，1935 年新疆省政府應維吾爾人之請求，並經省政府決議案會議，對外發布《新疆省政府令改纏回名稱為維吾爾布告》，正式稱為「維吾爾」。《布告》稱：

> 「……茲經本府第三次會議，通過用維吾爾三字，此名稱俠義
> 言之，為保護自己民族之意，廣義言之，為保護國家之意，與威武
> 爾一稱也無衝突處。顧名思義，當生愛國家愛民族之觀念。且用此
> 三字譯維吾爾之音，也較其他字為妥。故以後改稱纏回為維吾爾，
> 禁用畏兀兒、威武爾等名稱，特此布告全體人民知悉。

> 　邊防督辦　　　　　　盛世才
> 　新疆省政府主席　　　李溶
> 　新疆省政府副主席　和加尼牙孜〔註29〕

此布告最早發表在《天山月刊》第 3 期，1937 年王日蔚在《禹貢半月刊》發表《維吾爾（纏回）民族名稱變遷考》一文，該文資料豐富，引文精準。王日蔚先生在該文引用了這條《布告》資料，並加按語說：「按此布告非漢文，乃係艾沙君及作者同譯自 1934 年 12 月 14 日塔城纏回文《我們的聲》週報者，故不類普通公文形式，此布告謂漢唐給予天山南路住民種種名稱，清皆謂之纏回，似認纏回與古天山南路居民為同一種族。實則纏回即古之回紇，元之畏兀兒，乃係唐末遷入者。該族最惡纏回之稱，彼等均自稱為維吾爾；自新疆『民變』，經該族奮鬥之結果，現於新疆上頗具相當實力。布告中副主席和加尼牙孜即係在『民變』中數經生死者，故能促省政府改用纏回為維吾爾。唐藉回紇之力，收復兩京，故不得不應其請，改回紇為回鶻，與今之改纏回為維吾爾正復相同。」此文對維吾爾族的起源、發展歷程、名稱演變及與回回之關係進行詳細考證，晚清時期纏回、漢回名稱始見確定，並認為「蓋凡與漢族同化較深者均謂之漢回，否則均為之纏回」，並稱「漢回亦為維吾爾族，

〔註29〕王日蔚：《維吾爾（纏回）民族名稱演變考》，《禹貢半月刊》第 7 卷第 4 期，1937 年 4 月 26 日出版。

以其與漢族同化較深，彼亦自失其民族意識，維吾爾族亦不認其為同種也」〔註30〕。這個論斷應該是有問題的，回族族源較維吾爾族為複雜，不排除回族族源中有維吾爾族成分，但只占很小一部分。

　　這個《布告》在內地新聞及社會各界並沒有引起重視，除新疆一些報刊使用「維吾爾族」外，而內地回族報刊使用最多的還是「纏回」或回族，有人認為「只有新疆人才是回族，內地人是漢人信仰回教」，儘管這種表述不嚴謹，但反映了當時一些人試圖以宗教意識代替民族意識，以及對「回族」「回教」「伊斯蘭教」「穆斯林」概念認識的模糊。

第四節　伊斯蘭青年會與國民政府行政院之抗辯

　　1941 年 9 月 6 日重慶各報刊載國民政府中央社通訊稿《回人應稱回教徒，不得再稱回族》的行政院通令，提出「我國向稱漢、滿、蒙、回、藏五族共和，其中回族實為回教，如蒙、藏人均有一定之地域，一定之政教，故可稱為蒙族、藏族，若回人則遍布全國，雖甘、寧、青等省較多，然除其宗教上之儀式外，一切均與漢人無異，實與信奉耶穌教、天主教之教徒相同，故可只稱為回教徒，不能稱為回族。過去因此稱謂時而引起民族上的問題，以致發生隔閡誤會，實一絕大遺憾。現在種種隔閡現象雖已掃除，然名不正即言不順，仍有予以根本糾正之必要。聞行政院有見及此，擬即通令全國，以通告於回人一律稱為回教徒，不准再稱為回族云。」〔註31〕

　　此篇通訊稿以國民政府行政院通令在當時各大報刊發，影響非常之大。伊斯蘭教青年會立刻召開緊急會議，推選本會幹事艾沙、楊敬之、白澤民、王農村、薛文波、王夢揚等代表前往中央社查詢這篇通訊稿的產生背景，中央社負責人律鴻起稱：「該項原稿係由行政院秘書處蓋章送發，並未增刪一字」。於是又前往行政院質詢，行政院秘書長魏道明解釋說，此通令確係行政院發布，唯係保障回民，並非限稱回族，與該通訊內容不符，並允為徹查云。1941 年 9 月 26 日行政院果然在各大報紙又刊載通令，標題為《行政院通令禁止侮辱回教，對回教人民稱回教徒》，內容為「行政院決定通令改正對於信奉回教人民之稱謂，曾誌前報，茲經探悉，係根據中國回教救國協會之請，行

〔註30〕王日蔚：《維吾爾（纏回）民族名稱演變考》，《禹貢半月刊》第 7 卷第 4 期，1937 年 4 月 26 日出版。
〔註31〕《中國伊斯蘭青年會快郵代電》，《回教青年》1941 年第 3 卷第 5 期。

政院以人民對於宗教的信仰之自由，同為中華民族，本無畛域，自應禁止任何不當稱謂，爰予令行全國注意改善，原令昨日發出，茲探誌如下：『人民信教自由載在約法，回教流傳中國歷年已久，國人信奉者散居聚處無分畛域，信仰雖殊，種族則一，其有無端歧視，妄肆詆毀，不特有妨信教之自由，抑且昧於民族之大義，茲據中國回教救國協會呈請明令取締對回教含有侮辱之一切稱謂文字前來，自可准行，嗣後所有公私文件，對於信仰回教之人民，因宗教而必須辨別時，應一律稱為回教徒，各省編纂或重修地方志書，涉及回教事件並應改善其稱謂，以正視聽，明示團結！除分行外。合亟令仰遵照，並飭屬一體遵照！此令』。」

伊斯蘭青年會對行政院這一通令避重就輕、偷換概念的解釋很不滿意，並且將前令發布「回人應稱回教徒，不得再稱回族」的緣由歸結為中國回教救國協會所請。伊斯蘭青年會立即發電聲明，「查行政院通令取締侮辱回教名詞，固為吾人所感激，而限稱回教徒實非吾人所樂為！蓋回教徒一詞本非佳名，觀於『狂徒』『暴徒』……為一般所襲用可知，且因取締侮辱名詞而限稱回教徒，則種種侮辱名詞固在禁止之列，而如回民、回族、回胞、回教名詞亦均不得沿用，是指以回民、回族等名視同侮辱名詞，其意何在？實為吾人所不解！至中央社通訊稿既與令文不符，而行政院發令文稿時並未加以更正，且繼謂該項通訊所謂將發之通令根據中國回教救國協會之請，又沒敘明回教救國協會呈文內容，是通訊稿根據院令，而院令又係根據回協會之請。則通訊及通令內容宜即為回協會之請求，是不啻謂回協會既請求取締侮辱回教名詞，又請求禁稱回族，有建議限稱回教徒也！」〔註32〕

第五節　回教救國協會、伊斯蘭青年會對行政院通令提出異議

回教救國協會認為該通訊與本會呈請行政院通令內容完全不符，救國協會恐為外界誤會「回人應稱回教徒，不得再稱回族」新聞，係本會呈請行政院而發，於是救國協會與伊斯蘭青年會聯合展開調查。經查，1940年6月份中國回教救國協會總部收到雲南分會大理支會和昭通支會兩份提案，其中大理支會提案內容為「擬請轉呈中央命令取締對回教含有侮辱之一切稱謂如『回

〔註32〕《中國伊斯蘭青年會快郵代電》，《回教青年》1941年第3卷第5期。

匪』『回逆』及加反犬旁之『回』字，以糾正以往錯誤，根除民族間之不良影響案」和昭通支會提「請轉呈中央，通令全國，將志書記載關於『回匪』『叛回』等字樣，予以取銷案」，中國回教救國協會對這兩份提案十分重視，召開專門會議，經小組合併審查，以總會名義向行政院提交《本會呈請行政院通令全國取締對回教含有侮辱之一切稱謂》，原文如下：

本會據云南省分會之轉請，特呈請行政院通令全國一致取締對回教含有侮辱性之一切稱謂，原文云：

竊據本會雲南省分會本年六月二十六日函稱；「查本會第一次全省代表大會大理支會提案《擬請轉呈中央明令取締對回教含有侮辱之一切稱謂，如『回匪』『回逆』，及加反犬旁之『回』字，以糾正以往之錯誤，根除民族間之不良影響案》；又昭通支會提案《請轉呈中央通令全國將志書記載關於『回匪』『叛回』等字樣予以取消案》，經小組合併審查提供意見：查回漢皆為構成中華民族之主要成分，宗教之信仰雖殊，共同為中華民族則一。乃前清專制時代，橫分畛域，別有作用，而主持其事者，又以偏私壓迫為能事，致以回漢間少數人之誤會，竟致演成□禍浩劫，使回漢仇視，引為國內民族團結上一大遺憾。事後肆意詆毀，曲盡污蔑，關於此類記載，見之於方志碑文者，所在皆是。破壞團結，中傷情感，莫此為甚。民國肇造，五族一家，此種裂痕，亟宜掃除，以期精誠團結，共赴國難。擬請總會轉呈中央通令全國一致嚴切更正等語，提付大會討論，一致通過，記錄在案，相應錄案函請貴會查照，賜予據情邀請中央通令全國一致照辦為荷」等由到會。查回教至唐初以致明末，回漢之間從無隔閡，且代有功績，光耀史乘。迄滿清入主中國，施其分化政策，遂有回漢之裂痕，演成互相殘殺之慘劇。然亦由於地方官吏以事起之始，未能公平處理，以致星星之火竟成燎原。實則回漢之間，固無如何深仇大恨也。乃事平之後，回民備受壓迫，比之亡國之民，猶有過之。以咸同間陝西事件而論，亂定之後，關中區除長安一城而外，其餘數十縣回民不問良莠，或殺或逐，無一存留，房屋田園盡沒入官，名曰叛產，而於回教「回」字旁，加以「犬」，殘暴欺凌，莫此為甚。回民惕於專制淫威，無敢申訴。遺毒百年，至今竟未改變，如現在陝西關中區各縣，仍無回民蹤跡，而陝西教

育廳之叛產收益，為該廳最大收入。以及各種碑誌記載，對「回」字加以「犬」旁，均係確鑿事實，人所共知。竊以吾國五千萬回民（當時國內一些報刊號稱中國有五千萬穆斯林—筆者注）受滿清荼毒久矣。今民國成立，垂三十年，且當全面抗戰之際，設再不予以改善，實不足以符五族平等之旨，尤未能仰體我最高領袖精誠團結之至意。該雲南省分會所陳各節，實關重要，擬請鈞院通令全國，對於回民之稱謂，切實改善，並將以前舊痕徹底劇除，以示平等而資團結，是固回民之幸，實亦國家前途之利。除陝西所沒收回民田產應如何改變處理，俟妥擬辦法另案呈請外，據函前由理合具文轉請鑒核施行，並祈示遵，實為德便，謹呈。

中國回教救國協會
民國二十九年七月十日〔註33〕

回教救國協會為澄清事件真相，與伊斯蘭青年會聯合要求《中央日報》《大公新蜀》兩報刊載雲南分會原呈文及回教救國協會呈請行政院意見，《中央日報》刊載以上原文，《大公新蜀》以新聞審查沒有通過為由拒絕刊載。回教救國協會同時向行政院提出以下兩點請求：

一、本會呈文原意既係側重消極的取締侮辱回教名稱，而回教徒名詞，又非各地回民所樂於接受，請行政院重申具體取締侮辱回教名稱，明令飭各省、市、縣，查有志書文獻或現存碑碣，有侮辱回教名稱，如「叛回」「回亂」「匪民」等，均於刪改，禁止再有侮辱回教名稱，並請不予限制專稱為回教徒。

二、查9月16日中央社通訊，既經詢明確係行政院秘書處送發，何以與行政院通令內容毫不相符，另自立說，致引起各地回民之不安，如非別有成見，歧視回民，即係利用機會，挑撥民族惡感，實違我當局團結國族，禦侮圖存之意，其撰稿人應負法律責任，請嚴予查究，以重輿情。〔註34〕

同時伊斯蘭青年會也召開理事會，討論此案，決議向行政院呈文，表示

〔註33〕《中國回教救國協會會務消息》，《中國回教救國協會會刊》1940年第2卷，第10、11期合刊。

〔註34〕《中國回教救國協會工作報告（1939年8月——1942年2月）》，國家圖書館藏。

反對限稱回教徒，並請徹查中央社通訊稿來因，依法究治。1940 年 10 月 2 日救國協會與青年會收到行政院批覆：

> 　　呈請重申具體取締侮辱回教名令，並查明與院令不符通訊稿由，呈悉。查本院前令業經載明，凡涉及回教文件，均應改善其稱謂。所謂改善其稱謂自包括一切含有侮辱回教之文字而言，據呈請具體指明「叛回」「獷民」等字樣，實無必要。又國人信奉回教者同為中華民國之公民，回教徒一詞，特指因宗教關係而必須判別之名稱，蓋與其他宗教徒無別，並非普通之稱謂。至於院令不符之通訊稿，既經院令發表後，自應以院令為準，仰即知照，此批，院長蔣。

〔註35〕

　　救國協會與伊斯蘭青年會接到此函後，甚為不滿，但也意識到問題的複雜性也就再沒有追究。1939～1945 年期間蔣介石兼任行政院院長，在 1939 年 7 月回教救國協第一屆全體會員大會上蔣介石發表講話中，就講到中國的回人，應稱「回教徒」，不應稱「回族」，起到強大輿論引導作用。國民政府中一些回族高級軍、政要員為與國民政府「保持一致」，也附和蔣介石之說，更重要的是當時回民內部還是沒有形成統一認識。據薛文波回憶，國民黨內部陳立夫、陳果夫也反對稱「回族」，因此導致回族內部意見不統一。特別是伊斯蘭青年會一直堅持「回族」說立場，而這些年輕人又大多是回教救國協會骨幹成員，白崇禧擔心因此事影響救國協會內部團結，曾多次與薛文波、王農村等談話，希望救國協會內部不要就這個問題再進行爭論了，此事件逐漸平息。

第六節　對「回族」「回教」之爭緣起分析

　　民國時期對「回族」「回教」之爭首先源自近代回族民族意識的覺醒；其次對本民族起源與構成有不同認識，即中國信奉回教人其祖先是以外來阿拉伯、波斯等人為主，還是以中國國內漢族改信伊斯蘭教為主，對此問題的不同看法是產生分歧的主要原因；再次是少數民族是中華民族成員或主要組成部分問題沒有明確說法；學術界對民族與宗教之間的關係沒有一個權威的解釋；最後，民國時期回族、回教、回民、伊斯蘭教、穆斯林等稱謂混用，導致認識模糊，爭論不休。

〔註35〕《中國回教救國協會工作報告（1939 年 8 月～1942 年 2 月）》，國家圖書館藏。

第一，如果我們從回族剛剛經歷清朝民族屠殺，本民族所遭受的種種苦難記憶來考慮，也許能夠理解他們當時所思所想。相當一部分回族認為，稱「回教徒」更能將自己融入中華民族大家庭，有利於團結抗戰，有利於對國家和中華民族認同，同時也有利於漢族對回族的認同。

第二，民國初期，民族一詞始傳入中國，當時人們對民族含義、民族與國家、民族與種族、民族與宗教、少數民族與中華民族關係認識還不是很清楚。也就是說，討論問題之前，必須弄清楚「民族」一詞所表達的概念的內涵。概念不清，那麼圍繞這個概念的一切討論都會變得混亂。概念不清，判斷與推理就難以進行，即使進行，也會產生錯誤或模糊的結論。在當時一般人看來，漢族是中華民族的象徵與代表，少數民族能否算做中華民族成員，當時還沒有明確界說，或存在爭議。如有人提出「回族固然是信奉回教，而非回族人也可以信奉回教……若只說回族信奉回教，未免過於狹隘了，同時也可以說是根本認識的錯誤，信奉耶教、佛教的人我們不能稱他是耶族或佛族，回教當然事同一理。我國包含的種族有漢滿蒙回藏苗瑤等，若再提出種族界限的口號，便是中了敵人——日本分化的詭計。我們中國各民族應該遵照國父的民族主義，由家族宗族而國族造成一個偉大的中華民族。」〔註 36〕如何界定一個人或一個群體的民族身份，還沒形成共識。1937 年著名民族學家江應樑在對廣東北江的瑤族調查時指出：「今日之中華民族，絕對不是以一般所謂之漢民族可以概括一切的，也不是如一般所謂之漢滿蒙回藏五族可以概括一切的，把漢族看做主人翁來代表中華民族是絕大的錯誤，把中華民族分為漢滿蒙回藏更是絕大的荒唐；……今日之中華民族，實是整個的，同一的，而無所分歧的。能對於中國領土中全部民族的各個分子均有一個徹底的明瞭認識，方能說得到瞭解我們自己，方能說復興中華民族之道。」〔註37〕1937 年抗日戰爭爆發，日本入侵並佔領了大片中國領土，並將勢力延伸到東南亞半島，妄圖建立「大東亞共榮圈」，中國面臨著自近代以來最為嚴重「亡國亡種」的危險。國民政府及一些學者出於邊疆治理的目的，同時也出於凝聚全民族的認同，構建統一多民族國家的需要，開始探討中華民族構成問題。

〔註 36〕《回協會的使命——在宗教立場上我們要興教，在政治立場上我們要救國》《新穆民》1943 年創刊號。

〔註 37〕江應樑：《廣東瑤人之今昔觀》，《民俗》第 1 卷，1937 年 3 月出版。

　　第三，當時日本人提出「回族」稱謂，是出於政治目的，提倡在中國實行聯邦制，利用民族問題肢解中國，「日人自偽滿洲國與蒙古偽組織成立以後，即進一步擬組建『大回回國』，企圖分裂我中華民族」，引起回族知識界和政界的警覺。1938 年時任《突崛》主編的高文遠寫給《月華》編輯部的一封信中表露了這種擔憂，他說：「所謂『回教』『回族』『回民』『漢回』等名詞相繼而起，把整個民族分為殘破不完的小單位。敵人的用意無非引起內槓而已。乃近來一般人不知敵人的毒計，時常自己分化，以分散自己的力量。如此何以圖回民之團結，報效於國家？……其次，敵人近造謠離間中央與西北回民，放出許多不合道理的空氣，如『回回國』等鼓吹之，希對此有所注意。」〔註38〕

　　第四，抗戰前後，「回族」一詞也在不同場合出現，不僅一些回民報刊、社團名稱使用，在一些行文中也經常出現，例如 1938 年中國回民救國協會青年服務團在武漢成立，在《突崛》雜誌發表的一篇報導中稱：「回族青年所負使命之甚為重大，中國回民救國協會青年服務團之在武漢成立，正是要領導著回族青年負起興教救國的大業，相信各地回族青年皆能以報國救國的行動來擁護它」。1948 年由新疆回族文化促進會主辦，主編為馬力克、社址在迪化《回族文化》，從所發文章來看，其傾向於將新疆維吾爾等稱「回族」，將內地回族稱「回教民族」。可見在新中國成立前，國內各界對「回族」「回民」「回教」「伊斯蘭教」使用還比較混亂。

〔註38〕《抗戰期中回民團結的問題》，《月華》第 11、12、13 期合刊，1938 年 8 月 5 日出版。

第九章　民國時期回族之政治訴求

　　中華民國的建立及孫中山提出「五族共和」，激發了回族要求參與國家管理的政治訴求。儘管國民政府不承認回族是一個完整的民族共同體，或對回族的構成有不同認識，但並不影響回族的自我認知。這一時期回族一改過去「爭教不爭國」理念或與官府保持一定距離的做法，積極參與國家共和政體的構建。抗戰爆發以後，又提出「救國興教」口號，提出回教同胞是中華民族的主要組成部分，和其他同胞一樣都是國家的主人，享有同樣的權利，也負有同等的義務。民國時期回族政治參與活動，主要體現在爭取國大代表、參議員、立法委員回族名額。其參與政治活動曾出現幾次活躍期。最早一次有記載的發生在 1915 年，之後 1933 年、1936 年及 1946 年前後出現過多次，特別是中國回教青年學會、中國伊斯蘭教青年會、中國回教協會在這場鬥爭起了引領作用。這是近代回族政治意識的覺醒及要求參與國家管理、政治協商的正當要求，也是回族對國家認同的具體體現。

第一節　李謙《回部公牘》記載的早期回族政治訴求

　　最早提出回族國大代表名額人選問題是民國初年的李謙，筆者查閱國家數字圖書館收藏李謙的《回部公牘》及河南葉縣法國強先生收集整理的《回部綱鑒》等資料，發現李謙曾以新疆回部總代表名義於 1915 年上書袁世凱，要求增加國大代表回族名額。

一、李謙與《回部公牘》

　　李謙（1881～1942），字公謹，是民國初期一位在政界有爭議的回族人物，祖籍河南葉縣，曾任袁世凱衛隊軍官，1936 年赴麥加朝覲。1913 年哈密王沙木胡素特進京覲見袁世凱，袁世凱派李謙招待，二人因同教關係而慢慢親密。後來進一步得知，李謙祖父曾與哈密王之父有救命之恩，雙方變得更加親近。當哈密王要返回新疆時，袁世凱欲將與哈密王一同來京遊覽的兒子留做人質。哈密王不肯將僅有一子留下，多方斡旋，最後袁同意哈密王提議，任命李謙為新疆八部全權代表。從此以後，李謙遂以新疆「回部總代表」名義在京活動。八部包括哈密雙親王沙木胡素特、吐魯番親王葉明薔協、庫車親王買買的敏、阿克蘇郡王哈迪爾、拜城貝子司迪克、烏什貝子衛輔國公依不拉引、和闐鎮國公木沙、阿爾泰輔國公邁枚。日本人佐久間貞在自己創辦的《回光》1925 年 2 卷 1 號配李謙照片並對李謙有簡短文字介紹：「先生名謙，字公謹，原籍哈密回部，寄居河南葉縣。先生幼時好讀詩書，十三歲則已貫通五經，十八歲入清真寺念經，更通回文，二十歲入武，隨故袁大總統在小站練兵多年，頗為袁氏所器重，在前清時官保副將。民國成立後，又保陸軍中將，民國四年，蒙哈密雙親王保委回部全權代表，徐大總統照准外，各省均發有明令。先生受職以來，為公如私，即不畏強權，又能依法辯論，故於民國四年請於國民大會中加添回族代表四人，並屢上願書，請求確定回族議員專額。種種事件，雖卒功成而先生之心悴矣。先生不辭勞苦，不畏辛艱，不惜金錢，不受運動，故在他人所不能為之事，先生則能之。先生對於吾回族所謀公益固難盡述，即對於國家，亦貢獻殊多，此皆由先生待人忠厚，做事堅韌之由耳，敝社多蒙先生贊助一切，愧無以報，茲特將先生玉照載而出之，藉作永久紀念。」〔註1〕翻閱 1925 年的《回光》雜誌，發現李謙與佐久間貞關係密切，李謙在《回光》發表《回部全權總代表李謙之宣言》，之後李謙又與吳佩孚搭上線，1925 年 5 月，吳佩孚為李謙頒發回部全軍總司令的委任狀。隨著北伐的節節勝利，吳的政權也是曇花一現，1927 年 4 月 19 日，武漢國民政府在武昌舉行第二次北伐。吳佩孚在國民軍和北伐軍的夾擊下徹底失敗，率殘部逃往四川。

　　1925 年佐久間貞在上海回民及王靜齋阿訇的一致聲討之下，倉皇逃亡東北，臨走之前，佐久間貞將光社社長一職交予李謙代理。李謙在《回光》發

────────────

〔註 1〕《回八部全權總代表李公謹先生玉照》，《回光》1925 年第 2 卷第 2 號。

表《就任光社社長宣言》中說「左東山（即佐久間貞）先生熱心教務，創辦光社（一名「國際回教協會」）於申江，經營締造，苦心孤詣，成功不居，推謙為該社社長，始而以辦公處事務甚繁，不遑兼顧，一再遜謝，未何俞允，近日中外同族函電紛來，責以大義，不容固辭。謙何人斯能不感激，唯有仰承勉為暫事遙領，藉答東山先生之雅意，且副中外同族之厚望。自茲以往，如於本社本教有利益者，無不追隨諸大君子之後，竭盡棉薄，一致進取，中外人士希共譽之。回部全權總代表兼光社社長李謙。」〔註2〕

《回部公牘》是李謙1924年整理出版，李謙曾擁護袁世凱稱帝緣故，在後來回族中影響並不好，也很少有人研究這個人物，但他整理出版的《回部公牘》還是有較高史料價值，該書正文369頁，收錄民國前期有關書牘、信函340餘件，主要包括李謙以全權代表名義給總統國務院、參議員、眾議院等機構的請願書；各地回族請願書；大總統、國務院的批函；與西北回族軍政界馬福祥、馬麒等來往信函等。李謙在《回部公牘》前言自述中講到：「余為回族中一份子，不揣輕材，忝膺代表，每思所以謀吾族人民之發展，於中華民國國會議席上爭出公權，與蒙藏、青海得同一之待遇，並保障回族種種福利、公權，凡歷十餘年心血，不敢一日或忘。期間有同教重要人員所來公文函札以及當時賢豪將帥之書牘，於吾教大體收關者一一保存，特付排印成集，公之廣眾，以期我穆民父老、昆季、子弟咸知余為五族奔走東西行省十餘年中所盡之任務，使吾族後起有志之英材繼續推行之依據，且於政治上即斑斑有案可稽，亦足為依據、文牘之模範。」〔註3〕李謙還在日本人佐久間貞辦的《回光》雜誌刊登一份徵訂啟事：

> 回八部總代表李公謙先生歷來為吾回民奔走呼號，不辭辛艱，不畏跋涉，雖早為世人所公知共諒者，然恐少數之人尚未深悉一切，茲特將先生數年來所有往來公文等件，印成巨本，名曰《回部公牘》。如蒙函索，須賜郵費二分，當即奉寄，現存無多，務祈從速來函取為盼。〔註4〕

李謙以回部全權代表名義於1915年聯合當時國內回族軍政界要員，包括馬福祥、馬安良、馬麒等發起政治請願活動。據《回部公牘》第一件文牘「大

〔註2〕《就任光社社長宣言》，《回光》1925年第2卷第6號。
〔註3〕回部全權代表辦公處：《回部公牘》上海中國印刷廠，1924年。
〔註4〕《光社啟事》，《回光》1925年第2卷第4號。

總統批令請願國會增加議員由」記載，「敬肅者：民國三年奉哈密部雙親王特派謙為回部全權代表，並令有回部應辦事宜就近周旋。四年十月八日開五族國民大會，謙即上書請願加入回族國民代表。十月十日奉大總統申令，蒙藏院十月二十八日照會謙，制定加入回族國民代表四名，當派謙為回部總調查委員，共調查在京回族合格人士三十一名，十一月十五日在蒙藏院開一預備會，由三十一人中選出回部國民代表，李謙、王寬、馬吉符、馬廷襄等四名加入五族國民大會。後雖國體變更，而回部、蒙藏、青海所選之國民代表並未改選，惟四名中王寬、馬吉符、馬廷襄等三名先後物故，理應按例照補加入國會，提議憲法解決五族永遠之根本大計。」〔註5〕

這份文牘起草於何年，後面沒有日期，有些內容可能與事實不符，如李謙文中提到民國四年選出的四位回民國民代表中，王寬、馬吉符、馬廷襄後來「物故」，也就是亡故，似乎與事實不符。王寬是北京著名回族教育家，中國回教俱進會創始人，是 1918 年去世；馬吉符，安徽懷寧人，清末曾任職西藏，辛亥革命後任蒙藏院僉事，1920 年去世。馬廷襄（勷），甘肅臨夏回族，馬安良長子，1914 年曾任北洋政府總統府侍衛武官，可能與李謙有交集，1918年任涼州鎮守使，1929 年在軍閥混戰中死於河南焦作。這三位人物在李謙上書期間都還健在，至少馬廷勷在此書印刷出版以後還健在，李謙為什麼稱此三人「物故」，目的何在？

李謙等人的第一次請願活動並沒有取得實際效果。此後因國家政局不穩，袁世凱復辟稱帝等鬧劇的出現，第一屆國會解散。1922 年黎元洪再次就任大總統後，第一屆國會宣布復會，李謙又以回部總代表名義上書參、政兩院，為回部議員名額請願，但仍然沒有達到目的〔註6〕。李謙的這次請願活動遭到新疆議員的反對，同時也遭到新疆都督楊增新言辭激烈的批駁，楊增新給國務院去信，對李謙回部全權代表身份提出質疑，「茲據回部各王公電稱，據院電所稱民國三年奉哈密親王委為全權代表呈出所奉沙親王函件一節。查哈密親王於民國三年進京，該李謙因與沙親王相識，並無委託李謙為全權代表之事。」「即是沙親王委充代表屬實，謙亦不能以一縣之代表而有全疆之代表。」認為「李謙以一無賴流氓，實為內地回民中第一壞人，與新疆毫無干

〔註 5〕回部全權代表辦公處：《回部公牘》1 頁，上海中國印刷廠，1924 年。

〔註 6〕方素梅：〈從〈回部公牘〉看民國前期回族的政治參與活動〉，《民族研究》2010年第 1 期。

涉，我回部王公無有知識，安有委託李謙為回部全權代表之理。」〔註7〕並將電文在報紙刊登，對此李謙曾在 1925 年《回光》雜誌發表《全國回族通電》對楊增新言論進行反駁。楊增新這次通電批駁李謙，對李謙打擊很大，此後一段時間，李謙似乎銷聲匿跡。

二、回教救國協會對李謙行為的批判

2018 年 1 月，筆者與河南葉縣前民族宗教局局長法國強先生取得聯繫，法先生稱自己正在整理李謙《回部公牘》《回部綱鑒》及李謙詩文等資料，並將他收集到李謙《回部綱鑒》一、二冊電子版發送給本人。筆者翻閱這些資料，發現《回部綱鑒》實際是李謙的工作日記及到各地遊覽見聞，還有一些插圖，除李謙個人照片，還有段祺瑞、徐世昌、曹錕、馮國璋、吳佩孚等人照片，以及在西北考察時與回族教職人員的照片。吳佩孚為《回部綱鑒》作序。《回部綱鑒》對研究民國早期回族社會有比較高參考價值，從《回部綱鑒》目錄看，主要包括「李謙招待回王沙木胡索特」「李謙呈請總統要求加入回族公權」與政界要員接觸、到西北回族聚居區包括寧夏西吉沙溝、甘肅張家川宣化崗以及馬福祥家鄉河州陽窪山等地考察記錄等。

那麼，李謙到底是一個什麼樣的人，他是真心為民請命，爭取回族權利，還是利用民族問題為自己撈取政治資本。抗戰爆發以後，汪精衛投靠日本，與日本簽訂一系列賣國條約，受到全國人民的一致譴責，這一時期李謙又活躍起來，1939 年 12 月 1 日，國民黨中央通訊社刊發李謙《西北回族總代表李公謹通電討汪》電文一則，各報刊紛紛轉載，電文末謂「公謹謹率西北回族七千萬軍民教胞誓作後盾」。此時李謙從「回部總代表」身份又轉變為「西北回族總代表」，對此中國回教救國協會致電中央社，要求更正李謙之通電，並稱「本會以本月各報登載中央通訊社李公謹之通電一文，純係招搖闖騙，特函請該社予以更正。……查汪逆賣國求榮，國人共棄，本會業已代表全國五千萬回教同胞通電聲討，經於各報分別披露，該李公謹（即李謙）係回教著名敗類，久慣招搖，前因自稱西北回部全權總代表並冒充軍事委員會上將參議，往來陝、豫，到處撞騙，經寧夏馬主席呈軍事委員會通緝，並由本會通函各省分支區會一體辦緝有案。現猶不自斂跡，尚復藉故招搖，……該李公

〔註 7〕方素梅：《從〈回部公牘〉看民國前期回族的政治參與活動》，《民族研究》2010 年第 1 期。

謹竟敢自稱回族總代表，似此捏造假冒，不但淆惑聽聞，亦且有干法紀，除再通飭本會各省分支區會隨時查訪該李公謹行跡，以便報請政府緝拿懲辦外，相應函請貴社對該項新聞內捏造及冒充各點設法予以更正，俾正視聽。」〔註 8〕

李謙與馬鴻逵之間也有一些交集，1913 年李謙任袁世凱侍衛武官期間被任命為新疆八部全權代表，馬福祥 1912 年被甘肅都督趙維熙任命為寧夏鎮總兵，1913 年攜長子馬鴻逵到京向袁世凱述職，馬福祥返寧時，袁世凱提出要馬鴻逵留在京城任總統侍衛武官，馬福祥爽快答應。據馬鴻逵回憶，「袁對各地擁有兵力者，竭力拉攏，大施手腕，召集各權貴之成年子弟約三十餘，齊集北京，任命為總統侍衛武官。我也被調，民國三年秋，離寧夏至北京，此後二年餘，在北京少爺群裏。」〔註 9〕馬鴻逵在一次演講中特別提到李謙，他說「民國以來，在西北握兵權的人，也往往拿這個問題（即漢回關係問題）要挾政府。在回民中也有假借團體、假借教的名義，來使騙弄手段的，如李謙自稱回族代表，常在吳子玉先生那裡混，李謙是河南人，在西北回教中並不知有他這個人，他怎能代表中國的回民呢？」〔註 10〕馬鴻逵父親馬福祥曾與李謙有書信來往，李謙曾給馬福祥推薦幾位回族青年到馬福祥部任職，被馬婉言謝絕。1942 年李謙去世，時年 61 歲。

第二節　回族青年社團組織的政治請願活動

民國時期回族知識青年階層是最為活躍的一個群體，主要由各級軍政部門職員、軍官、高校學生組成，他們積極組織或參與各類社團的組建，創辦報刊，撰寫文章，爭取回族公權活動，是近代回族文化運動的積極參與者與推動者。

一、中國回教青年學會等社團組織的政治請願活動

在國民黨第五次全國代表大會召開前夕，1933 年在南京成立的中國回教青年學會發起政治請願活動，在給國民政府、中國國民黨中央執行委員會、立法院的《中國回教青年學會為請求國民參政會中增加回民會員事呈》電文

〔註 8〕中國回教救國協會：《函中央社更正李公謹之通電》，《中國回教救國協會會刊》1939 年第 1 卷第 5 期。

〔註 9〕馬鴻逵：《馬少雲回憶錄》，香港文藝書屋，1984 年。

〔註 10〕馬鴻逵：《西北之一大問題講演詞》，載《馬氏族譜》，見李偉、吳建偉主編《回族文獻叢刊》第 3 冊 1250 頁，上海古籍出版社，2008 年。

中稱：「國民參政會為發揚立法院民治促成憲政之重要階梯，意義極為重大。理宜合全國民眾之代表匯聚一堂，集思廣益，方足以宣達民情，實現民治。乃查中央所定之選舉原則中，蒙藏選出之會員各有六名，而回民會員獨未列入。揆之情理實欠公平，不僅有背總理遺教，且與最近三中全會所通過容許各民族共同參政之決議及行政院扶植回民通令之精神亦屬根本牴觸，大相徑庭，消息傳來曷甚痛憤。」「謹以建國大綱第四條之規定及三中全會之決議，懇請府鈞會與國民參政員中增加回民會員，務與蒙藏同額以順與情而示平等。」〔註11〕同時在《月華》發表《中國回教青年學會快電》，通告全國回民團體，「凡我各地回民團體，務各奮起力爭」。同時發表《中國回教青年學會致立法院法制委員會書》，希望立法院主持公道，代為向國民黨中央陳述。1936年，馬良籌備中的中華回教公會也發表書面請求，「僉以此次立法院對於國民大會組織法及國民大會代表選舉法，業經制定草案，擬定全國代表名額一千二百名，蒙藏得四十名，而回民為五族之一，亦應定有成數，懇請轉呈中央恪遵先總理重視民族之遺教，藉以安慰全回民擁護中央真誠至意，追加回民代表人數，以示真切之平等等情。」〔註12〕

國民黨中央政府原定於1936年底召開國民大會，之前由立法院決議，經國民政府頒布的國民代表大會組織法分發各省區、軍隊、團體、蒙古、西藏等地，「皆有其各自選舉代表之詳細規定，惟遍查文中，並無回族一格」。「國府立法院所擬定之國民代表大會選舉法，全文已於五月二日通過，文內關於漢、滿、蒙、藏四族之代表名額，皆有具體且特殊優適之規定，而獨將我整個之回教民族置之度外」〔註13〕。當時有人詢問立法院不列回族之理由，幾經探尋，「始知國民代表大會之不列回族，蓋不外下列二因：一、天山南北之回族，其籍貫屬新疆行省，自有應出代表名額，苟回族人士可以當選，則當選為新疆省代表，不必另提回族。二、散處內地之回族，已各就所在地取得選舉權與被選舉權，不必另提回族。」〔註14〕

〔註11〕《中國回教青年會為請求於國民參政會中增加回民會員事呈》，《月華》1933年第5卷第11期。

〔註12〕《回教總（公）會籲請規定回民代表參加國民大會》，《晨熹》第2卷，6月號，1936年6月15日出版。

〔註13〕克行：《國民代表大會的回民代表問題》，《月華》第8卷第16期，1936年6月10日出版。

〔註14〕吉堂：《關於國民代表大會》，《月華》第8卷第16期，1936年6月10日出版。

金吉堂對立法院上述回答提出質疑，他認為地方代表者，代表地方之利益也，民族代表者，代表民族之利益，回族為構成中華民國之重要成分，該組織法對回族之名不提，實欠公允，勢必促成回族對政府之失望。有人列舉該組織法關於藏族國大代表方面規定：「西藏應出之國民大會代表其名額如左：一、由在西藏地方有選舉權人民選出十名；二、由在其他省區內有選舉權之西藏人民選舉者六名」。有人質疑，當局為何不以此法規定新疆維吾爾族及內地回族之代表名額。

同一時期，伊斯蘭青年社發表電文，要求國民黨中央釐定國會回族代表名額，電文指出：「南京中央黨部、國民政府、立法院、各院部會、各省市政府、各法團暨各報館鈞鑒：此次國民大會代表，蒙、藏諸族，均有名額，惟我回族，獨被擯棄……援蒙、藏各族辦法，釐定回族代表名額，借邀回眾參與國家大計」。最後署名為伊斯蘭青年社全體社員，包括西安馬煥文等 12 名，蘭州丁正熙等 8 名，寧夏劉春融 5 名，西寧馬子文等 4 名，北平劉克珍等 10 名社員，還有青島、上海、洛陽等地社員〔註 15〕。

二、中華回教公會籌備委員會致電立法院

1936 年以馬良為首的中華回教公會籌備委員會針對立法院獲准蒙、藏族可以選舉 40 位國民大會代表名額，而立法院所規定回民代表應從地方與漢民代表一併選舉產生，不另行規定名額，馬良等認為這一規定有失公平，並認為立法院應參照選舉法關於蒙、藏規定，選舉回族代表，也應額定回民代表40 名，以示待遇平等，為此馬良特致立法院暨國民黨中央民訓部函：

> 呈為懇請准予規定回民代表人數，參加國民大會，以示實行待遇平等，仰祈鑒核事，竊據中華回教公會江蘇、浙江、江西、湖南、湖北、陝西、甘肅、青海、河南、安徽、山西、山東、南京、漢口、天津等二十餘省市分會先後呈稱，僉以此次鈞院對於國民大會組織法及國民大會代表選舉法業經制定草案，擬定全國代表名額一千二百名，蒙藏得四十名，而回民為五族之一，亦應定有成數。懇請轉呈鈞院，恪守總理重視民族之遺教，藉以安慰全回民擁護中央真誠之至意，追加回民代表人數，以示真切之平等等情。前查回民人數

〔註 15〕《伊斯蘭青年社代電中央釐定國會回族代表名額》，《回教青年月報》1936 年第 1 卷第 3 期。

與漢民比較，約占漢民七八分之一。當各團體選舉時，漢民既多於回民六七倍，回民自難當選，當投票時，中央政府對於回民，無論若何持平寬大為懷，在實際上，回民之票亦是極少之數，結果回民仍不能當選。我五族共和，以人數計算，回民人數多於蒙藏數倍，若以蒙藏人數加入漢民團體選舉，蒙藏人民以人數而論，較之回民，更不能當選。此次大選，蒙藏所定當選人數為四十名，回民在名義上雖蒙受中央政府寬大待遇，當選舉時，回民票數也無限制，選出八十名或一百八十名，中央政府均可承認。但在歷來政府選舉國會議員經驗上視察，全省空談愚民政策，中央政府所說回民權利歷來全歸落選，各省回民雖受此愚弄，皆委曲求全，不敢啟齒。若云回民教育落後，似亦不然，即以回民智識階層而論，在各項教育、政治經驗上之人才亦甚夥。但在選舉時，因無漢民人數多，故終歸落選。現在革命政府就是革除全民族不平等之積弊，遵先總理遺訓，精誠團結，一律平等，以免向隅。此次中央革命政府初次大選，必須奠定國基，俯順輿情。在回民權利上，亦可援照蒙藏是例，回民人數雖多於蒙藏數倍，擬請將此次大選，當選人數在回民上亦規定四十名。中央政府，即可表現對於各個民族一律平等，寬大待選，更可藉以安慰邊疆及全國回民擁護中央之忠誠，鞏固國本，是為至盼。

　　良（馬良）因受中央委託，發給許可證書，組織中華回教公會籌備委員會，自推進各省市縣回教公會分支會以來，關於回民之下情與論均極熟悉，不得不據實陳請，藉以愉揚中央政府領導全民族一律平等待遇之德意，不勝待命之至，所有懇請規定回民代表人數，參加國民大會緣由，理合具呈，懇祈鈞院、俯賜准予回民代表人數，參加國民大會，鞏固國本，實為公便，僅呈立法院長孫。

中華民國二十五年五月發〔註16〕

　　中華回教公會在創建過程中先期成立籌備委員會，但由於其領導人馬良的種種行為在全國回民中造成不良影響，早期追隨馬良的一些回族知識青年也發表聲明，脫離中華回教公會籌備處，致使該團體還沒正式成立就走向衰落，如達浦生、唐柯三、王曾善等曾是「中華回教公會籌委會」成員，1934

〔註16〕《為國民大會回民代表電文之一束》，《回教青年月報》第 1 卷第 3 期。

年他們三人在《月華》發表啟事稱：「竊鳳軒（達浦生，字鳳軒）等奉中央民運會派充中華回教公會籌備委員，當經陳明內容困難未便參加實情，函請辭職。嗣奉批答慰留，本應勉竭駑駘仰副中央之委任。惟以此會發起之始，鳳軒等均未與聞，而各地教胞對於組織及人選問題多持異議，雖經力為疏通，各方意見迄未融洽，茲若加入籌備，不第於會事無裨，反恐前途益滋糾紛，除再函辭職外，謹此通告」〔註17〕，明確表示退出中華回教公會籌委會。至於中華回教公會籌備處何時解散，說法不一，《中國伊斯蘭百科全書》記載是1936年3月解散，但馬良以中華回教公會籌備處致立法院的這份電文是1936年5月。同一時期以中華回教公會各地分支會名義就國大代表選舉前夕為爭取回民代表而致電聲援的還有陝西、江蘇、南京分會、漢口市分會，甘肅隴南支會、湖南常德支會等。各省市分支會之間相互聯絡，互發電文，或與其他回族社團組織建立聯繫，逐漸在回族內部為爭取國大代表名額而形成一種強有力的聲音，如中華回教公會陝西省分會為國民大會事快郵代電中稱：「南京回教公會，各省、市、縣、鎮回教分支會，各清真寺暨全國教胞道鑒：……傾閱報章，備悉中央立法院，於月（1936年4月）之17日，開會討論國民大會代表名額支配問題。聞代表選舉法原則，經中常會修訂『（一）代表總額1200，繼減為1170名，計區域代表687名，職業代表322名，華僑58名，蒙藏40名，東北四省23名，軍隊40名』各等語。讀之不勝駭異，竊察我回民，共有八千萬之眾，而以陝、甘、寧、青、新等省最居多數，此次支配代表，蒙藏尚定40名，乃竟將我回族置之度外。』」該電文是1936年4月30日發出，電文接收對象是南京中央黨部，國民政府林主席，行政院蔣介石院長，立法院孫科院長，司法院居正院長，監察院于右任院長，考試院戴季陶院長及蒙藏委員會黃委員長等。這份電文將全國回民人口提升到8千萬，高出當時主流觀點5千萬說很多，這兩個數據與事實都相距甚遠。電文中回民、回族混用，這裡的全國回民總人數，顯然包括今天的回族、維吾爾族等10各穆斯林群體。

三、中國回民青年會要求增加回民國大代表名額

中國回族青年會成立於1933年，該會一改過去許多社團「在教言教」的

〔註17〕《唐柯三、達鳳軒、王曾善啟事》，《月華》第6卷第25、26、27期合刊，1934年10月30日出版。

套路，提出致力於提高回族的文化與政治地位，主張民族自治。1939 年遷到重慶，更名為中國伊斯蘭青年會，隸屬於中國回教救國協會，仍致力於回族政治地位的提高，1946 年更名為中國回民青年會。改組後的中國回民青年會仍屬於中國回教協會二級分會，其骨幹人員還是以伊斯蘭青年會成員為主，並決定在全國組織分會，1946 年 5 月創辦《回民青年》，其辦刊宗旨為「團結全國回民，爭取民族利益，融洽民族感情，共負建國任務」。主要報導回民青年會活動及刊載對回民現實問題的一些研究文章，並發布伊斯蘭世界的最新消息。在《回民青年》創刊號發布《中國回民青年會臨時全國代表大會宣言》，指出「本會的前身為中國伊斯蘭青年會，於民國二十八年（1939 年）正式成立，到今年已有六年的歷史，此次舉行臨時全國代表大會，關於回民各種問題討論很多，茲根據此次大會決議案決定本會今後的任務方針。」該宣言首先回顧了元、明時期回族社會地位及對國家的貢獻，指出由於清政府的民族壓迫政策，「以致回民不斷地發動革命」。該宣言還概括總結稱：民國以來，回民運動已進入一個新時代，回民組織統一，活動也有標準，回民大眾的宗教意識和民族意識逐漸加強，同時社會上對回民素來缺乏瞭解，因而懷疑，甚至於誤會，現在漸漸有了正確的認識。中國神聖的抗戰可以說是中國民族的解放戰爭，中國回民在這個階段表現的格外熱烈，我們對國家盡了應盡的天職，因此回民應與其他民族一樣享受天賦的人權，不能再過著不平等的待遇。

據 1946 年出版《回民青年》創刊號報導：「中國回民青年會自改組以後，主張、作風大為改進，各地回民青年加入本會者又達一千五百多人。凡同情本會主張的回民青年均歡迎加入，最近入會的一千五百人中……內有教員、學生、青年軍、職業青年、清真寺阿訇、經生等」；據《中國回民青年會組織通則》規定「本會於各省市設分會，各縣市重要鄉鎮及各機關學校、工廠設支會，但須有本會（總會）會員九人以上」。1946 年 2 月 24 日，甘肅省平涼市在王孟揚、安慶瀾主持下成立支會，總會代表馬汝鄰到會祝賀。1947 年 6 月 1 日雲南省分會在昆明正義路清真寺召開成立大會，雲南回教協會滇分會代表出席指導，選出理事、常務理事若干人，並擬在昆明設立「伊斯蘭青年勵志社」和「伊斯蘭服務社」。之後湖北、寧夏支會也相繼成立，上海、南京、天津、河南、山東、山西、四川、甘肅、青海等地分會也在積極籌建中。

中國回民青年會成立後，向國民政府及國民大會通電，要求國民代表大會、立法監察委員會及各級民意機關應明確規定有適當回民代表名額，回民在

教育上應享有均等機會，在生活上享有特殊便利。通電提出「一個真正的民主憲法，不應忽視各部分人的意見，一個真正民主的政治絕不應忽視任何一部分人民的要求。……姑拿此次國民大會來講，有三分之一人口的甘肅回民竟無一人膺選代表，雲南、河北等省回民亦有三四百萬，亦均無一回民代表，其他各省類多如此，……為了團結和平，我們提供四項主張：一、憲法應明白規定回民有選舉國民大會代表的適當名額。二、憲法應明確規定回民有選舉立法監察委員的適當名額。三、憲法應明確規定回民有參加各級民意機關的定量名額。四、憲法應明確規定回民在教育上享有均等的機會，在生活上享有特殊的便利。國民代表大會中不乏進步開明人士，深望寄予同情。」〔註18〕

　　抗戰勝利以後，國民政府仍然認為回族是「生活習慣特殊的國民」。而回民青年會仍堅持「回族說」立場，認為「回民社會的特質，絕不是單純的宗教組織」。總會與各地分支會往來函電也時常使用「回族」稱謂，如《回民青年》1947年2期刊發北平回民青年會分會致南京回民青年總會電文中稱「貴會向國民大會之要求，為回族大眾爭福利，此種偉大精神，感佩奚似，貴會所提供之四項主張，確為五千萬回族之共鳴，絕對擁護，今後必須再接再厲，努力奮鬥，不達目的不止，以免愧對祖宗，貽誤後人，北平之回族青年，誓作後盾。」

第三節　中國回教協會爭取國大代表名額

　　抗戰勝利以後，中國回教協會工作重點有所轉移，即從以前的組織回族民眾抗戰救國轉向回族政治權利的爭取。同時中國回教協會為確保其組織權威性，不准組建新的回民社團組織，據《內政部民眾團體督導處公報》記載：「奉白部長諭……凡新立回教團體一律由中國回教協會代為申報，呈請備案。」又《民眾團體申報法》規定：「凡民眾團體，同樣性質，同等建制，不得有兩個組織。」〔註19〕

一、中國回教協會組織調查回民國大代表及參議員

　　1946年中國回教協會對回教國大代表、回教參議員進行調查統計，以便為下一步爭取國民黨回教國大代表名額、回教參議員而作準備。

〔註18〕《中國回民青年會通電》，《回協》1947年創刊號。
〔註19〕南京伊斯蘭教協會編：《南京回族伊斯蘭教史稿》（內部發行），2000年。

回教國大代表調查表（1946）〔註20〕

姓名	籍貫	代表類別
白崇禧	廣西桂林	中委遴選
時子周	天津	區域
趙明遠	山東益都	區域
溫少鶴	重慶	職業
艾宜栽	察哈爾懷來	職業
杜秀升	河南開封	職業
張劍白	湖南常德	職業
達浦生	江蘇六合	遴選
馬亮	遼寧	區域
孫繩武	北平市	區域
李鳳藻	寧夏	區域
海濤	寧夏	區域
馬紹武	青海	區域
穆成功	青海	區域
馬壽昌	青海	區域
阿哈買提江	新疆維族	區域
艾沙	新疆維族	區域
阿布杜克力・木巴索夫	新疆維族	區域
烏邁爾	新疆維族	區域
哈密德	新疆維族	區域
哈德萬	新疆哈族	區域
努爾賽發	新疆哈族	區域
馬國義	新疆回族	區域
凱力木哈吉	新疆回族	職業
馬克蘇木	新疆維族	職業
麥煥新	新疆維族	職業
烏克蘇提	新疆維族	職業
孜牙	新疆維族	職業

〔註20〕《中國回教協會會報》第 7 卷第 1 期，1946 年 11 月出版。

愛美娜	新疆維族	婦女
馬旦別克	新疆柯族	區域
堯樂博士		中委遴選
麥斯武德		中委遴選

　　從以上 32 位國民大會回教代表名額來看，有區域、職業、中委遴選幾種，值得注意的是中國回教協會對入選國民黨國大代表的「回教徒」進行更進一步分類，因為新疆歷史上就是一個多民族聚居區，其中信仰伊斯蘭教的穆斯林群體有新中國成立以後經民族識別認定的維吾爾族、哈薩克族、回族、柯爾克孜族、烏茲別克族、塔塔爾族、塔吉克族，但上世紀 40 年代人們對新疆民族構成認識還是很模糊的，而中國回教協會在這份統計表中對新疆「回教徒」已經有維族、回族、哈族、柯族之分。但這份國民大會回教代表名單與出席回教協會活動的回教國大代表人員名單有些出入，不知何故。

　　中國回教協會對回教參議員統計如下：

南京市：穆華軒、沈九香、董有華、改復初、馬忠拯。

北平市：馬松亭

上海市：全道雲（女）、金德賽、傅統先、呂恩潭。

天津市：時子周（議長）、張裕良（候補參議員）。

重慶市：溫少鶴。

西京市：馬獨青。

　　1946 年 11 月 12 日～12 月 25 日召開國民大會，任務為制定《中華民國憲法》，又稱「制憲國大」，出席代表一千三百八十一人，大多數是 1936 年前選舉的舊代表。

　　在國民大會召開期間，各位代表到京（南京）之際，1946 年 11 月 14 日，中國回教協會理事長、國防部長白崇禧在國防部設宴招待教內及邊疆各族代表，回教協會在京理監事作陪，「全體回教代表為爭取回胞政治地位，擬在大會期間，有所活動」。18 日下午，回教協會再次召集代表聯歡，商討國大有關回教之各項問題，代表踴躍發言，當場決定成立「國大回教代表聯誼會及回教代表顧問團，決定每週開會兩次，切實商討要求增加回教代表及憲政修改等一切問題。」〔註 21〕之後孫繩武與趙明遠二位正式代表向國民代表大會秘

〔註21〕《爭取回胞政治地位，國大回教代表在京活動》，《中國回教協會會報》第 7
　　　卷第 1 期，1946 年 11 月出版。

書處提交一份關於確保回民政治地位的提案。

1946 年 12 月 26 日上午，白崇禧理事長在南京召開中國回教協會理監事會議，部分回民國大代表列席會議，經討論以後形成如下幾項決議：

一、向國民黨中央爭取立法、監察委員會參政員及憲政實施促進會之回民名額，以參加制定法律等任務。

二、組織「中國回民憲政實施促進會」，以專負回民參政之各種任務，南京設總會，各省市設分會。

三、強化常務理事會，增加安賓堯、馬煥文、李廷弼、張劍白四理事為常務理事。

四、籌組東北及華北兩視察團，分赴各地視察會務，宣傳回民參政，現在籌募經費中。

五、增聘回教國大代表李鳳藻、馬柱、穆成功、馬壽昌、張瑞黌、杜秀升等先生為本會名譽理事。〔註22〕

下午 2 時，中國回教協會在國民大會堂舉行新聞發布會，邀請中央日報、中央通訊社、《和平日報》、法國新聞社、路透社、上海《申報》等新聞媒體記者 30 餘人。回民國大代表、參議員李鳳藻、艾宜栽、趙明遠、達浦生、孫繩武、張劍白、時子周、穆成功、馬柱、馬亮、張瑞黌等到會。回教協會馬煥文、丁珍亭、閃克行、王農村等五十餘人也出席會議，首先由李鳳藻宣布新聞發布會主旨，大意為我國散居內地之回民之特殊情形，請新聞界主持公道，代為宣傳。接下來達浦生、孫繩武、時子周等代表分別言簡意賅地講述回民之政治要求，之後記者提問，各位代表分別給予回答。並當場散發中國回教協會及各位代表的書面談話、中國回民青年會之快郵代電、趙明遠的「回民對憲法之願望」等書面材料，其中書面談話內容如下：

我國散居內地之回民，為數約有四千萬，……惟因年來受專制時代之壓迫、外界之歧視、及政府未能顧及此少數民族之利益，以致經濟文化、社會地位，無不形成落後之現象，野心家也對其威脅利誘。因吾回胞素有對國家忠貞不二，毫不為動，其對於國家賦予服兵役納捐稅之義務，與一般國民盡同，而應享之各種權利則慘遭

向隅，即以此次國民大會而論，甘肅人口六百萬中，回胞占二百餘萬，雲南占三百多萬，河北近四百萬，以上均為回胞眾多之省份，竟無一回民應選代表，其他回胞眾多省份，類此情形，四千萬之回胞，而使其失望。

中國回教協會
國民大會代表回教同仁同啟〔註23〕

直至中華人民共和國成立前，我國回族或穆斯林人口沒有一個確切或權威數據，上文提到的無論全國穆斯林人口、或各省回民人口，明顯存在誇大現象，距當時實際數字相差甚遠。因為中華人民共和國成立以後1953年進行的第一次全國人口普查，回族人口只有 353 萬，加上新疆維吾爾、哈薩克等新疆少數民族，我國穆斯林人口總數也不會過千萬。

二、「生活習慣特殊國民」稱謂的產生

在第一屆國民大會期間，與會代表對國內少數民族的政治權益問題展開爭論，具體到回族問題，因為國民政府不承認回族為一個完整的民族共同體，有些人認為，中國穆斯林除新疆維吾爾族外，內地回民即不是一個民族，他們完全可以與其他國民一樣，在區域選舉或職業選舉中，謀求參政權利〔註24〕。當時正值印度民族運動高潮時期，也有人疑懼中國回民步印度真納的路，走向分裂國家的歧途。對此論調有人反駁說，中印兩國國情不同，印度穆斯林主張印、巴分治，建立獨立的巴基斯坦國，是大勢所趨，而中國回民分布全國各地，所追求的是政治地位的平等及參政權利、在社會中不受歧視、有發展本民族教育的均等機會。當時回民內部也有不同聲音，少數人認為回民之政治運動是「居心叵測」，而相互攻訐。有人感慨說「回民民主運動的前途，荊棘遍布，必須經過艱苦的奮鬥，最值得注意的，一是外在的阻力，二是本身的力量……一個沒有文化的集團，絕難有光明的前途，一個沒有現實力量的民族，亦必被侮以至於滅亡……回民爭取參政權利，竟然受到許多的歧視，不是頑固者的成見過深，更不是什麼了不起的阻力，而實實在在是我們沒有一點力量的表現。」〔註25〕

〔註23〕《回民對憲法之願望》，《中國回教協會會報》第7卷第3、4期，1947年。
〔註24〕《對回民參政問題的感想》，《清真鐸報》1947年第31號。
〔註25〕《民主與力量》，《中國回教救國協會會報》1947年第7卷第6、7期。

　　當時也有人提出清朝末年，左宗棠採取「以漢制回」的策略，無異於在回、漢兩族間播下仇恨的種子，因此左宗棠是「滿清之功臣，民族之罪人」。也有人認為「漢族為中華民族之中心」的狹隘的民族思想已經深入到社會各階層，當時社會流行岳飛《滿江紅》「殺胡人，復國仇」及羅家倫之《玉門出塞》就是具體表現。有人認為岳飛一生忠君愛國，古今罕有，吾人不敢稍加非議，「然其詞之誼歌於家天下的宋代，而不應歌於各民族一律平等的今日。」羅家倫為當代著名學者，其《玉門出塞》之含義，皆為歌頌漢唐，臣視西域，「《滿江紅》與《玉門出塞》兩詞既不應歌於五族一家之今日，然不幸全國軍民，除滿蒙回藏四族外，無不譜而歌之，舞而蹈之，寧非憾事！如此而欲求中華民族之團結統一，如此而欲求少數民族之不離心向外，豈可得乎？」〔註26〕有人提出，我們堅決反對一般人「中華民族是一個」的籠統論調，因為這在理論上已經否認國內有文化、宗教、語言不同的事實，這種論調可以說是出於將國家統一和文化、宗教、語言並為一談所致，是忽視少數民族的權益，以致違反孫中山先生民族平等的立國原則。孫中山先生所倡導的民族平等的本意，就是一切人民的政治權利決不能以信仰生活習慣不同為理由而加以歧視。因為在一個國家之內，地域較廣，歷史悠久的人民中，必然有各種不同信仰的民族及他們所保持的風俗習慣，也就是說有不同的民族。凡是不承認各少數民族特殊利益而整天想著用強權去限制與同化少數民族的，必然會引起糾紛或少數民族的離心離德〔註27〕。

　　民國時期人們對民族問題的複雜性認識有限，缺乏解決民族問題的理論指導，處理民族問題方法不夠成熟，在涉及到保護少數民族政治權益方面更無相應參考依據，一切都在探索中。在《憲法》草案最後審定前夕，回民代表趙明遠先生提出，希望各位委員在憲法中給予「中國回民以合法的政治地位，確定一定數額的國大代表」，再加上中國回教協會等許多社團組織多年來一直致力於回民政治權益的爭取，最後終於在國民政府《憲法》審定大會上通過了「內地生活習慣特殊的人民代表」的法律條文。

　　經過各位代表及中國回教協會努力，1946年底修改的《中華民國憲法》第一百三十五條增加「內地生活習慣特殊之國民代表名額及選舉，其辦法以

─────────────────────

〔註26〕《從新疆回民的立場來檢討治理新疆政策的得失》，《伊理月刊》1947年第10、11期。
〔註27〕社論：《立法院與教門大會》，《清真鐸報》1947年第34號。

法律定之。」〔註 28〕對於這條針對回民的法律條文，各地回民反應不一，有人認為，「自從民國以來，雖號稱五族共和，但實際還是大漢族主義遮蓋一切，直到去年，制憲才通過承認回民代表的決議案，雖是名額無多，與實際數字尚差得多，但總是承認中華民國有我們一份。」〔註 29〕大多數人認為，生活習慣特殊的國民，當然是散居內地各省的回民，應該不包括維吾爾人，「所以大家回民看到這個憲條，非常興奮，衷心擁護，祝其早日見諸實行；特別盼望政府從速制定此項有關的選舉法規，務須公允持平，不失原日制憲的精神。不過最近聽說正在草擬中的此項選舉法規，對內地生活習慣特殊之回民代表名額的規定，及其少數，寥寥十名，一般教胞聞此消息，疑慮橫生。」〔註 30〕

而限定回民國大代表名額為 10 名，令許多人失望，而立法院、監察院也無回民代表名額規定。有人指出，「非但這部國大選舉法對於回民的代表名額沒有加以合理的分配，甚至在立委和監委的選舉法中竟完全沒有回民的席位。」〔註 31〕據 1947 年 3 月 31 日上海《大公報》載，立法院會議討論立法委員選舉罷免法時，傅統先先生提出請於該法之內增訂「內地生活習慣特殊之國民立委代表」，被會議主席孫哲生駁回，並提出「此項提議甚為不妥，如回教享有特殊權利，則其他天主教等亦必援例要求，如此一來，豈不成一教門大會，未免有踏印度覆轍之虞。」〔註 32〕於是傅統先先生的提案被否決。有人提出，立法委員也應該包括各地方、各民族的代表，回民為中華民國的一員，如果立法委員中無回民代表，回民參政的權利就無法保障。

許多人認為這種規定還是不甚明瞭，而回族分布全國各地，各省人數多寡不一，回教協會希望草擬中的國大選舉法規定回民代表名額能與全國回民人口比例相一致。救國協會認為，憲法一百三十五條所指「內地生活習慣特殊之國民」，實指除新疆省外的內地回民而言。救國協會依據國民政府統計處編印的《中國人口分析》及 1938 年出版的《中國年鑑》所記載，全國「回教徒」為 48604240 人為依據，認為除去新疆，內地回民應在四千萬左右，以此比例，按照《憲法》第二十六條一項「每縣市及其同等區域各選出代表一人。

〔註 28〕會務報告：《憲法已明定回民政治權利》，《中國回教協會會報》，1946 年第 7 卷第 2 期。

〔註 29〕社論：《對於回民國大代表的希望》，《月華》1947 年 11 月號。

〔註 30〕社論：《政府竟漢視回胞國大代表名額嗎？》，《清真鐸報》1947 年第 32 號。

〔註 31〕社論：《回民與選舉》，《清真鐸報》1948 年 36 號。

〔註 32〕社論：《立法院與教門大會》，《清真鐸報》1947 年新 34 號。

但其人口逾五十萬人者，每增加五十萬人增選代表一人。縣市同等區域以法律定之。」回民應選舉國大代表 90 餘人，回教協會對「此次國大代表回民當選者僅有十七名，致使多數省區回民向隅」〔註 33〕而感到不滿。而許多回民人口較多省份竟無一回民代表，回教協會四川、遼寧、山東、陝西、雲南等分會來函，對中國回教協會爭取回民國大代表名額行動給予聲援。

第二年的 1947 年 3 月，國民政府立法、監察委員會發布組成人員名單，並無回民一人，「殊令人詫異，全國回胞一致表示憤慨」。中國回民憲政實施促進會於 3 月 22 日推舉唐柯三、達浦生、孫繩武、張劍白、李廷弼、王農村、丁珍亭、閃克行、穆華軒、馮慶鴻等 12 人再度向國民黨三中全會請願，副秘書長洪蘭友接待，並將回民代表之意見轉呈主席團及相關機構，意見內容如下：

查國民大會以中國內地回民生活習慣特殊，選舉權利慘遭向隅，特於憲法選舉章內訂定專條，以資救濟，是即第十二章第一百三十五條之由來。憲法公布，全國回民莫不額手稱慶，當即組織回民憲政實施促進會，對國內外廣是宣傳，以期建國大業之觀成。近閱報載，國大代表選舉法對此專條僅僅規定選出代表十名，立、監兩院委員及省縣議會等，竟付闕如，遠近回民奔走駭告，僉以無此專條規定，首屆國大尚有內地回民代表十七名，今則特定專條，總額既有增加，而回民名額反致縮減。覆查憲法第一百三十五條原提案文字，本系列舉各種選舉業經國大第一審查會通過後，經綜合審查會整理文字，始成現在條文，其不規定於第三章，而規定於第十二章，可證條文之含義絕非限於國民大會，即立、監兩院委員之選舉亦屬包括在內。再就事實而言，內地回民選舉權利之遭向隅屬於一般性專額，無異求生反死，作繭自縛，回民雖愚寧甘受此，茲依法理與事實僅向鈞會提出以下之最低要求：

1. 以憲法第一百三十五條之規定，國民大會由內地生活習慣特殊之國民選舉代表三十四名。

2. 以憲法第一百三十五條之規定，立法院由內地生活習慣特殊之國民選舉立法委員十二名。理由：立法院名額約為國民大會名額三分之一，故應選舉立法委員十二名。

〔註 33〕《擬定國民大會回民代表及其他各項選舉辦法參考資料》，《中國回教協會會報》，1947 年第 7 卷第 3、4 期。

3. 以憲法第一百三十五條規定,監察院由內地生活習慣特殊之國民選舉監察委員六名。理由:監察院名額約為國民大會名額六分之一,故應選舉監察委員六名。

以上三項為全國回民對於憲法其一百三十五條之最低請求,至祈□府念內地回民為中華民族構成之重要分子,人數實占全國總人口十分之一,其選舉權利之能否獲得合理保障,關係全國回民向心及回教國際之視聽,慨然予以容納,萬一不幸仍被漠視,則全國回民對此炎炎十名國大代表將不接受,迫切陳詞伏乞鑒查。〔註34〕

以上意見書同時由回民憲政實施促進會向國民黨主席蔣介石遞呈一份。這份請示報告如何處理,沒有見到文字記載,因此不得而知。

制憲國大之後,國民黨於 1948 年 3 月 29 日至 5 月 1 日在南京召開了行憲國大,其中心議題是選舉國民政府的總統和副總統。在此之前的 1 月 17 日選舉總事務所「公告內地生活習慣特殊國代當選人員名單」如下:

馬紹武、馬鴻逵、馬步青、張永順、閔湘帆、龔御眾、孫繩武、丁正熙、馬伯安、古希賢、馬啟邦、吳九如、常子椿、馬福林、楊震清、安舜、馬佩璋(女)。

候補:于樂亭、馬策、許曉初、薛文波、吳桐、翁毅、鐵菘颺、馬獨青、馬天英、馬聰、穆道厚、蔡鑒、馬閣麟、溫少鶴、馬秀峰、石振廷、石雲溪(女)。〔註35〕

隨後國民政府還發布了「中央遴選、職業遴選和區域遴選」的回民國大代表如下:

中央遴選,白崇禧(廣西桂林)、達浦生(江蘇六合);

職業遴選,溫少鶴(重慶)、艾宜栽(察哈爾懷來)、杜秀升(河南開封)、馬亮(遼寧)、張劍白(湖南常德);

區域遴選,時子周(天津)、趙明遠(山東益都)、李鳳藻(寧夏)、海濤(寧夏)、馬柱(寧夏)、穆成功(青海)、蕭永泰(遼寧)、艾沙(新疆)、馬壽昌(青海)。

〔註34〕《國大代表名額過少,全國回胞深表憤慨,回民憲政會向政府請願》,《中國回教協會會報》1947 年第 7 卷第 5 期。

〔註35〕《回民國代名單正式公布》,《清真鐸報》1948 年新 36 期。

　　至此回族正式國大代表增加到 33 名。1947 年底以後，中國人民解放戰爭出現歷史性轉折，國民黨軍隊由攻轉守，軍事敗局已經出現。但中國回教協會發起的爭取回族政治權利的活動得到其他回族社團組織的積極響應，在當時產生一定影響。

　　民國時期由於沒有做過人口普查工作，全國有多少回族人口，沒有權威數據，正因為民國期間沒有一個精確的回族人口統計數據，所以回族的一切政治參與活動顯得底氣不足，中國回教救國協會成立以後，白崇禧試圖通過各地分、支、區會，對全國回族人口進行調查，但困難重重，日本侵佔區回族人口數量無法獲取，許多市縣也沒有數字，最後調查結果可想而知。

　　縱觀近半個世紀回族文化運動發展，回族精英階層已經逐漸作為具有民族自覺意識和國家觀念的群體登上歷史舞臺，他們將爭取民族權利與民族發展緊密結合一起，積極參與共和政體構建，表現出回族精英階層參與國家建設的積極性與強烈願望，並與國民政府當局進行針鋒相對的鬥爭。回族以「大分散，小聚居」空間形態分布全國各地，近代回族社團組織對回族各社會階層進行有效整合，對推動近代回族社會轉型，致力於共和政體的構建與推動近代回族文化、教育各項事業的發展做出了重要貢獻。國民政府將內地回民定位「生活習慣特殊的國民」並不被大多數回族社會所接受，所謂回族生活習慣特殊是針對漢族生活習俗而言，具有顯著大漢主義色彩。其次如果說生活習慣特殊，我國許多少數民族，包括當時「五族共和」中的藏族、蒙古族也具有本民族特殊的生活習慣，因此這種表述缺乏學理性與嚴謹性。

第十章　抗戰前後日本的「回教工作」

20 世紀初，日本著手為全面侵華戰爭做準備。日本人出於全面對中國軍事佔領及殖民統治的需要，專門制定針對中國「回教徒」的「回教工作」，重點向回族內部滲透。一些日本間諜以皈依伊斯蘭教為名，在回族地區活動，以便獲取有用情報。同時他們企圖利用民族問題分裂中國，於是研究中國伊斯蘭教與回民社會成為日本軍部及外務省的主要課題。當時日本陸軍還沒有對外情報機構，日本民間組織黑龍會充當日本軍政界收集信息的情報機關。「七七事變」前後，日本在東北及華北地區扶植成立一些偽回教社團組織，如「中國回教總聯合會」等，以加強對佔領區回民的控制，消解中國抗戰力量。與此同時，地處國統區的回民大眾，在國民政府支持下成立「中國回教救國協會」，與日人扶植的「中國回教總聯合會」進行對抗，喚醒回民大眾一直抗日，並揭露日軍企圖利用民族問題分化中華民族的政治陰謀。

第一節　日本間諜在回族地區的活動

20 世紀初日本掀起研究中國回族社會的熱潮，一些文人、失意政客充當日本侵華工具，以學術考察為名，曾先後潛入全國各地，對國內回族穆斯林分布地理空間、軍政界實權派人物、交通狀況、清真寺信息進行詳盡調查，並進行山川地理測量，繪製地圖，以備日本侵華所用。

一、佐久間貞與「光社」的活動

佐久間貞 1886 年生於日本東京，1920 年受黑龍會的派遣來中國從事與伊斯蘭教相關的工作。之前他走遍了中國東北、外蒙古、北疆、哈薩克、韃靼

兒等地，進行了關於蒙古族和回族的調查，進而又前往土耳其、小亞細亞以及印度等地從事情報收集活動，最後抵達了上海。

為便於與回民接觸、有利於調查和資料收集工作，佐久間貞夫婦 1924 年在上海舉行了一個隆重的入教儀式，並在自己主編的《回光》雜誌刊登與上海清真董事會主要成員及上海回族實業家哈少夫的「入教」合影，時間為 1924 年 4 月 17 日，並附有上海穆斯林的「歡迎辭」稱：

> 今日歡迎佐久間貞、玉觀彬及其兩夫人入教大會，辱承聯翩蒞止，無任榮幸。竊以吾教為世界之古教，雖不勸人入教，然教係公開，如果有慕道來歸，並不拒絕。今佐久間貞、玉觀彬兩君暨其兩夫人，未曾受人勸導，先後自動來本寺入教，其信道之心誠篤，實非他人所能企及。況日、韓信奉回教者絕鮮，兩君不為風氣所囿，首行提倡，樹東洋回教之先聲，尤微覺悟之強且大也。故同人等于欽佩之下極表歡迎。但皈依志遂，道岸已登，尚希兩君持以毅力，運以精心，循道而行探奧理，使吾教之教旨乃大顯於扶桑及三韓之境，是同人等所深切盼望者也。民國十三年四月十七日，上海清真董事會馬桐、將輝、哈麐暨全體會董謹啟。〔註1〕

佐久間貞向社會公開宣布自己已經成為穆斯林。作為大亞洲主義者的佐久間貞認為只有日本的「發展」與領導才能促進亞洲的「發展」，站在反共與反抗歐美的立場上，他開始關注中國穆斯林與伊斯蘭教問題。

1923 年 8 月佐久間貞在上海宣布成立了名為「光社」的國際穆斯林團體（International Moslem Association）。同時還印製了名為《支那回教徒的過去和現在以及光社的前進運動》和《光社章程》兩本小冊子，其中宣稱「光社」的主要目的是進行伊斯蘭教的宣傳、教育和啟蒙。《光社章程》用中、日、英三種文字向社會公布。「光社」組織實際是佐久間貞等日本間諜在中國推行一種泛伊斯蘭教運動的產物，其目的是將中國直到東亞、東南亞、印度、阿拉伯等地區的穆斯林利用起來，企圖以此來「改善」日本同這些國家國際關係的目的。例如「第四條：本社是以參加世界回教徒之大同團結之前提為責任。第五條……發刊雜誌，印行出版物，並請學者演講及建設圖書館，設立學校等。第六條：中國為極東回教徒多數之國，故先謀中國回教徒之發展，普及學術工藝，促進回教文化之闡明，故以從事編纂中國回教史與開設回教會館

〔註 1〕《歡迎辭》，《回光》第 1 卷第 1 號，1924 年 10 月 1 日出版。

為第一步。……第八條：先於極東中日兩國開始，漸及近東諸國及印度南洋各民族謀前進運動、國際相互間之親善，增進國民外交之上之裨益。」〔註2〕他提出，為了「亞細亞民族的大團結」日本應當支持穆斯林修建圖書館和學校等文化事業，以此增進「日支親善」，而且要「分裂並利用回教勢力」。佐久間貞的思路是，將中國的穆斯林組織起來，以此作為將來能夠結成泛伊斯蘭聯盟的基礎，而最終任務則是要把日本置於這一泛伊斯蘭聯盟的核心位置。因此，光社的最終目的是，通過文化工作來獲取穆斯林世界對日本的信賴，進而培養親日派。

據日本學者松本真澄依據日文資料研究發現，光社成立不久，曾引起當時回族軍政界、文化界部分人士的高度關注，並提供贊助。從對光社提供贊助人員名單來看，既有後來回族中的抗日派，也有親日派上層。其中有綏遠都統馬福祥，上海哈少夫，山東馬良，北京王友三、李虞宸，青海馬麒等。當然這份名單也有一些錯誤，例如一個人以「名」和「字」的形式出現兩次，將馬麒歸到寧夏實力派人物等。這些人物大多熱心回族文化事業，但受當時歷史侷限性，對日本間諜的政治野心並沒有及時察覺。

1924 年 10 月，佐久間貞以「左東山」之名在上海創辦並發行《回光》（Light of Islam）雜誌。在《回光》發刊辭中稱「我光社之宗旨果何在乎？要言之，即研究回學，增進回智，革新回教，傳播回教，團結回民是也。至於全部計劃書，已詳於光社章程所規定方針之中，此就言論機關發行《回光》（英、漢、日文）暫為前進，以期發揮光大我光社之事業云爾」〔註3〕。之後佐久間貞以 Iliyas Sakuma、左東山、物鳴、鉅子等筆名，用英、日、漢語撰寫了多篇文章，如《中國政局與回教徒》《孫逸仙氏所暗示之民族主義與我國回族》等。從第二期開始以古漢語為主，內容有中國伊斯蘭教、伊斯蘭全史、禮拜論等具有啟蒙主義色彩的文章。佐久間貞認為，亞洲的聯合就是穆斯林之間的聯合，為實現此目的，應當像他一樣，所有具有「先覺性」的日本公民都首先應該改宗為穆斯林。

佐久間貞的圖謀活動被越來越多的回族人士所識破。特別是上海中國回教學會及張家口西北回民公會之成立，對光社形成強大輿論攻勢。1925 年 11

〔註 2〕松本真澄：《1920 年代～1930 年代日本改宗穆斯林亞洲主義者在中國的活動和中國伊斯蘭文化覺醒》（未發表，為 2013 年在內蒙古科技大學舉行學術會議論文）。

〔註 3〕《發刊辭》，《回光》第 1 卷第 1 期，1924 年 10 月 1 日出版。

月，佐久間貞不得不將「光社」社長職務讓給李謙〔註4〕，被上海穆斯林趕走了。從此光社活動銷聲匿跡，《回光》雜誌也停刊了。

據史料記載，抗戰前許多肩負收集情報任務的所謂「日本學者」是在中國改宗伊斯蘭教的，「問題的關鍵是，像佐久間貞這樣的日本穆斯林並沒有用一種愛心來關注中國普通的穆斯林社會，似乎無論是戰前或戰後……，他始終如一堅信，只有向外擴張日本的權利，才會有亞洲民族的發展這樣一種畸形思想。」〔註5〕換句話講就是這種關注與改宗實際上與宗教信仰無關，完全出於一種個人政治企圖，或日本官方，即外務省或軍部的政治需要。

二、王靜齋對川村狂堂的批判

川村狂堂早在 1910 年受黑龍會派遣來到中國，他一直在中國內地活動。早在民國 3 年（1914 年），川村狂堂在寧夏銀川進行間諜活動，被剛上任不久的寧夏護軍使馬福祥發現，逮送至張家口日領署。關於川村舉行入教儀式的地點，學術界有不同說法，有學者認為在北京或新疆改信了伊斯蘭教。張巨齡先生認為川村狂堂在中國四川皇城寺受戒為回教徒，王靜齋也認為「他的進教是在四川」。一開始川村與王靜齋阿訇交往甚密，並請王靜齋為他寫「介紹狀」，到全國回民區「探查古蹟，視察現情」〔註6〕。不久，王靜齋阿訇發現川村狂堂皈依伊斯蘭教動機不純以及為日本軍國主義服務的政治野心，斷絕與川村交往。據曾見過川村狂堂的人回憶說「當時年約五十歲，身材矮小，面部有疤痕，蓄銀白色長髯，獨臂、著中國式長袍，舉止文雅，顯出一種長者風度。在外表上，同那些穿和服，昂首闊步、橫行霸道的日本人不同。川村自稱伊斯蘭教徒，在漢學和伊斯蘭教義方面似頗有造詣，以左手寫得一筆相當好的漢字。他帶來一名私人秘書：唐易塵。據川村自己說，他大部分時間生活在北京，有一處獨門獨院的住宅，常到牛街或其他清真寺做禮拜。川村言談中說過：他未經大學畢業，也未曾在日本軍界、政界任職，但認識日本關東軍一些中堅人物。」〔註7〕川村在其儒雅的外表下隱藏者一顆軍國主義

〔註4〕李謙：《就任光社社長之宣言》，《回光》第 2 卷第 6 號。
〔註5〕松本真澄：《1920 年代～1930 年代日本改宗穆斯林亞洲主義者在中國的活動和中國伊斯蘭文化覺醒》（未發表，為 2013 年在內蒙古科技大學舉行學術會議論文）。
〔註6〕王靜齋主編；《伊光》，1929 年 5 月 21 號。
〔註7〕金鏡深：《「滿洲伊斯蘭協會」的回憶片段》，見張巨齡：《綠苑鉤沈──張巨齡回族史論選》，193 頁，民族出版社，2001 年。

的野心，在當時蒙蔽了許多回族人士。據王靜齋阿訇主編《伊光》1942 年出版的第 25 期《由川村狂堂死談到倭寇的末路》一文報導：

> 日本著名浪人川村狂堂，打著回教的招牌，一面向倭政府騙錢，作活動費，一面拉攏回教人探聽回教事，實行他的間諜工作，如此已有二十多年了。他的進教是在四川，他的進行工作是在濟南，他的進一步工作是在北平。他住北平西單牌樓回教俱進會總部的時候，跟順天時報關係極為密切，同時跟他國內幾個要人，也有點關係。亡友侯松泉看他鬼鬼祟祟，極甚痛恨，俱進會改組藉詞把他逐出寺外（會址在寺內，他租房客居），東北事變，他就潛赴長春，組織伊斯蘭協會，要求大家推舉他為總裁。那時候倭方要人跟他有點友誼的，只有一個阪垣，其餘的倭寇，不惟不幫他的忙，遇事尚多掣肘。「七七事變」後，他又由東北趕回北平，聯合陳某某等欲成立回教團體，在他以為良機已到，二十多年間諜的工作總算沒白費。從此以後，不止東北的回民聽他指揮，而內地淪陷區的回教大眾，也得由他擺佈了。那時候正是二十六年秋季，我在天津養病，有人把這話告訴我，我就授意唐某聯合某某，把他根本打倒。倭寇方面禁止他在平津一帶活躍。他就這麼弄了一鼻子灰，氣得幾乎死掉。自知在平津一帶立腳不住，而又跑到東北去了。東北的教胞知他碰壁，抱頭鼠竄歸來，全都不大愛搭理他。自此他的威風一落千丈，他那伊斯蘭協會也就慢慢地無聲無息、雖有如無了。最近聽說：這個用盡心血籠絡教胞的川村狂堂，已然死掉了。
>
> 我們由川村這一串過去的事實，敢說倭寇們這些年來獨霸遠東的企圖，終究必跟川村的活動一樣地歸為泡影。

這篇文章沒有署名作者，但從行文來看，很可能是王靜齋阿訇所撰寫，因為《伊光》雜誌一直由他一個人支撐創辦，同時早年與川村有過接觸，對川村比較瞭解。如果說早期王靜齋阿訇曾給川村狂堂寫過類似介紹信的「介紹狀」，可能與他對川村的間諜身份沒有認識清楚，或出於同教情誼給予支持，在王靜齋看清其本質以後，即刻與其斷交，並對其進行揭露與批判。

1934 年 7 月川村狂堂在奉天發起成立「滿洲伊斯蘭協會」，「七七事變」以後，日本對中國開始了全面侵略戰爭。在這個關鍵歷史時刻，川村指使該會，發表所謂「因華北事件滿洲伊斯蘭協會對教民的通告」，站在侵略者的立

場,對事件進行了顛倒黑白的宣傳:

> 查此次華北事變之起原,乃因中國側之二十九軍,在盧溝橋地
> 方向友邦皇軍故意挑釁,有以致之也。而二十九軍所以有此暴舉者,
> 實緣背後有人民戰線、萬惡滔天之×××,從中煽惑主持之。我友
> 邦皇軍顧念東亞和平,本諸大義,故不能不即時與以膺懲也。〔註8〕

這份「通告」充分反映出川村狂堂公然為侵略詭辯,為日本軍國主義張目的反動本質。1937 年 12 月,日本一位官員在外務省舉行一次「回教研究會」報告會上,對日本間諜皈依伊斯蘭教在中國及世界各地進行活動情況做陳述時說:「人們都說,在我國人中的回教徒已經為數不少。而在我看來,他們都不是真正的信徒。這種人中間,從過去就有名的人大致如下:山岡光太郎(在印度接受了洗禮)、田中逸平(死亡)、中尾武男(現任土耳其大使館囑託)、川村乙磨(即川村狂堂)、波多野鳥峰(曾經在赤阪設立回教寺院)、岡本甚伍、有賀文三郎,之外年輕的還有小林(在愛資哈爾大學)、三本、鈴木、鄉等人」〔註9〕。

「九‧一八事變」之後,日本提出「同文同種」「共存共榮」「中日親善」等欺騙口號。抗戰全面爆發以後,日本調整對國內各少數民族政策,企圖利用民族問題,分化中國抗日力量,除 1932 年在東北建立「偽滿洲國」之後,在內蒙古建立偽「蒙古聯合自治政府」,即屬此例,企圖使邊疆民族地區逐步脫離中華民族中樞政權。據 1943 年楊敬之調查:「日人近三十年來,所派來中國從事回教工作者,不下百人。」另有資料記載「許多年來,日本的陰謀家們早已到中國西北各省為『回教帝國』活動,這是一種公開的秘密。」〔註10〕日本侵佔華北以後,故意誇大回漢之間矛盾,挑撥回漢關係,提出「回回本非中國人,來華以後,除遭受欺凌外,無它收穫。」打著「尊崇回教」「維護回教」「提倡回教」,幫助建立「回回國」為幌子,欺騙迷惑回族群眾〔註11〕。同時加強國際輿論宣傳,如組建所謂「調查團」,遊歷印度、波斯、阿富汗、敘利亞、伊拉克、土耳其、埃及等國,宣稱日本有八萬回教徒,準備將《古

〔註 8〕見《大同報》1937 年 7 月 27 日,轉引自張巨齡《綠苑鈎沈——張巨齡回族史論選》187 頁,民族出版社,2001 年。
〔註 9〕《回教研究會、外務省歐亞局第一課今岡囑託報告》,見王柯《日本侵華戰爭與「回教工作」》,《歷史研究》2009 年第 5 期。
〔註 10〕穆群譯:《戰時中國的回教徒》,《回教大眾》(武漢版)1938 年第 5 期。
〔註 11〕楊敬之:《日回教政策之全貌》,《中國伊斯蘭教史參考資料選編》1777 頁,寧夏人民出版社,1985 年。

蘭經》譯為日文，計劃開辦阿拉伯語專門學校等，對中國回族民眾進行欺騙宣傳。

第二節　日本在侵佔區成立的回族社團組織

可以看出，近代日本學界或政界對中國穆斯林的關注，完全出於他們政治分化和軍事侵略的需要。抗戰全面爆發前後，日本在東北與華北佔領區先後成立許多穆斯林社團組織，在這些社團成立的過中，都能看到日本軍人的作用，他們暗中操控社團活動，包括社團組織負責人的遴選、社團舉行的主要活動等。

一、日本在中國成立的幾個回教社團組織

在日本佔領區最早的穆斯林社團應該是 1934 年底在東北成立的「滿洲伊斯蘭協會」。該協會在偽滿各地設立 166 個分會，日本浪人川村狂堂是協會的主要發起人和策劃者〔註 12〕。該團體之所以能夠形成如此強大的網絡，就是日本侵略當局給予了極大支持。「七七事變」以後，日本軍界策劃掀起排蘇反共運動，1937 年 11 月 22 日在張家口成立「西北回教民族文化協會」及 1938 年 5 月 7 日在熱河省會承德成立「防共回教徒同盟」，但因為參加人員少，沒能形成氣候。據《回教週刊》記載，1941 年溥侊在東北發起成立「伊斯蘭青年會」，並自任會長，也並沒形成影響。

關於溥侊的入教過程及日人利用溥侊進行欺騙宣傳活動，在民國一些報刊及薛文波回憶錄中能找到一些資料。溥侊為末代皇帝溥儀的堂弟，酷愛京劇，當時有位回族京劇女性名演員黃詠霓，藝名雪豔琴者，祖籍山東濟南人，當時與侯喜瑞、馬連良被稱為梨園回族三傑。每逢黃詠霓登場，溥侊必到捧場。溥侊千方百計向黃詠霓求婚，黃父母是虔誠的穆斯林，遭到黃及全家拒絕，後來溥侊表示皈依伊斯蘭教，黃詠霓答應嫁給溥侊。1934 年溥侊皈依伊斯蘭教並與黃詠霓結婚。1938 年 5 月東京清真寺落成典禮慶祝會議上，溥侊再次向「中國回教總聯合會」總代表表示皈依伊斯蘭教，並舉行公開入教儀式，表示一切禮節、把齋均遵從回教習慣。日人利用這一事例在國內進行大力宣傳，以「溥侊殿下也是虔誠回教徒」來欺騙佔領區回族人民。1943 年 11 月溥侊與黃詠霓離婚，溥侊在《回教週報》發表聲明：「我的信奉回教，固然

〔註12〕王柯：《日本侵華戰爭與「回教工作」》，《歷史研究》2009 年第 5 期。

是由於詠霓的機會，可是在我想入回教，並不在認識詠霓時……，我今雖然與詠霓不得已的不幸，然我崇奉回教至死不會改變，『伊瑪尼』永遠堅固。」〔註13〕據薛文波講，黃詠霓與溥侗離婚後，與在北京求學的甘肅臨潭回族青年丁正熙結婚，曾一度在蘭州居住。〔註14〕

　　北平淪陷以後，中國回教俱進會、北平回民公會已經停止活動。日軍佔領北平以後，在回民區一些清真寺殺豬造飯、侮辱回族風俗習慣之事時常發生，北平回民希望成立一個組織，與日軍交涉，以保護回民宗教信仰及風俗習慣不受踐踏。1937年秋，北平回民宗教界一致推舉牛街清真寺阿訇王瑞蘭牽頭與日人交涉成立北平回教會之事。當時北平平民大學的日語教員小池定雄經常出入牛街清真寺，王瑞蘭自知經驗不足，邀請小池定雄與《震宗報》主編唐易塵商洽籌備事宜。1937年10月24日北平回教會在牛街禮拜寺召開，推舉王瑞蘭為會長，牛街回族老中醫楊蘊章為副會長，唐易塵為理事兼秘書長，理事長為牛街小學校長沙文清，設常務理事7人，理事49人，其中包括經營珠寶玉石及飯莊商人、宗教界阿訇等。日軍派小池定雄、北平維持會的日本顧問西田畊一到會祝賀，該會宗旨是「增進回教教民福利，共謀社會之安寧，闡揚教義，提倡文化。」〔註15〕這是北平回民在日佔領期間成立的第一個回族社團組織，只存在了兩個月，期間王瑞蘭主持召開過四次幹部會議，主要討論統一清真飯館湯瓶牌制式、補發回教營業證書，分發北平各清真寺保護護照，成立日語學校、成立譯經委員會、調查回民貧困戶、創辦回教報刊等事宜。

二、日軍在北平扶植成立的「中國回教總聯合會」

　　同一時期日本茂川機關長醞釀在北平乃至日本佔領區成立更大規模的回族社團組織，取名「中國回教總聯合會」，並對有關事宜進行過幾次討論。偽滿洲陸軍少將劉錦標受日本駐軍指使，專門從事籌備工作。1938年2月7日，抗戰時期影響最大的偽回族社團「中國回教總聯合會」在北平成立，成立大會在中南海懷仁堂舉行。會場懸掛五色旗與綠底白色星月旗。日本軍左喜多誠一、茂川秀和、小池定雄到會，劉錦標以「回教總會」諮議身份致開幕詞，宣布他們已經內定好的委員長、委員名單。劉錦標在開幕詞中闡明「回教總會」的宗旨為「本會對外主張中、日、滿三國緊密提攜，堅決反對××××，

〔註13〕《回教週報》159期，1943年11月5日出版。
〔註14〕薛文波：《雪嶺重澤》卷一，152頁，內部出版。
〔註15〕劉東聲、劉盛林：《北京牛街》101頁，北京出版社，1990年。

絕對擁護新政府，發揚亞洲文化，維護固有之宗教；對內聯絡本教教胞，提倡教育，設法解救本教教胞之痛苦為宗旨。」〔註16〕其反動本質暴露無遺。

據1939年《中國回教總聯合會成立一週年紀念年報》所載《中國回教總聯合會最高指導委員會名系表》及《中國回教總聯合會職員名系表》所反映的這個偽組織機構為：

機關長：茂川秀和

主席顧問：高垣信造

委員長：王瑞蘭

諮議：劉錦標

委員：李宗慶、趙國禎、楊保文、趙玉和、謝錫恩、劉德潤、

安貞、穆文田、李守真。

以上委員，由北京宗教界、政界、商界、學界、新聞界、軍界等人員組成，如牛街清真西寺教長王瑞蘭、政界劉錦標等。總聯合會的活動、人事安排基本由日人茂川秀和一手操縱。另外，山東省偽「省長」馬良、駐包頭軍偽「陸軍中將」蔣輝若等11人被任命為名譽委員。

委員會下設總務部、調查部，總務部長為北京新聞界唐易塵，調查部長為奉天人趙雲升，總務部下設會計、救濟、教育、文書四課，調查部下設刊物課、聯絡課、統計課、研究課、圖書課。

中國回教總聯合會正門

〔註16〕劉東聲、劉盛林：《北京牛街》102頁，北京出版社，1990年。

關於「回教總聯合會」的成立，唐易塵自認為起了重要作用。唐為北京回民，自 1927 年開始擔任《震宗報》主編，1938 年他在《震宗報》發表《我創立回教總會的前後》一文稱「我，自從涉身回教事業以來，差不多有二十年的光景，敢說始終站在回教人的立場，而謀回教的發展和回民的福利。」「華北回教總會，是我首先發起的……我一方面幫助北京回教會的成立，一方仍然是進行總會的事」。有一篇記述北平淪陷以後當地回民在日寇統治下生活狀況的文章說：「回教會成立為日不久，便有前天津特務機關長，現在軍部參謀，專辦回教事務的茂川秀和出來，糾合了一位東北營口的回民劉某到北平活動。今天拜訪，明天請客，一面恫嚇，一面聯絡，連拉帶勸，籌備了一個來月，變著花樣把這規模較大的『中國回教總聯合會』組織起來。天津和北平的回教會全部取消，架弄出十位有頭有臉兒的回民來，作該會委員，並推一人為委員長……。這回教總聯合會不設職員，其下隸有華北聯合會總部，會址先要借用牛街禮拜寺，後來又要進駐西北公學，均遭婉拒，結果強佔了牛街附近的商品陳列所的舊址。」〔註 17〕

三、偽「中國回教總聯合會」的組織構架

中國回教總聯合會擬下設華北聯合總部、西南聯合總部、外蒙古聯合總部、華中聯合總部、華南聯合總部、西北聯合總部。除華北聯合總部成立以外，其他五個尚在籌備之中。華北聯合總部下設北京、天津、濟南、太原、張家口、包頭、河南等 7 個區本部，每個區本部以清真寺為中心，成立分會。日人企圖通過分會，控制侵佔區每座清真寺及回族民眾。1939 年滿洲伊斯蘭教協會改名為滿洲國回教總會，並於奉天、安東、錦州、熱河、營口、新京、吉林等處成立支部與分會。據報導，1940 年 12 月，中國回教總聯合會對河南省會務機構進行調整，「近為擴充河南會務機構，特明令發表，將新鄉原有之河南區本部，改為豫北區本部，開封原有之河南回教總會，改為豫東區本部，該兩區本部所轄區域，亦經該總會明令規劃清楚，其黃河迄北各縣，歸豫北區本部管轄，豫東十八縣歸豫東區本部管轄。」並要求盡快改選，每一本部由總會每月補助經費 400 元。〔註 18〕

〔註 17〕 稚松：《北平雜寫（一）》，《回教論壇》（重慶版），1940 年第 4 卷第 3、4 期合刊。

〔註 18〕 《回聯總會明令發表豫省回教擴大機構》，《回教週報》第 14 期，1940 年 11 月 15 日。

中國回教總聯合會豫西區區本部徽章

　　1940 年 8 月 16 日回教總聯合會主辦的《回教週報》出版，在發刊詞中指出：「本會自二十七年二月成立以來□□，出版《回教月刊》進行闡揚教義，自□□□起將《回教月刊》改為《回教週報》，准予每主麻出版一大張。」該報題肩有醒目文字「回民是建設大東亞共榮圈的中堅分子」。《回教週刊》設有「世界回教動態」「國內回教消息」「伊斯蘭」「青年」「婦女」等專欄，至 1945 年 5 月共出版 198 期。據《回教週報》1940 年 12 月 20 日報導：「中國回教總聯合會委員長王公瑞蘭年來積勞成疾，時愈時患，本月初旬，病勢加劇，雖經中西名醫詳為診治，奈以體質微弱，病入膏肓，已非藥物所能奏效，於國曆十二月八日（夏曆十一月初十日）午後三時在牛街王老師傅胡同寓所□□長逝，享年六十六歲」。1941 年 2 月 11 日回教聯合會舉行成立三週年紀念會，並邀請溥侊夫人黃詠霓女士及馬連良演唱京劇助興，日人茂川機關長宣布趙國楨代理回教總聯合會委員長。之後趙國楨配合日本人常在報紙、電臺發表一些反動言論，如「大東亞戰爭與回教民族之覺悟」等。1942 年 2 月回教總聯合會進行機構改革，任命李某某為總務部長，金吉堂為宣化部長。1944 年 3 月，回教總聯合會調整機構，增設教務、文教、社會、經濟四個委員會。

　　1943 年 12 月西北聯合總部改名為「西北回教總監部」，會址從厚和（今
呼和浩特市）移至包頭，任命蔣輝若為總監。據《回教週刊》記載：「將原
來之『西北回教聯合會』從事加強其新陣容，改組為『西北回教總監部』……
特命當今西北回教最高領袖陸軍上將、保商督辦蔣輝若氏出任，而更將原來
在厚和之會址取消，其總監部則移設包頭，以便切實推進西北回教之任務」
〔註 19〕。

　　蔣輝若為甘肅臨夏回族，與馬福祥、馬鴻逵父子交情較深，曾任馬福祥
部旅長，1921～1924 年馬福祥出任綏遠都統時，蔣任包頭保安司令。「七七事
變」以後，蔣輝若投靠日軍，任偽「回軍總司令」，配合日軍隨時準備向西進
攻。同時日軍曾威逼、利誘和拉攏馬鴻逵投日，「西北總聯合會」成立後，會
長一職一致虛懸，日方聲稱，至少須一回教有力軍事領袖始可擔任。1938 年
日軍加緊對馬鴻逵拉攏，遭馬鴻逵斷然拒絕，日軍派飛機向銀川城空投宣傳
單，威逼、利誘馬鴻逵投降合作，也沒湊效。日本關東軍參謀長阪垣征四郎
飛抵阿拉善旗，邀請馬鴻逵前往會談，也遭拒絕。1939 年夏，日軍阪垣師團
大舉向綏西進犯，遭到傅作義 35 軍及馬鴻賓 81 軍的頑強抵抗，當時馬鴻逵
也派步、騎各一旅參戰。綏西會戰歷經 3 個月，有效阻擊了日軍西進，粉碎
了日軍在西北建立「回回國」陰謀，保衛西北大片領土免遭日軍蹂躪〔註 20〕。
綏西抗戰意義重大，參戰馬部得到蔣介石嘉獎，蔣介石也明確表示「此次不
僅保障西北，而且奠定收復失地，驅逐敵寇之基礎，在抗戰全局上關鍵尤為
重要」〔註 21〕。

四、偽「中國回教總聯合會」的主要活動

　　回教總聯合會成立以後，主要做了以下幾項事：

　　1. 1938 年 5 月，日本在東京創建清真寺一座，並舉行隆重落成典禮，回
教總聯合會積極配合，派劉錦標、王瑞蘭、李宗慶、唐易塵、趙雲升、陳雄
洲、小池定雄前往參加典禮，並帶去數百件回族珍貴文物在日本展覽。同時
華北總部及各省支會也派人參加，共計 11 人。據記載，劉錦標一行 5 月 2 日

〔註 19〕　《西北回教總監部隆重舉行成立儀式》，《回教週報》165 期，1943 年 12 月 17
　　　　　日。
〔註 20〕　丁明俊：《日本在西北建立「回回國」陰謀的失敗——兼論寧馬綏西抗戰》，《回
　　　　　族研究》1995 年 3 期。
〔註 21〕　《祝五原之捷》，《回教論壇》1940 年第 5 卷第 7 期。

從上海東渡，5 月 28 日返回，期間曾參觀日本近衛首相官邸、內相官邸、外務省、文部省、土耳其大使館、阿富汗公使館、埃及公使館、日本科學博物館及工廠等。日本還假借東京清真寺落成典禮，邀請亞洲伊斯蘭國家政要到日本參觀訪問，藉此向世界穆斯林展示其「尊崇回教」的欺騙宣傳，為日本「解放亞洲」的侵略戰爭製造藉口。日軍扶植的中國回教總聯合會所辦的《回教》雜誌，對這座清真寺修建發起人背景、日本伊斯蘭教狀況有簡單記載：

> 曾在東京久負盛名之回教大師古魯邦阿里氏，為土耳其有名之教師，自在東京設立清真寺院後，乃該大師勸化日本朝野入教者，不可勝數，且對回教教義，時作大規模之宣傳，近者友邦人士，認為回教實為亞洲先進之宗教，特為迎合世界回教人士之親善觀念起見，遂由古魯邦阿里氏募集巨金，特在東京市澁谷代代木大山町一○五八番地，新創立之巍峨莊嚴之清真大寺一座，茲已全部落成，遂定五月十二日為該寺舉行落成典禮之期，同時並舉行世界回教代表大會及穆聖誕辰慶祝會等。至於開幕典禮，則有滿洲國大皇帝御弟溥侊先生所主辦，請柬已經發出。〔註22〕

　　古魯邦曾於 1925 年在日本發起成立「東京回教團」，並創辦伊斯蘭教經文學校，組織翻譯《古蘭經》。本次東京清真寺落成典禮，日本曾向印度以及南洋、中亞、阿拉伯等 44 個國家發出邀請函。落成典禮程序中，有安排各國代表參拜明治神宮、靖國神社等與伊斯蘭教信仰相悖的一系列活動，可以看出日本侵略者欺騙世界各國穆斯林的醜惡行徑。

　　日本的欺騙宣傳行為遭到來自全國各地回族的揭露批判，中國留埃學生在各種場合發表演說，希望埃及及其他伊斯蘭國家不要上當，拒絕參加。國內一些回族學者撰文，揭露日本的政治企圖。對於日本東京清真寺落成典禮活動，國統區回民報刊也給予及時揭露：

> 中央社香港三十日電，據東京電訊，日本將於本年五月十二日舉行東京清真寺落成禮，並約請世界各回教國政府及人民參加。關於日帝國主義者這個舉動，無疑地是麻醉世界回教民族的欺騙行為，在它積極侵略中國的今日，這事的企圖當然尤其在中國五千萬回民身上。日帝國主義者的畜道行為，絕非回教所許可，世界回教民族已看得非常清楚；而中國的回民，都已和中國形成不可分性，

〔註22〕《東京新建築回教大禮拜堂》，《回教》第 1 卷第 2 期，1938 年 5 月出版。

且各地清真寺被摧毀與各教胞被殘害的悲慘印象，絕不會因東京建一清真寺而泯滅。暴敵此舉，徒見其日勞日拙而已。我們對於日寇的魑魅伎倆，我們當益堅抗敵的決心，以表示我們回民與惡魔的絕不妥協；而政府方面對世界回教民族的加強宣傳，以及國內回族的切實提攜，也更具急迫性了。〔註23〕

由於中國方面的宣傳與揭露，許多阿拉伯國家拒絕參加，最後到會的有伊朗、阿富汗、伊拉克、埃及、敘利亞、印度等幾個國家代表。日偽組織中國回教總聯合會華北聯合總部主辦的《回教》第 1 卷 2、3 期，曾發表典禮活動議程、照片及報導。1939 年 11 月，日本回教協會在東京又組織主辦「回教圈展覽會」及「世界回教徒大會」，回教總會給予積極配合，派 9 名代表參會。1940 年在天津和北京舉行反英大會。

2. 1938 年 12 月，回教聯合會組織中國回教朝覲團前往麥加，成員有偽回教總聯合會總務部長唐易塵、委員劉仲泉（西北中學校長，字德潤）、顧問馬良璞及綏遠清真寺張英阿訇、薩拉齊清真寺蘇瑞祥阿訇，共 5 人。據劉仲泉回憶，臨行前日偽回教總聯合會顧問高垣信造曾與他們談話，要求他們在朝覲地麥加及其他場合宣傳日本佔領華北以後，人民安居樂業、宗教信仰自由等。朝覲團出發前，報紙已經披露了消息，中國回教救國協會立即電派在埃及留學的留埃學生代表團前往麥加，監視日偽朝覲團的活動。留埃學生團 10 人，在龐士謙阿訇帶領下，先期到達麥加。因龐士謙與劉仲泉是多年故交，與唐易塵也熟識，學生團成員也大多是北平成達師範、上海伊斯蘭師範學生。兩方面的人見面後，互相說明來意，劉、唐並述說了淪陷區回漢人民遭受的各種苦楚，最後雙方共同商定以中國朝覲團的名義一起活動，以國民政府的國旗為標誌，所帶禮品也以共同名義饋送沙特國王。至此回聯的計劃以失敗告終〔註24〕。唐易塵等朝覲返回時搭乘英國維多利亞號郵輪，據唐易塵回憶，該船乘客除少數英國、印度人外，其餘五六百人皆被德國驅逐前往上海的猶太人〔註25〕。

3. 回聯顧問高垣信造曾要求各清真寺阿訇主麻日宣講「糧食增產計劃」。隨著日本侵華戰爭的推進，物資匱乏，「戰時的體制下，糧食方面，均感缺失」，

〔註23〕《短評：日本東京建造清真寺》，《回教大眾》第 6 期，1938 年 5 月 20 日出版。
〔註24〕劉東聲、劉盛林：《北京牛街》106 頁，北京出版社，1990 年。
〔註25〕唐易塵：《聖地巡禮記》，《回教》第 2 卷第 1 期，1939 年 6 月出版。

要求清真寺利用主麻日宣講糧食增產的意義，並要阿訇帶頭，利用清真寺空地種植蔬菜、玉米等「謀求糧食增產，以補助社會之需。」後來回聯還發起「獻金運動」，要求回民個體工商戶捐款，實際響應者無幾。

4. 組建回教青年訓練團，招收回教青年，經短期培訓，介紹到各部門工作，其目的「步入堅強防共之新階段，走上護教的新途徑」。1938 年 4 月開始籌建青年訓練團，回聯指派日人官橋口辛村為主任教官，王若愚為訓練團團長，唐易塵、趙雲升協助，並開始在各報刊發布招生簡章。訓練期間一切費用由回教聯合會提供，但報名者很少，第一期原計劃招 20 名，經考試、體檢最後錄取 9 名。考試分論文、地理、歷史試題三種，如地理試題為「略論西北五省地圖形勢及主要城市並說明交通情況」，歷史試題為「最近二十年中俄之關係」，可見訓練團主要目的為日軍侵華服務。第一期培訓從 5 月 1 日開始，至 6 月 1 日結束，為其一個月，主要以軍事科目訓練為主，同時開有「日語」「防共學」等課程，至 1945 年，共培訓 10 期，培訓學員約 500 人，這些學員結業後除部分在鐵路局、日本憲兵隊、回教聯合會、回教青年團服務以外，有近半數人不願接受日人介紹的職業，回到家鄉。

5. 舉辦展覽。1942 年日軍佔領新加坡以後，回聯總會在北京舉辦「大東亞戰爭報導寫真展覽會」三天，發布一批日本及軸心國的一些戰場報導圖片。之後還舉行「大東亞博覽會」。

6. 舉辦各種培訓班。1942 年 12 月，回聯總部所辦日語學校舉行開學典禮，回聯委員長趙國楨、日方顧問均出席。1943 年 1 月開始，又舉辦「阿訇養成所」，第一期招收學員 15 人，趙國楨兼任所長，「定期聘請中日名士講演」。之後又設立「回文講習班」，分幼童與成人兩個班，以學習阿拉伯語為主，還舉辦過「京市各行業講習會」。1941 年 5 月，選拔 5 位回族學生赴日留學。日人採用威逼、利誘等各種手段，籠絡部分回族各界人為他們的侵略戰爭服務。

第三節　中國穆斯林對日本分裂活動的批判

1925 年 6 月，哈德成阿訇聯合上海清真董事會董事哈少夫、馬乙堂、金子雲、沙善餘、伍特公等成立中國回教學會，得到上海穆斯林的擁護，僅兩月時間，會員已經發展到 150 餘人。學會的宗旨是闡揚教義，翻譯《古蘭經》，出版書籍和編輯出版《中國回教學會月刊》，創辦學校及圖書館，聯繫國內外

穆斯林等事宜，最主要目的是為了團結上海回民，與佐久間貞的「光社」進行鬥爭。

一、國統區回族社團對日偽回教社團抵制

中國回教學會成立以後，即刻在出版的《中國回教學會月刊》展開對佐久間貞《回光》言論進行批判，認為《回光》所發文章「都是些禍害回教的言論」，「是對我們的侮辱」，「都是一些謬誤」，並強調上海清真董事會與《回光》月刊沒有任何關係，為此《中國回教學會月刊》在其創刊號發表「上海清真董事會啟示」稱：「日來送接各省回教聯會等來函，指弊會與歸信吾教之日人合辦《回光》月刊，並謂該月刊關於吾教之真旨，記載諸多不合云云。弊會誠恐遠道傳聞失實，不得不急行聲明。查近年來韓、日人士有歸信吾教者，弊會因宗教關係對所奉教者自當歡迎。惟並無與日人合辦報紙事，至於在滬發行之《回光》月刊，純為某日人個人事業，弊會人未與聞，海內君子幸共鑒之。」同時社址設在北京西單牌樓清真寺的《穆聲報》在民國十四年（1925）四月十七日出版的一期中也刊載以上聲明。

一些回族學者對佐久間貞民族分離主義思想進行批判。「在日本佔領的地區，日本對中國穆斯林的活動都被洩露到中國抗日力量的一側，被日本佔領地區的穆斯林幾乎都沒有從內心與日本合作。他們都處在內心不服的狀態下。」日寇佔領我華北地區以後，淪陷區許多知名阿訇、文人學者拒不與日人合作，設法逃到大後方，不便於或沒有逃離家鄉的回族群眾，在日人的統治下苟延生存。許多政界、宗教界、教育界、文化界回族人士從佔領區逃亡到昆明、桂林以及重慶等地，並依據聖訓，提出「愛國愛教」主張，號召回民大眾加入到中國抗日大軍中，一些青年「滿拉」和學生積極投考軍校，時刻準備上戰場。馬松亭阿訇冒著極大危險，千幸萬苦將成達師範學校的師生從北平帶到桂林，建立新校。達浦生阿訇也在甘肅平涼恢復了上海伊斯蘭師範學校。後來日軍大舉進攻西南，桂林多次受到敵機轟炸，成達師範又遷校重慶，臨時借住在十八梯清真寺。北平的西北中學當時缺乏遷校經費，校長孫繩武將學校交給劉仲泉，自己設法逃離北平，在蘭州和成都各開辦一所分校。

1937 年由王靜齋、時子周等人在河南發起成立的「中國回民抗日救國協會」，之後國民政府高級將領白崇禧接受領導這個組織，並進行改組，取名「中

國回教救國協會」，其宗旨為「建國興教」，在回族社會引起強烈反響，一般民眾對這個協會寄予厚望。1939 年《回民言論》創刊號發表《對於中國回民救國協會的幾點希望》一文指出：「統一回民組織的呼聲，在民元就已開始，但是歷次的試驗，都沒有好的結果，這次中國回民救國協會由於蔣委員長的勉勵和白副總長的領導而實現，誠為全國回民莫大的慶幸。」孫繩武也說：「中國回教徒所需要的組織，不但應該是統一的，而且應該是長久的。他的機構必須健全，組織必須靈活，工作的表現必須處處有生氣。去年（1938），蔣委員長曾將關於回教統一的組織事宜，交白副總長負責處理，以動員全國回教同胞，共負抗戰建國的重任。」〔註26〕救國協會曾一度向日本佔領的華北回教總聯合會滲透，向日本駐兵薄弱的華北回民區發放傳單，協助他們擺脫日人控制，並將回教總聯合會的分會改為救國協會分會。回教救國協會成立戰時服務隊 28 處，隊員達 3000 餘人，主要協助正規軍救護、偵查、情報、宣傳、慰勞等工作。救國協會理事長白崇禧題寫「興教建國」匾額，並石印一千份，分發各地清真寺及回民學校「以式刊刻懸用」，以增強回族國家觀念。救國協會還編印《會刊》、出版《回教大眾》、成立回教文化研究會、派遣中華朝觀團，與日人扶植的回教總聯合會活動進行鬥爭。

二、回族報刊對日軍陰謀分裂活動的批判

　　從最新研究來看，1938 年之後，日本「回教」團體對曾對西北五馬產生濃厚興趣，日人雖然對這些回族軍人評價不高，但認為有較高利用價值，回教聯合會向西北五馬派出了密使，並參與了勸降工作。為了防止日軍拉攏利誘，堅定西北回族軍人的抗日決心，抗戰期間中國回教救國協會理事長白崇禧、副理事長孫繩武多次深入西北，到寧夏、青海等地考察，與回族軍人接觸，白崇禧對馬部多次發表演講。1939 年初，回教救國協會常務理事孫繩武到寧夏、青海及甘肅涼州，與駐守寧夏馬鴻逵、西寧馬麒、涼州（武威）的馬步青進行接觸，試探他們的抗日態度，並最終斷言，「目前果使敵人進犯西北，他們會遇到堅強的抵抗。」1940 年前後，中國回教救國協會甘肅、寧夏、青海分會相繼成立，抵制日軍的分裂陰謀，「西北一向是敵人垂涎之地，西北回民一向是敵人慾謀利用的對象，以往敵人在西北活動的歷史，已昭昭在人耳目。根據密報，敵人現又發動大規模的利用回民活動，以『大回回國』為

〔註26〕孫繩武：《救國與興教》，《回民言論》（重慶版）1939 年第 1 卷第 10 期。

號召,其對象當然以甘肅省回民為重心」〔註27〕。

另一方面,日軍佔領包頭以後,許多人也開始關注西北回族軍人的軍事實力,建議國民政府在武器裝備、後勤保障方面給予援助,堅定他們的抗戰決心,「在西北重要的軍人很多是回民,綏西是馬鴻賓將軍,寧夏是馬鴻逵將軍,青海是馬步芳將軍,馬步青將軍在甘肅涼州、甘州,馬步康將軍在肅州,楊德亮將軍在蘭州。其他散佈在甘陝各省的非常多。這些回教軍人,即具有回教的戰鬥精神,同時對抗戰建國的工作又積極努力,如馬鴻賓將軍的每戰必臨士卒之先,馬鴻逵將軍對防禦的嚴密配備,馬步芳、馬步青將軍的出兵、獻金,積極動員民眾等。」〔註28〕

日本策劃在西北成立偽「回回國」的陰謀不僅體現在口頭宣傳,也制定了周密計劃,將拉攏西北五馬作為主要工作的同時,到各地拜訪穆斯林名人。據說劉屹夫為中共地下黨員,一直在北京活動,東京有個自稱是穆斯林的日本人若林半,個別與劉談話說,日本準備將來幫助成立回回國,希望能得到劉的幫助。劉答覆說,我們回回都是中國人,沒有單獨成立國家(政權)的欲望,只求信仰受到尊重,並拿出「爭教不爭國」的理由說:「中國就是我們的國家。」〔註29〕1938年中國回教救國協會創始人孫繩武對陝甘寧青四省區進行為期近三個月的考察,返回武漢後,在伊斯蘭教反侵略祈禱大會演講時說,近傳所謂「回回國」陰謀之組織,也完全是敵人挑撥離間的一種煙幕。殊不知我全國回民甘心為虎作倀者,絕無其人,即有,也不過是淪陷各地之無聊份子,為環境所迫,才做出喪心病狂、賣國辱教的勾當。至於西北各省的回教軍政長官,以及多數民眾,據本人實地考察所得,咸能矢誠矢信,擁護中央,服從領袖,來完成保障民族獨立的神聖抗戰使命,絕不會墜入敵人術中,來危害黨國。故所謂「回回國」云者,任憑敵人如何誘惑,本人敢保證決不至於出現〔註30〕。

時任寧夏省主席的馬鴻逵在一次講話也說:「我們知道我們是回教的信徒,同時也是中國的國民,既然我們是中華民族的一員,所以要一方面發揚

〔註27〕《(中國回教救國協會)甘肅分會成立》,《中國回教救國協會會報》,1940年第3卷第1期。

〔註28〕麥迪:《保衛西北與動員回民》,《回教大眾》(重慶版第1期),1939年1月。

〔註29〕劉東聲、劉盛林:《北京牛街》107頁,北京出版社,1990年。

〔註30〕孫繩武:《寫給回教大眾半月刊——在伊斯蘭教反侵略祈禱大會演講詞》,《回教大眾》1938年創刊號。

宗教的精神，一方面要對民族的存亡、國家的興衰負有相當的責任；因為本身和中華民族有了密切的聯繫，那麼民族的生存，就是本身的生存，民族的滅亡，就是本身的滅亡。所以要團結精誠，堅定意志，去求民族的生存與發展，務使中華民族能夠不斷地在世界上繁榮滋長。」〔註31〕。

　　日本對中國穆斯林所做的分裂活動，是以佐久間貞等一批日本浪人皈依伊斯蘭教為先鋒者，將中國穆斯林作為可利用的政治工具，但中國穆斯林上層經歷近代文化運動洗禮，更強化了他們國家認同意識，他們也絕不是日本軍部所策劃的想要獨立出去的群體。因此抗日戰爭期間回族學者寫了許多文章，以揭露日軍的陰謀〔註32〕。抗戰全面爆發以後，回族人民更是看清了日本侵略本質，日軍對回民區的狂轟濫炸，使許多清真寺化為灰燼，激起回族各界的憤慨，紛紛撰文揭露日軍的侵略暴行。1938 年沙蕾在《回教大眾》發表《日本帝國主義者給回教民族的誘惑》一文指出「日本鑒於回教信教徒有著五千多萬（民國期間由於沒有進行人口普查，許多報刊發表中國有四至五千萬回教徒──引者注），並星散各大都市，尤其密集西北各省，因此誘惑的工作更不斷地進行著；如濤秀雄、川村以麻、川村狂堂等先後負責著日政府的主要使命來中國煽動，且積極計劃和宣傳著成立西北回回國，想圖分化我們的全民族團結。」1939 年石覺民在《回教青年月報》第 2 卷發表《倭寇對於伊斯蘭教的陰謀透視》一文，指出日本在近東的回教國家，企圖獨佔遠東市場，排除歐美勢力；在國內，利用回教少數內奸，企圖以回制回，分化教內團結；二是挑撥離間，破壞中華民族的統一團結。1939 年林仲明在《回民言論》發表《暴日利用回教陰謀的一斑》指出「倭寇自侵我以來，積慮無微不至，『九一八』事變以來，在近東方面大肆宣傳其和平主義，花言巧語，百般利誘，對我國作廣大不利之宣傳，誣我國為鴉片之邦，盜匪之藪，害群之馬；自稱侵略之兵為王者之師，欲救中華與水火。」沙儒誠在 1939 年《突崛》第 5 卷發表《日寇對中國回教同胞分化陰謀的失敗》一文指出，「九一八事變」後加緊分化回民步驟，「一、在東京成立回教圈研究所；二、收買世界回教浪人為其會員；三、以偽裝回教徒組織朝覲團，並往各回教國拜訪；四、建立大清真寺於東京，並邀各方回教參加落成典禮；五、發行阿拉伯文及土文雜

〔註31〕馬鴻逵：《要用信教的精神挽救中華民族的淪亡》,《回教大眾》1938 年創刊號。
〔註32〕松本真澄：《1920 年代～1930 年代日本改宗穆斯林亞洲主義者在中國的活動和中國伊斯蘭文化覺醒》（未發表，為 2013 年在內蒙古科技大學舉行學術會議論文）。

誌寄贈回教世界……以上種種陰謀工作，具有兩個目的，一是煽惑世界回教徒以期無理同情；二離間分化我中國回教同胞，而遂其侵略野心。」〔註33〕回族學者楊敬之曾化妝成商人深入敵佔區，搜集日人的「回教工作」資料，寫成《日本回教政策之全貌》，「余懍於民族興亡，匹夫有責之義，余將所知敵人回教政策之梗概，及最近親赴敵後平、津、冀、察、晉、綏、魯、豫一帶視察所獲資料，參酌歷來研究所得，草成此文。」文章指出：「日人近三十年來，所派來中國從事回教工作者，不下百人。」〔註34〕全面揭露日本分化利用回民的種種陰謀。《日本回教政策之全貌》一文3萬餘字，1943年由商務印書館出版發行，共分兩章，第一章為「日本之回教政策」，第二章為「日本國際回教陰謀」，附錄：「北方回教同胞之抗戰情緒」。這是抗戰期間回族學者撰寫最為詳細揭露日軍「回教工作」陰謀的文章。一些國民政府要員抗戰開始以後也開始關注回漢民族關係，特別是日本間諜滲透到回族地區，從事一系列有謀劃的分裂、挑撥活動。時任國民軍事委員會副總參謀長的程潛也在回族報刊發文，揭露日軍的陰謀活動。

告回民同胞

程潛

　　親愛的回族同胞們，日本帝國主義者為欲實現其吞併中國獨霸東亞之迷夢，除一面以強大武力向我瘋狂般的進攻，妄想使我們屈服而外，其另一慣技，就是採用各種欺騙方法，散佈謠言，離間我們各階層的合作，挑撥我們各民族的感情，藉以破壞我國全部的團結，分散我們抗戰的力量，以遂其「以華制華」之毒計。它的特務機關的主要工作之一，即是煽惑我國各民族中少數不明大義份子，背叛祖國。「九一八」後在東北所扮演的「偽滿政府」，以及去年十月在綏遠成立的「偽蒙古自治政府」，都是鮮明的例證。但敵人不以此為滿足，它在「滿洲國」大元帝國的陰謀之外，還以「大回帝國」去誘惑回族同胞，企圖使我西北邊境淪為朝鮮、臺灣之續。

　　日寇對於回族蕃殖的西北各省早具野心，遠在二十年前就有濤秀成龍，組織黑龍會，接著又派遣浪人川村狂堂、佐久間等，假奉

〔註33〕王正儒、雷曉靜主編：《回族歷史報刊文選》（抗戰卷，下），寧夏人民出版社 2012年。

〔註34〕楊敬之：《日本回教政策之全貌》第1頁，商務印書館，1943年。

回教潛赴西北各地，為推行挑撥工作，「九一八」後設立伊斯蘭協會於長春，作為欺騙回胞的機關，盧溝橋事變以後，混跡平津的浪人，又冒充回教信徒，前往西北各省及近東回教各國，一面引誘西北少數不肖份子，作背叛祖國的活動，一面又欺蒙各回教國家，冀使其同胞大回帝國之樹立。然而大多數回民同胞，都能明白這完全是一種毒計，所謂「獨立自治」不外是把回族同胞的家鄉，變成日寇的殖民地而已。東北回族同胞在「九一八」後所受的痛苦，便是很好的教訓。因此自抗戰爆發以來，回民同胞對於各種抗戰救國的工作，都十分努力，先後成立了各種回民救國團體，今年「一二八」西安回民同胞發起了一個非常壯烈的抗日示威大會。當馬良附逆充任濟南偽維持會主席的時候，回族同胞特別是多數回教青年，嚴厲的起來聲討，到現在全國各地回族同胞的抗日浪潮，都日漸發展起來了。此足證明回族同胞在發揚伊斯蘭的傳統精神之下，誓不與日寇妥協，這種舉動，堪稱國內其他少數民族模範。同時也向全世界證明了中國回族同胞，是整個中華民族不可分離的一部分。敵人的煽惑引誘，只是一種幻想。

　　隨著我抗戰軍事的日益進展，我全國上下的團結日益堅固，敵人於遭受嚴重打擊之下，對於破壞我民族團結的陰謀，仍進行不遺餘力，近來又在北平假造民意，成立了「中國回教總會華北總部」，及各區分會等偽團體，希圖蒙蔽一部分回教同胞，供其利用，使之背叛祖國，變為日寇的牛馬奴隸，本人於此，有數事為回教同胞告：

　　第一，先總理所手訂的民族主義，對外為求得中國之獨立自由，對內為求得各民族漢、回、滿、蒙、藏等族之一律平等，本黨同志奉此不渝。我中央政府的對內政策，對各民族一視同仁，向無畛域之分，事實俱在，絕非敵人所能造謠中傷。

　　第二，由於敵人加緊進攻，迫使得中華民族淪於生死存亡的關頭，整個民族都在嚴重危機之中，回族同胞欲求徹底解放，必須我全民族獲得解放之後，才有出路，我們如不精誠團結，一致奮起，反抗日寇暴力的侵略，就將要同歸於盡。

　　第三，我們此次抗戰，是迫於不得已而戰，同時也是為保障世

界正義與和平而戰，為弱小民族反抗侵略而戰，這一聖神戰爭，只有中華民族一致堅強團結，才能抵抗暴日的侵略。

第四，政府方面自當設法為回族同胞解除痛苦，同時回族本身中不和諧之處，各新舊教的對立等，必須盡力調解，在今日敵人滅亡整個回族大危機之前，回族同胞要在抗日高於一切，整個民族利益高於一切的原則下，去和緩其內部的衝突，走向團結。

第五，要注重回族同胞的組織，迅速成立各地回民青年救國會，使之成為團結回民的中心，爭取回族上下一致到抗日戰線中來，要加強宣傳工作，揭破敵人一切挑撥離間的陰謀，以免少數認識不清的同胞，受其欺騙。

第六，回漢諸族要團結如鐵一般堅固，共同奮鬥，這樣才能驅逐日寇出中國，才能爭取最後的勝利，獲得徹底的解放。〔註35〕

抗戰期間對於日本利用民族問題進行的分裂活動，中國回教救國協會也有覺察，「西北、甘、寧、青、綏、陝各省，為中國回教之大本營，抗戰以來，敵人為利誘回胞，分化回漢民族之感情，在綏遠省等設立偽回教會，並密派特務人員到西北各省秘密活動，敵人屢假借成立『回回國』之美名，向回胞施用利誘及懷柔政策，本會早洞觸敵奸，爰在西北各省成立分會，加強機構，推行宣傳及組訓各項工作，最近本會準第 X 戰區司令部朱長官之電請，特分函西北各省分會，切實加緊推動宣傳工作，對敵人之分化及懷柔政策，嚴切予以粉碎，以使敵人奸計不得售逞云」〔註36〕。

三、馬鴻賓出兵綏西抗戰，徹底粉碎敵人分化陰謀

抗戰爆發以後，日本人採取各種方法對馬鴻逵進行拉攏利誘，日本曾派一位阿訇來寧勸說馬鴻逵與日人合作，給馬鴻逵弟弟安排偽職，並將偽「西北回教總部」從呼和浩特遷至包頭，邀請馬鴻逵出任偽職。包頭距離銀川很近，也是西北的前大門，日本人清楚，如果拿下寧夏馬鴻逵，就會很快佔領西北。當時日本人看到拉攏不成，準備從綏西向寧夏侵犯。而此時寧夏軍民已經嚴陣以待，做好抗擊日軍西進的準備。

〔註35〕程潛：《告回民同胞》，《回教大眾》第 7 期，1938 年 5 月 25 日出版。
〔註36〕《會務報告（五）》，《中國回教救國協會會報》1941 年 3 卷第 6 期。

日軍集結在包頭的力量除板垣師團外，還有偽軍李守信部、德王部。抗戰爆發以後，馬鴻賓被蔣介石任命為綏西防守司令，率軍駐守在內蒙古五原、百靈廟一線，嚴陣以待。早年馬鴻賓隨叔父馬福祥在河套地區追剿會匪，同時又在寧夏、綏遠駐守多年，對綏西地形比較熟悉，而當地人民也對馬鴻賓防守綏西前線給予配合，「馬氏父子兄弟先後服官河套，歷二三十年，於地方情形最為熟悉，當地人民與駐軍，確能鎔成一片，共負抗戰重任，三盛公一帶尚有比法教士，蒙、回、耶、漢三大民族、四種宗教，均擁戴馬氏，共策進行，惟西北氣候與南方不同，河已結冰，寒風凜冽。」〔註37〕

　　1941 年蘇盛華在《突崛》1941 年第 7 卷發表《抗戰以來的寧夏穆民》一文，記載了馬部與日偽軍的戰事。如 1939 年冬十七集團軍騎兵二旅馬忠義旅長及張光武團長率部包圍敵人狼山口重要據點梅令廟，血戰兩晝夜，殲滅敵偽兩個團，張團長身負重傷。1940 年春，西軍（指馬鴻賓部）與敵人在五原、臨河開戰，35 師 108 團在烏不浪口以相差懸殊弱勢與敵人鏖戰 7 日夜，終以援絕，全團壯烈殉國，當時 81 軍軍長馬鴻賓在重慶開會，馬鴻逵在銀川用電話指揮作戰，81 軍及馬鴻逵部騎兵一、二旅與駐守寧綏邊境的警備二旅在頭道橋予敵以迎頭痛擊。當時堅守在綏西前線的傅作義部將隨軍眷屬移住安排在寧夏吳忠鎮，馬鴻逵派兵保護，提供生活保障，使傅作義部與寧夏開往前線的官兵通力合作，共同抗擊西犯的日偽軍。後來傅作義在面對記者採訪時說，「馬主席在後方盡力支持，也為此次致勝重要因素」。

　　據資料記載綏西抗戰有以下幾次重要戰事：1941 年 2 月，敵人從包頭出發，對綏西沿線進行掃蕩，敵人挑選步兵 50 餘人，由敵酋小島麻廠率領，有汽車 280 餘輛，重炮一百餘門，並以飛機 9 架助戰，履冰渡河西犯，馬鴻賓集結部隊迎戰，敵機輪番轟炸，投彈如雨，血戰四晝夜，馬部傷亡軍官 10 餘名，士兵 300 餘名，最後馬鴻逵部騎兵旅趕來增援，迂迴夾擊敵人，敵人退回包頭。

　　據記載 1941 年 2 月馬部副營長馬長福率領精兵 11 名，深夜渡過黃河，深入距包頭附近的敵人飛機場，擊斃敵哨兵，包圍敵兵舍，敵偽八九十名全部被殲滅，並生擒 10 餘名，焚毀飛機一架，機場被破壞。

　　這篇文章所提供資料數據，為了鼓舞抗日士氣，可能有誇大之處。與《寧夏文史資料》所記載的綏西抗戰艱苦性是有一定差別。

〔註37〕《綏西通訊》，《回教大眾》（重慶版第 1 期），1939 年 1 月。

據敵方公布消息，綏西會戰，敵方損失官兵三千餘名，被毀汽車一百數十輛。另外地方消息稱：此次掃蕩河西馬軍，初意不難一鼓蕩平，距馬軍以孤軍深入沙漠，物質條件極度缺乏之下，竟能有如此的作戰能力，實表欽佩，至射擊技術之精準，戰術運用之靈活，攻擊精神之旺盛，實為西北戰場上首次遭遇之勁旅。

據《綏西前線的回回軍》一文記載：說某某軍的部下完全是回回兄弟，也許有點不大周延，他們中也有漢人的，但大部分卻都是回回兄弟，漢人的兄弟們，生活習慣也都不知不覺的相同了，這些回回弟兄們分布在綏西前線的各個防線上。在綏西，老百姓管回回兄弟叫「咋們的西軍」，西軍每到一處，修路，自己蓋房子，幫助人民割麥子。〔註38〕

馬鴻賓部在綏西前線堅守 4 年，綏西抗戰意義重大，守住了西北的東大門，也徹底粉碎了日軍在西北建立回回國陰謀。蔣介石也認為，綏西抗戰的勝利，不但保障了西北，收復失地，而且在抗戰全局上起到關鍵作用。

〔註38〕袁塵影：《綏西前線的回回軍》，《突崛》1941 年第 7 卷第 11、12 期。

第十一章　中國回教救國協會成立

　　中國回教救國協會是抗戰時期成立的全國規模最大、組織程度最高、覆蓋面最廣、社會影響最大的以回族為主體的全國穆斯林抗日社團組織。中國回教救國協會前身是 1937 年底由王靜齋、時子周在河南成立的中國回民救國協會，1938 年 5 月由白崇禧接管，得到國民政府的大力支持，1939 年 7 月正式更名為中國回教救國協會，1942 年 12 月又更名為「中國回教協會」，《中國回教救國協會會報》也更名為《中國回教協會會報》。中國回教救國協會成立後在動員全國穆斯林民眾抗擊日本帝國主義侵略、維護國家獨立和民族尊嚴、開展國民外交、發展回族文化教育方面做了不少有益工作，在近代回族社會及全國產生過重要影響。

第一節　白崇禧與中國回教救國協會的創立

　　白崇禧是國民政府中級別最高的回族將領，曾任國民黨政府國防部長、軍訓部主任、副總參謀長。但多年來在回族史研究中很少提及這個人，著名學者林松教授早在 20 年前就指出，「目前，回族論壇較諸全國輿論，某些方面似乎仍墨守陳規，謹小慎微，不敢突破。……在涉及過去較敏感人物時，還是裹足不前。例如級別檔次很高的抗日將領白崇禧，在近幾十年來回族研究中很少提及，更不用說發表專文。白崇禧本人還擔任過回教協會（抗日戰爭時期成為『回教救國協會』）理事長，表明這一人物與自己的民族宗教有密切聯繫」〔註1〕。實際上，白崇禧還是有較為強烈的民族感情，在發展回族教

─────────────────────

〔註 1〕林松《學壇漫步話「回研」》,《回族研究》1996 年 2 期。

育、救濟難民等方面作了許多工作，在抗戰時期組織創建的中國回教救國協會在動員全國回民抗戰方面發揮了重要作用。

檢視抗戰爆發前成立的回族社團組織，一些囿於性質限制、或缺乏強有力的領導人，還沒有形成一個在全國有影響，在回族民眾中有號召力的社團組織。抗戰前期的回族社團存在以下幾個問題：

一、缺乏組織原則，造成少數人把持組織，獨斷專行。一些社團組織沒有經過會員大會選舉，不接受回民大眾監督，無形中與民眾脫離聯繫。更有甚者，極少數人利用社團組織，出賣國家及民族利益，如中華回教公會馬良利用該會地位，暗地與日本間諜勾結，抗戰爆發以後出任山東偽政權，成為日本傀儡。說明一個社團組織如果缺乏民主監督是很危險的。

二、一些社團組織中幾個關鍵人物，因為立場不同，對一些問題看法存在分歧，關涉到自身利害問題，往往引起嚴重分歧，如在商討一些社團名稱時，有些人主張用回族，有些人囿於「清真教門」的「教」字，主張稱「回教」，見解不同，爭端遂起，往往各有依據，互不相讓，「二十餘年迄未解決族、教二字的爭執」，一些社團籌建初期，因意見不統一而夭折，即便成立，因內部意見不統一，影響社團發展。當然這也與國民政府不承認回族為一個自在的民族共同體及一些人對孫中山先生漢、滿、蒙、回、藏「五族共和」中「回」的不同理解有關。

三、有些社團缺乏強有力或被回族大眾所公認的領導人，也有些社團因組織領導人員更替而走向衰落。

抗戰爆發以後，日寇拉攏一些回族上層，建立一系列傀儡組織，戴著偽善面具，進行煽惑鼓動，當時河南一帶已經發現偽「中華回教總聯合會」的宣傳單。1937 年底，時子周、王靜齋等人在河南聯合部分回民發起成立「中國回民救國協會」，以抵制日偽的滲透，並草擬章程，呈請國民政府社會部備案。但該會在組織過程中困難重重，遲遲得不到國民政府批示，於是孫繩武、唐柯三及時介入協會組建工作，並將會址從河南轉移到武漢，於 1938 年 5 月 15 日在武漢回族商人馬漢三的宏昌皮貨局召開第一屆常務理事會，會議由唐柯三主持，宣讀了預先擬定的理事、監事名單及協會章程，即匆匆散會。這次理事會推舉白崇禧、時子周、唐柯三、馬鴻逵、馬鴻賓、馬步芳、馬步青等 35 人為理事，推舉堯樂博士、達浦生、王靜齋 3 人為監事，選舉白崇禧為理事長，唐柯三、時子周為副理事長。

　　白崇禧在沒有參會的情況下被推選為理事長，也得到與會代表的一致認可。當時白崇禧一直在前線忙於指揮抗戰，對推選自己為理事一事沒有心理準備，曾致電唐柯三等人「愧不可當……一切望多徵求各方教胞意見」試圖婉拒〔註2〕，後來經唐柯三等人說服，認為在國難當頭之際，為適應動員全民抗戰的實際需要，應建立全國性回民抗日救亡組織。鑒於當時日本扶植馬良為山東省偽省長，同時在天津組建回教會的實際。白崇禧將建立全國統一回民抗日組織的想法電告蔣介石，得到蔣的支持。據記載「是以客歲十月間，淞滬戰役正酣之際，白副總長秉承蔣委員長團結全國回民，共禦外侮之意，與孫繩武先生會商組織全國回民抗敵後援會事宜。卒因淞滬我軍轉移陣地，首都繼以淪陷，白副總長在前線指揮愈忙，孫先生亦奉委員長命前往西北，抗敵後援會之組織以故未果實現。本年（1938年）初，時子周在鄭、陝間服務救亡，亦鑒於回民團結之刻不容緩，爰發起組織中國回民救國協會，並刊行本通告。惟當時因會址未定，經費待籌，工作尚未展開。四、五月間，白副總長駐節武漢，孫先生亦由西北前來，教中俊彥群集是間，會商回民救亡工作問題，決就時子周先生所發起之協會組織加以擴大，使成全國回民之中心團體。於是修訂中國回民救國協會章程，並公推理事三十五人，監事九人，共策進行，理事會首次開會結果，互選白理事長暨時子周、唐柯三、孫繩武、馬亮、艾沙、劉鐵庵、馬漢三、李廷弼等九人為常務理事，常務理事會又公推白副總長為理事長，唐柯三、時子周兩先生副之。七月初，黨政各機關駐漢辦事處均按原計劃移渝，本會經常務理事會決定遷此（重慶駐馬店105號）。會址與經費即經確定，工作悉上軌道。」〔註3〕白崇禧在1940年初參加湖北省分會成立時的講話中也提到中國回教救國協會成立的過程，他說：「在抗戰初期的時候，戰事由上海波及到蘇州，我們教中的馬子寅（即馬鴻賓）將軍因為到前方去視察，鑒於回教教民沒有組織，如山東、河南、陝西以及平津一帶教民多的地方，因為沒有組織，在抗戰時很少貢獻，使人引為遺憾！後來平津各地相繼淪陷，教民捲入淪陷區域的更多了，越發現出很紊亂、很散漫的樣子。後來我到南京去，和教中的唐柯三、時子周、孫燕翼諸先生及馬子寅將軍等更感覺到教民組織的重要，必須守住回教立場，不要為敵人漢奸

〔註2〕沙蕾：《致中國回民救國協會》，《回教大眾》第8、9期合刊，1938年6月29日出版。

〔註3〕《中國回民救國協會通告》第14號，1938年11月18日出版。

利用。在湖北也開了幾次談話會，大家眾議的歸結，很想具體的把回教廣大教胞組織起來。不然像山東馬良被敵人利用的恐怕不止一個人了。那時時子周等諸先生，更立意把這個組織推行到全國，後來在中央黨部也立案了，大家推舉我負名義上的責任。因為我個人事情很多不能兼顧，但以眾意難卻；委員長也命令我負起這個責任來，本會就在這種情形下組織起來了。」〔註4〕

對中國回民救國協會的建立，有人提出幾點建議：

一、確定該會的中心任務，當務之急是抗敵救亡，包括動員全國回民大眾，積極武裝抗戰，組建回民義勇軍，保衛家鄉、保衛國土；與馬良的偽「華北回教聯合會」鬥爭；改善回民生活，特別是西北回民的負擔懇請政府相應減輕，使敵人無蠱惑之餘地；收容、救濟各地難民。

二、加強組織建設。鑒於以往回民組織的失敗，更加感覺到民主集中制的重要。回民救國協會的理事長、理事、監事必須經過全國回民代表選舉程序，不僅最高執行機關如此，各地分支機構組織機關也必須如此。

三、加強協會骨幹隊伍建設。任何團體，沒有堅強負責的幹部絕不能達到預期的效果，由幹部去推動組織運轉，全國一致的回民救國團體才能建立起來。

四、加強各地分會建設。對各地原有的回民團體，一方面保持其組織特性，一方面加強與之聯繫，推動其抗戰工作。在沒有回民組織的地方，組建回民救國協會分支會，由性質雖異而目標一致的新舊團體中推出新的理、監事，並改為協會。救國協會只有承認各省原有的組織特性，求同存異，才能避免無謂的糾紛。如甘寧青回教促進會、雲南回教俱進會支會、武漢回民互動會等，這些社團都有自己發展歷史與組織原則，絕不能以統一的方式、統一的規章來約束他們，應使他們各展所長，為抗戰服務〔註5〕。

關於中國回民救國協會最初成立時間，有不同說法，有 1937 年冬季之說，也有 1938 年初之說，1938 年 5 月改組以後的理事人員名單也不盡一致。改組以後白崇禧由於忙於指揮對日作戰，協會工作由唐柯三、時子周主持。據記載 1939 年 2 月 1 日，白崇禧在自己寓所主持召開第三次理、監事聯席會議，

〔註4〕《興教與救國——白理事長對本會湖北分會訓詞》，《中國回教救國協會會刊》
　　　　1940 年第 2 卷第 12 期。
〔註5〕沙蕾：《致中國回民救國協會》，《回教大眾》第 8、9 期合刊，1938 年 6 月 29
　　　　日出版。

參加者有王夢揚、唐柯三、白澤民、張劍白、張兆理、馬天英、馬宗融、楊敬之、王曾善、孫繩武、張觀群等 18 人，在這次會議上白崇禧報告改組回民救國協會的經過及重要意義，並討論各分、支會的組織規程及指導方案，促使回民聚居區的甘寧青分會早日成立，同時討論新疆分會組織方案，並強調本會是「秉承領袖意志而成立」，「原為救國救教而組織，成立一年以來，工作成績未能充分表現，殊為遺憾，今後更應加倍努力，喚醒回胞，組織回胞，訓練回胞，都是本會的責任，要救教必須救國，如果國都亡了，宗教也同歸於盡，務必使全國回胞組織起來，成為鐵一般的陣容，貢獻國家，所以希望工作人員務必特別努力工作。」〔註6〕這次會議上馬天英理事提交南洋訪問團計劃，得到白理事長批准，唐柯三副理事長建議聯合教內外學者、文化界人士組建「回教文化研究會」，得到大多數參會人員贊成。也有人提出建議國民政府參議員規定回民名額，確保回民參政議政落到實。期間孫繩武主持回民救國協會在重慶開過幾次理事會及聯席會議，討論各地分會籌建、救災、會費籌措、完善組織機構等事項。救國協會的宗旨為救國興教，組織動員全國回教同胞參加抗戰，其次為發展回民教育、恢復生產，進行全國回民人口調查，協助各省、市縣、鄉鎮成立分、支、區會，各地受難回民之救濟、被日軍炸毀清真寺之修復也列入救國協會工作範疇。同時回教救國協會也將清真寺納入全國統一管理，制定《清真寺管理辦法》，籌劃《古蘭經》翻譯，加強同世界穆斯林組織之間聯繫。回教救國協會經調查發現福建泉州陳埭、白崎，廣西桂林之潛經村、湖南之城步之回民，共有人口數千戶，但由於各種原因，已經失去伊斯蘭教信仰，救國協會派去教職人員進行宣教，出資幫助修建清真寺，希望這部分人回歸伊斯蘭教信仰。

中國回民救國協會成立，又給回族知識階層帶來曙光，有人撰文說回教的先進們，組織中國回民救國協會是值得慶幸的一件事，如果要發揮它的作用，組織必須嚴密而健全，組織工作可以說是一切工作的起點。如果組織工作做得不夠好，其他工作的推進肯定受阻。回教救國協會成立以後，曾在湖南、廣西、河南、湖北、陝西、重慶設立分會，其他省份設立分會工作也在推進。

「中國回民救國協會」擬定八項工作綱領：

〔註6〕《理事長召集本會全體工作人員訓話》，《中國回教救國協會會刊》第 1 卷第 1 期，1939 年 10 月 15 日出版。

一、建立全國回民的反日統一戰線；

二、武裝回民參加抗戰；

三、融洽回漢感情，實現全國各民族的大團結；

四、訓練與組織回民青年，充實抗戰力量；

五、向國際宣示中國各民族的統一，並與一切回教國家取得密
切聯絡；

六、救濟回族被難同胞；

七、肅清回奸及倭寇的一切走狗；

八、組織在淪陷區域內回民保衛祖國。〔註7〕

協會下設組織、宣傳、調查等部，及教育、青年訓練，救濟等特種委員
會。1938 年 7 月 7 日為「七七盧溝橋事變」一週年，中國回民救國協會通電
全國各清真寺，要求各清真寺舉行祈禱大會，喚起民眾繼續堅持抗戰，及追
悼回漢陣亡將士。1938 年 6 月 19 日《新華日報》發表《歡迎全國回民大團結》
的新華社短評指出：「中國回民救國協會最近成立了，並擬定了八項綱領。由
此我全國回民不僅有了自己的全國性的統一組織，而且有了共同奮鬥的目
標。當著目前中原告急，敵人正在加緊對回民眾多的陝甘寧及河南等地方進
行挑撥離間回漢民族間感情，達到以華制華陰謀的時候。我們除希望本著民
族平等自決原則，鞏固回漢民族的團結統一，反對共同的敵人——日本帝國
主義外，希望把所通過的綱領一一見諸實行。這不僅造福回民，而且是增長
抗戰力量。我們歡迎這次回民的大團結。」

第二節　蔣介石在救國協會第一屆全體會員大會的講話

1939 年 7 月 26 日救國協會召開第一屆全體會員代表大會，選舉白崇禧為
理事長，時子周、唐柯三為副理事長。在這次會議上，更名為「中國回教救
國協會」，其宗旨為「維護國民政府，服膺三民主義，發揚回教，團結教胞，
協力抗戰建國」，蔣介石應邀參加了大會，並發表講話：

〔註7〕《全國回民大團結——中國回民救國協會正式成立》，《新華日報》1938 年 6
月 19 日。

理事長、各位同志：

今天是中國回民救國協會舉行第一次全體會員代表大會的日子，本人很高興地參加盛會，我們中國自隋唐以來，回教已經傳佈到中國來，在歷史上對於國家貢獻很大，尤其在明朝，回教人更有偉大的功績表現，如名將常遇春、胡大海、沐英等，開疆拓土，可稱為一代功臣，其他的回教將領差不多都對國家有相當的貢獻。在國難時期，國家民族當此危急存亡的時候，國內同胞無疑義地發揮民族力量、教育力量和固有的精神，來擔當起救國家與民族的重大責任。抗戰期間，很多的回教同胞發揮其抗戰精神，在華北各地頗有回教同胞之民眾武力，予敵人以重大打擊，如此地發揮力量與精神，甚為欣慰，因如此方能達到抗戰勝利的目的，回教的精神對於國家特別忠誠，在任何地方都發揮其大無畏之精神，假使這種精神擴大，這種力量那還了得，所以回教知識界同志要特別發揮這種使命，這是我要說的第一點。

第二點，就是一般普通人對於回教、回民和回族幾個名稱分不清，一般人不明了真義，認為回教即回族，這種觀念對於整個之中華民族影響實大，我們要曉得中國是極端保障人民自由的，國家這種表現可由宗教中顯示出來。中國是信教自由，幾千年來，對於人民的信仰並無限制，和外國以宗教為國教不一樣，這是中國之一大特點。中國有許多佛教、基督教、回教，可以說都是漢族信仰宗教，佛教不能稱佛民，耶教不能稱耶民，那麼回教也不能稱回民。宗教傳佈的目的在於普遍，若回教之信仰，回民和回族始有信仰資格，未免將本身資格變為狹小，不是宗教之本義，若回教即回族，難道非回族人便不能信回教麼？過去我曾和馬雲亭先生談過這個問題，他很明白這個道理，他以為中國的回教多半是漢族信仰回教，我曾請他闡明此義，但他不久便故去了。現在希望各位同志特別發揮此種意思。最後，國內回教同胞在抗戰期間已然很努力了，以後更特別注意，尤其是淪陷區的民眾，利用現在的機會來抵抗敵人，而完成抗戰建國的使命。〔註8〕

〔註8〕薛文波記錄：《蔣總裁開幕典禮訓詞》，《中國回教救國協會第一次全體會員代表大會特刊》，1939年。

據《中國回教救國協會會刊》報導「大會舉行開幕典禮日，蔣委員長親臨主席，訓詞懇切，顏色藹然，眾人為其精神所感召，方達浦生阿訇誦天經抗戰勝利篇時，全場肅穆，委員長也斂神閉目，心有所會，其尊重他人信仰也，有如此。」在這次大會上白崇禧作了《中國回教今後的展望》，他講到本會成立一年多了，但因戰時關係，全國會員大會一致延遲到今天才召開。白崇禧講話包括「召開本會的意義」、「一年多來工作回顧」、「今後的展望」三個方面。本次全體會員大會選舉白崇禧為理事長，副理事長唐柯三、時子周。經費來源主要靠國民政府當局撥款。該會以「建國興教」為宗旨，宣稱以提高中國穆斯林知識水準，增強中國穆斯林的經濟能力為己任。

會議結束以後，蔣介石特地安排舉行中國回教救國協會各省代表茶話會，蔣介石發表簡短講話，「現在大會要閉幕了，諸位要回到各地區，關於大會的決議案，要切切實實的辦理，相信一定收到較好的效果」。「關於回教本身方面的，這一點似乎我在開幕典禮時已然說過了」。「不過希望諸位仍要負起一種責任來，就是能使一般的回教同胞，明瞭回教本身是何物，回教教義能徹底瞭解了，便可推動社會和本身的進展。回教優點甚多，唯一的缺點，便是回教本身沒有使社會充分的認識，而使回教走入狹隘之路，尤其是因為習俗不同，教外人不易接近，完美的回教，便失其擴充的力量。一切宗教都有其共同之點，就是救人和救世，他們差不多都拿宇宙作對象，往範圍小處說，便是以世界與人為對象，說起都是很普遍的。回教是完美的宗教，是救人救世的宗教，他們的使命，回教人自然是要救，非回教人也要救，這樣才顯出回教博大的精神，希望諸位要努力於這項工作，切實的和非回教人聯絡，表現出精誠團結之精神，如此方合乎宗教本身的道理，方不失為一宗教信徒。今天藉這機會說很簡單的幾句話，貢獻給諸位，在諸位工作的時候，做一些參考。」〔註9〕

可以看出，蔣介石對中國回教救國協會的成立很重視，不僅在開幕式發表重要講話，會議結束以後，又專門召集參會各省代表茶話座談，對動員全國回族參與抗戰寄予厚望。但蔣介石認為中國回族大半是漢族信仰回教，否認回族是一個獨立民族共同體，對後來國民政府回族政策產生重要影響，並且認為不解決回族、回教之爭，對「整個之中華民族影響實大」。回族、回教

〔註 9〕薛文波記錄：《蔣總裁在招待本會各省代表茶會時訓詞》，《中國回教救國協會會刊》第 1 卷 1 期，1939 年 10 月 15 日出版。

之爭貫穿於整個民國時期，因這個問題較為複雜，在上一章已經論述。

蔣介石在中國回教救國協會第一屆全體會員大會講話

蔣介石與參會代表座談

注：圖片來自香港《星島週報》第 16 期。

中國回教救國協會出版過幾種刊物：《中國回民救國協會通告》（1938～1939）共 37 期，《中國回教救國協會會刊》（1939～1940），1940 年 11 月更名為《中國回教救國協會會報》，並計劃發行《回教文化月刊》。1942 年低，中國回教救國協會更名為中國回教協會，刊名也隨之更名《中國回教協會會報》（1943～1949），同時出版《回教文化》（1942）；抗戰勝利以後於 1946 遷會址於南京，繼續出版《中國回教協會會報》（1946～1948）。各地分會也曾出版過一些宗教性刊物。

第三節　白崇禧與救國協會工作

白崇禧擔任理事長以後，利用其在國民政府及軍事界的威望，對救國協會的發展及地位提升起到重要作用，救國協會向主管部門的一些報告也能得到重視，特別對救國協會內部各種意見的協調統一起到重要作用，使這個社團組織能夠得到長期發展。過去的許多回族社團組織由於缺乏強有力的領導人，或因缺乏活動經費、或因內部意見不統一，影響了社團的進一步發展。經過一段時間與回族文化界、宗教界人士的交往、接觸，白崇禧的民族意識有所增強，對救國協會工作也非常用心，他開始關注全國回族同胞的經濟、文化教育、社會發展等，為提升回族政治地位，也不遺餘力與國民政府行政院、教育部交涉，爭取政府對回族教育的支持；與立法院交涉，為回族爭取國大代表、立法院名額，也取得了明顯成效。

據閃克行《白崇禧與回協》一文記載，白崇禧擔任回教救國協會理事長以後，與回族知識分子及宗教界人士接觸日漸增多，瞭解漸深，對回協工作積極支持，出面為回族辦了一些有益的實事，一是對回民生活習慣也開始重視起來，如倡議開辦「百齡餐廳」，聘用成達師範一位青年楊金魁到他公館主持飲食、教規。二是回協是群眾團體，不同於軍政機關，他在作風上平易謙和，逐漸有了感情，關懷大家生活，每逢年節，他給回協年老者和負責人贈送節金。回教救國協會二屆代表大會時，他給每位代表一塊特別的手錶，到西北考察贈送知名阿訇懷錶。唐柯三患中風病時，他特協同一位院長前往搶救。唐柯三在鄉間養病時，他不辭三十里鄉間小道，坐著滑竿前往探視。第三，他認為回協是宗教團體，在回協內部從來諱言國民黨內部的派系情況。回協負責人中，也有不同的經歷和人事背景，他都大而化之，一視同仁，他

不在回協內部培植個人勢力〔註 10〕。白崇禧因政務經常到全國各地視察，每到一地，與該地回教協會分、支會聯繫，指導協會各地分、支會工作，或發表演講，受到當地回民熱情歡迎。

　　白崇禧先後發表多篇文章，談抗戰期間團結組織全國回民的重要性，1939年他在《動員回教精神》一文中講到：「敵人為達其侵略之迷夢，不惜用種種極卑劣的手段，在軍事上速戰速決；在政治上一面製造傀儡組織，一面利用複雜的現狀，挑撥離間，以破裂我內部團結之精神。」他講動員回教精神，一方面要加強回教組織。回教本有一種天然的組織，不過這種組織可以維繫回胞彼此之間之宗教感情，可以關聯彼此之間經濟與文化力量，在承平無事之時，這種天然組織，很夠用了，但在抗戰建國時期已嫌其力量之脆弱，現在更需要一種有全國性的救國救教的強有力組織。中國回教救國協會便是在全國回胞一致呼籲下產生的，我們應當去擁護他。另一方面我們回教人是國家的一份子，我們的身家性命是寄託於國家，我們的宗教仍需要國家來保護、扶植和發展，假如國家沒有保障，宗教也就無從立足了〔註 11〕。白崇禧在《反侵略與回教文化》一文中提出利用中國穆斯林與近東國家在宗教文化上的天然聯繫，以研究回教文化的方式，對內以促回民與漢族間的團結與信賴，對外促進與世界回教國家間的聯繫，建立國際反侵略力量。1939 年 1 月在《敬告全國回教同胞》一文中，白崇禧講到「回教同胞，是中華民族構成的一環，在全民族慘罹空前浩劫的今日，他也和全國同胞遭受同一的命運」。同時提出持久戰的概念，他說「敵人是一個已有四五十年戰爭準備的強國，而我則是一個沒有充分準備的弱國。在戰爭的第一期中，當然遭受不可避免的挫折，可是我們地大人多，敵國則人少兵少，日寇絕對不能以少兵佔領大國所有的土地，更不能在大國一往直前的漫無止境的進攻，我則可以利用敵人這個缺點，以眾多人民和士兵，在廣大的國土上，和日寇進行持久的戰爭，」並以持久的戰略打破敵人速戰速決的迷夢，日寇經我持久戰的消耗，使其國力在全世界列強的地位中降為三四等的國家，最後只有屈服。「現在中國回教救國協會既然是全國教胞的中堅分子所組成，當然負有統一回民組織的責任，希望各地限於局部性質的回民團體，即行整理，以歸納於本會，同時希望各省、

〔註10〕馬建釗等主編：《中國南方回族社會團體資料選編》8 頁，四川民族出版社，2003 年。

〔註11〕白崇禧：《動員回教精神》，《中國回教救國協會會刊》1939 年第 1 卷第 5 期。

縣、市中國回民救國協會分支會，迅速著手組織，以期剋日成立，和本會分工合作，以收指臂之效。」〔註 12〕同一時期蔣介石也發表《告全國回民書》中指出：「我們的國家，即使由各民族各宗教組織而成，那麼一切權利當然要共同享受，可是一切責任也要共同擔負，尤其在這抗戰期間，更要無分民族，無分信仰，大家竭盡精誠的團結起來，萬眾一心，共禦外侮。」〔註 13〕1940年蔣介石又發表《告戰區回教同胞書》，對華北游擊區回族抗日武裝力量給予慰問〔註 14〕。

1940 年初白崇禧曾以回教救國協會理事長身份致函社會部，提出幾點要求：一、各地原有的回民社團組織改組為回教救國協會分、支、區會，並通令全國各地，積極籌建分、支、區會。二、撤銷馬良中華回教公會之組織許可證，如各地發現該組織，即予取締。三、勸導中國回教俱進會自動取消或改組為中國回教救國協會分會或支會，如不聽從，即予取締〔註 15〕。

從表面沒看白崇禧這種做法有些霸道，但實際上是為了實現回教救國協會組織的權威性與全國統一性。中國回教俱進會是王寬阿訇創建於 1912 年，早期組織機構健全，各地設有分會，對發展回民教育、促進回族社會進步方面發揮過重要作用，王寬阿訇於 1919 年歸真以後，俱進會缺乏強有力領導人，組織逐漸渙散，一些地方分、支會也是名存實亡，早在 1936 年 5 月北平市政府已發文取締俱進會，但各地分、支會活動並沒有停止。

中華回教公會是 1934 年 9 月由馬良、童仁甫等人在南京發起籌備，並經國民黨中央黨部備案並頒發許可證，指派馬良為籌備委員會主任委員，唐柯三、王曾善、艾沙、馬宏道等 10 人為委員，會址設在南京市淨覺寺，並在一些省份準備設立支會，制定《中華回教公會各支會簡章》。

中華回教公會負責人馬良，字子貞，河北清苑人，回族，北洋武備學堂畢業，係皖系軍閥將領，1919 年五四運動時期馬良任濟南鎮守使，與任山東督軍張樹元鎮壓濟南學生愛國運動，為了表現他鎮壓愛國運動的鐵面無私，竟叫囂「首先拿自己的教友開刀」，以「結黨擾亂治安」罪名，逮捕並殺害濟南回民救國後援會會長馬雲亭及朱春濤、朱春祥兄弟。馬良在當時回民社會

〔註 12〕白崇禧：《敬告全國回教同胞》，《回民言論》（重慶版）1939 年創刊號。
〔註 13〕《中國回民救國協會通告》1939 年第 34 號。
〔註 14〕蔣介石：《告戰區回教同胞書》，1940 年第 1 卷第 11 期。
〔註 15〕《回教救國協會呈請取締非法組織》，《月華》1940 年第 12 卷第 13～18 期。

威望及口碑實在太差，不能服眾，如有人對馬良組織中華回教公會提出批評
「記得是去年，在五中全會開幕以前，有某公組織中華回教公會於首都，並
計劃設支分會於各省……，光陰荏苒，周歲將屆矣，然而在這幾個月中，看
到什麼呢？設宴送公使，開會請名人，除此以外，恐無所見。」〔註 16〕後來
唐柯三、達浦生、王曾善等在報刊發表聲明，函請辭去籌委會委員職務，遂
使這個社團組織陷入困境。1937 年 12 月日軍佔領濟南，馬良投靠日軍，出任
山東省偽省長。1938 年《中國回民救國協會宣言》中指出：

> 唯令人痛心疾首，不忍形之於言者，今見漢口大眾報載等籌備
> 中華回教公會之馬良，竟受敵方利用，有參加山東偽組織之說。查
> 馬良乖僻昏庸，本不為識者所齒，彼組織中華回教公會，也係別具
> 心肝，希圖自利；其認賊作父，固無足深怪。所遺憾者當馬良籌備
> 中華回教公會之時，各地教胞因鑒於回民有團結之必要，而未深察
> 馬良之為人，故紛紛設立分會，今馬良既已附逆，各分會恐蹈漢奸
> 之嫌，當然停止活動；其一人改節事小，影響回民團體之整個活
> 動。……同人鑒於此等敗類之負我祖國，壞我教譽，決意聯合各地
> 教中同志，組織中國回民救國協會，一面發揚教義，闡明我教立場，
> 以促彼喪心病狂者早日覺悟，一面喚起教胞，參加抗日工作，以保
> 我回教固有英勇光榮。〔註17〕

馬良的行為及中華回教公會組織的失敗令許多回族知識分子失望，並進
行反思，如有人指出，我們試一檢討過去回教組織的失敗，一是組織方法不
合理，過去回教組織，大都由極少數幾個人閉門籌備，拉幾個有地位的同教
人作為負責人，成為某些人漁利或獵官的工具。

縱觀近代回族社團組織發展歷程，民國初年王寬在北京創辦的中國回教
俱進會，是組織比較健全、全國統一的回族社團組織，當時分支會遍及各省
各縣。各地回族同胞對於該會抱有較大希望，竭力贊助，儘量的擁護。而俱
進會在全國各地興辦教育、改良風俗、調解糾紛等工作，成績也頗為顯著。
但後來因為政治的影響、組織的不健全，許多活動停止，以致俱進會徒有虛
名，毫無存在的價值。1934 年，馬良在南京組織組織回教公會，因其別有居
心，而圖個人之利祿，在籌備時期即惹起種種風波，會務未能推進，無形瓦

〔註16〕《中華回教公會所為何事？》，《伊斯蘭》1935 年第 5 期。
〔註17〕答振益：《湖北回族古籍資料輯要》198 頁，寧夏人民出版社，2007 年。

解，而整個的回民仍然沒有形成一個完善的組織。此後抗戰軍興，國民黨中央政府為團結回民，加強長期抗戰實力起見，乃指派白崇禧籌備「中國回教救國協會」，以資領導全國回胞，參加抗戰工作。有人指出「現在的中國回民救國協會，是領導全國回民最高機關，並且也是政府特許的合法團體，凡屬回民均應熱忱擁護」。〔註18〕

中國回教救國協會是在日軍全面侵華、國家民族面臨嚴重危機的時刻成立的，回族各階層都給予厚望，提出救國興教，旨在全民動員回族參加抗戰。特別是其在協會組織建設、發展回民教育、恢復生產方面的一些舉措或主張得到回族同胞的一致認同。

第四節　更名中國回教協會

1942 年 3 月 30～31 日，中國回教救國協會第二屆全體會員代表大會在重慶召開，在開會之前，曾向國民政府主席林森、國民政府軍事委員會委員長蔣介石致電，向抗日前線將士致電，徵集各地分、支、區會及個人提案數十件，如「編譯回教叢書以供教內外人士之需求案」、「請求國民黨中央通令各地保護回民墳墓案」、「沿交通各站設置清真食堂以利教胞行旅案」等。大會還邀請蔣介石、孔祥熙以及社會部、內政部、教育部、外交部、蒙藏委員會、組織部、宣傳部代表參加開幕式。白崇禧理事長在會議開幕式致辭，發表《中國回教救國協會第二屆全體會員代表大會宣言》，回顧救國協會成立 5 年以來主要工作，蔣介石派時任國民政府軍事委員會委員長侍從室主任的賀耀祖前往祝賀，並發表訓詞：

> 剛才聽到主席的報告，知道貴會成立時間很短，能得到若此良好成績之表現，非常值得慶幸。
>
> 回教的團結精神，肇造了近代文明的基礎，各位代表是社會上最優秀的份子，相信對於各民族與宗教的團結，有更好的貢獻。抗戰五年以來，回胞有很多成績和事實表現，我們可以說回教協會會務的發展，亦既是抗戰力量的擴張，這不僅委員長個人感覺欣辛，凡抗戰軍民，均將感覺欣慰的。
>
> 今後的工作，希望各位同志要喚起回教反抗侵略！因為回教文

〔註18〕《回民需要健全的組織》，《突崛》1940 年第 6 卷第 12 期。

化便是反侵略的文化，中國的回教同胞，要積極領導全世界的回教同胞，起而與侵略者作正義之奮鬥。不久以前，《大公報》上登載楊君敬之之所著的《日本回教政策之全貌》一文，把日本對回教的陰謀披露的很詳細，想來大家已注意到。

　　最後我們希望回教青年參加中國國民黨，團結抗戰，然後進而至於發揮回教的力量，來完成抗戰的勝利。本人願於此敬祝貴會之成功。〔註19〕

國民黨中央社、《大公報》報導該會盛況，會後白崇禧召開新聞界招待會，報告中國回教救國協會工作概況。本次會議還發布修訂後的「中國回教救國協會章程」，共分七條，規定了理事長、副理事長、監事的產生辦法、職責、任期年限，規定每兩年召開一次會員代表大會，及對各分會、支會、區會管理等。

《中國回教救國協會工作報告》刊登一份 1942 年回教救國協會理事長、副理事長、理事、監事等人員名單。從這份名單可以看出（見附錄），中國回教救國協會作為抗戰時期國民政府資助下成立的全國最大的回族社團組織，網絡、吸收了大批回族政界、軍界、商界、宗教界、知識界的主要骨幹成員，這個表格也反映了上世紀 40 年代回族精英階層主要狀況，及他們的職務、籍貫等，資料比較珍貴。理事長為白崇禧；副理事長為唐柯三、馬麟；常務理事為王曾善、孫繩武、艾沙、馬宗融、張劍白；馬鴻逵為名譽理事長，馬步芳、時子周為名譽副理事長，並列了若干名譽理事。

據《中國回教協會會報》報導，1942 年 12 月 19 日中國回教救國協會在軍訓部召開第十九次常務理事會，出席人員有白崇禧、唐柯三、時子周、孫繩武、艾沙、白澤民、王曾善等 7 人，列席人員有馬子翔、哈德成、安舜、謝松濤、薛文波、王農村、魯忠翔等。據會議記錄，「本會改稱為『中國會教協會』，『救國』二字出銷，經十九次常委會通過，本報也遵改」。至此中國回教救國協會更名為中國回教協會，《中國回教救國協會會報》也更名為《中國回教協會會報》。在抗戰沒有完全取得勝利的時候，為什麼「出銷」「救國」二字，這次會議記錄沒有透露更詳細原因。

1948 年 5 月 2 日，中國回教協會第三次全體會員代表大會在南京國民大會禮堂召開，發表「大會宣言」，白崇禧理事長致開幕詞，蔣介石派代表出席，

〔註19〕　《將總裁代表致訓詞》，《中國回教救國協會會報》第 4 卷第 4 期，1942 年 8月出版。

並發表訓詞，國民政府要員戴季陶、社會部部長谷正剛出席大會開幕式，並發表講話。大會選舉理事、監事，決議修改章程。出席開幕式的還有李宗仁、郭□潔、吳鼎昌、易司馬儀、歐思曼、馬麟、馬紹武、李鳳藻、新疆全體國大代表、各省市分會代表等 500 餘人。蔣介石代表「吳文官長」發表簡要講話：

> 各位先生、各位同志：

> 中國是由多數民族組織而成的，要想國家強盛，必須民族團結起來，中國組織向來不健全。抗戰期間，蔣主席、白部長、李宗仁先生都主張組織回胞、團結回胞，對抗戰發生了很大力量。所以要有力量須先團結，任何事業都要團結才能成功。回教民族富於熱情，有意志，團結起來最有力量，可做國內各民族的倡導，這是我們最大的希望。

> 今天主席因公不能到會，謹代表主席祝大會成功。〔註20〕

這次會議選舉白崇禧為理事長，常務理事為白崇禧、馬步芳、馬亮、李廷弼、馬策、馬煥文、安舜、趙明遠、全道雲（女）。對章程進行修改，發表《中國回教協會第三屆全體會員代表大會宣言》。

第五節　回教救國協會經費來源及各地分、支、區會建立

回教救國協會的成立得到國民政府支持，據 1942 年 2 月《中國回教救國協會工作報告》提供的資料，1939 年 7 月在召開第一次全國會員代表大會前後，國民黨中央黨部撥給 7～12 月補助費 2.2 萬元，財政部下撥 8～12 月補助費 11 萬元，白崇禧從桂林匯款 2.55 萬元。1940 年國民黨中央黨部撥全年經常補助費 4.44 萬元，財政部撥全年經常補助費 26.4 萬元，空襲緊急聯合辦事處撥救濟費 0.2 萬元，利息收益 0.45 萬元。之後兩年期間國民黨中央黨部與財政部的撥款基本保持這個數目，兩項撥款加起來 30 多萬元。這筆款項除為辦事人員發放一些補助用去 1.4 萬元，辦公費用近 6 萬元（1940 年，1942 年辦公費用為 32824 元），其他費用主要用在文化教育、生產救濟，各地分、支會補助。另外總會派往各省分會常駐幹事或指導員薪金也從這筆費用支付。例如 1940 年用在發展文化教育方面費用 14.3 萬元，1942 年用在生產救濟方面

〔註20〕《中國回教協會會報》第 7 卷第 8～12 期合刊，1948 年 3 月出版。

費用 18.2 萬元，住分會幹事薪金 1.44 萬元，占全年費用收入的一大半。至 1942 年以後，隨著通貨膨脹的持續發生，財政部與國民黨中央黨部撥款有所增長，並且按月撥付。救國協會以「救國興教」為己任，「教外人士，未便錄用」，會內幹部一般多是身兼數任，所有總幹事及各組主任均未從協會領取薪金，幹事以下職員領取一定數額薪金，用以養家。1939 年 9 月，救國協會成立教育基金保管委員會，白崇禧指定唐柯三、孫繩武、王曾善、馬策、艾宜栽為委員，從國民政府撥款中抽取一定金額用在發展回民教育。

中國回教救國協會成立以後，將組織建設作為一項重要工作，定期召開理事會，1940 年起先後制定「會員代表大會推舉辦法」「宣傳工作實施辦法」「補助各地回民小學辦法」「分、支會戰時服務隊簡章」「分、支、區會組織通則」，成立「編譯委員會」，編印《中國回教救國協會會報》，出版《回教大眾》等。1940 年通過的中國回教救國協會組織要點，要求各省積極籌建分會，縣市成立支會，鄉鎮成立區會。1942 年又通過《中國回教救國協會組織通則》，明確規定「本會於各省設立分會，各縣市設立支會，各鄉鎮設立區會」，各省分會稱「中國回教救國協會某省分會」，分會設理事長一人，常務理事 3～5 人，理事會 5～25 人，定期召開理事會與會員代表大會，在業務上各省會員代表大會接受總會之指導，「決定興革事項，選舉分會理事」，分會每月將工作情況及時報送總會。分會設立總務、組訓、文化股。各市縣設立支會，稱「中國回教救國協會某省某縣支會」，回族較多的各鄉鎮設區會，稱「中國回教救國協會某省某縣某鄉鎮區會」，會費由會員志願捐助。即要求各省（市）成立分會，分會之下（縣）成立支會，支會之下（鄉鎮）成立區會。截止 1945 年 12 月，安徽、青海、湖南、重慶、四川、河南、江西、湖北、貴州、廣西、甘肅、廣東、寧夏、西康、陝西、山西、綏遠、浙江、雲南、福建、河北等 21 個省市建立分會，並組建分會 381 所，區會 317 所，各地分、支、區會下附設戰時服務隊，編組回族青年協助正規軍作戰，辦理救護、情報、宣傳、警衛等工作。各地分會成立後，一方面引導回族青年參加抗日隊伍，還紛紛發出聲討汪精衛電文，如福建分會在討逆電文中稱：「際茲嚴重關頭，抗戰必勝，建國必成之時，汪逆精衛，喪心病狂，滔天罪行，本會代表福建省數萬回民共申轇討，務請嚴處。」〔註21〕雲南分會聲討汪逆電稱：「汪逆精衛，叛

〔註21〕 馬建釗等：《中國南方回族社會團體資料選編》126 頁，四川民族出版社，2003 年。

黨賣國，喪心病狂；近且公然組織偽府，充敵人鷹犬之驅；擅訂條約，肆日寇虎狼之欲，舉國同胞，同深憤慨。」〔註22〕

中國回教救國協會寧夏省分會徽章

中國回教救國協會各省市分會一覽表（1942）

分會名稱	幹事長	別號	成立年月	備考
重慶分會	溫少鶴		1938 年 3 月	時稱中國回民救國協會渝市分會
湖南分會	馬遵範	襄吾	1938 年 3 月	時稱中國回民救國協會湖南省分會
廣西分會	張君度		1938 年 11 月	時稱中國回民救國協會廣西省分會
河南分會	梁光夫		1938 年 12 月	時稱中國回民救國協會河南省分會
四川分會	馬毓智	德齊	1939 年 1 月	在中國回教俱進會四川支部基礎改建
雲南分會	馬驄	伯安	1939 年 1 月	在中國回教俱進會雲南支部基礎改建
陝西分會	馬平甫		1939 年 1 月	在抗敵後援會陝西回民分會基礎改建
香港分會	脫維英		1939 年 1 月	在香港中國回教文化研究會基礎改建
貴州分會	劉文安		1939 年 11 月	
青海分會	馬驥	德庵	1939 年 5 月	時稱中國回民救國協會青海省分會
山西分會	馬駿	君圖	1939 年 9 月	由山西回民抗日救國會改組
江西分會	劉福元		1939 年 9 月	
福建分會	張光玉		1939 年 10 月	
湖北分會	韋誠榮		1940 年 1 月	武漢淪陷後遷至老河口鎮清真寺
寧夏分會	馬鴻逵	少雲	1940 年 1 月	
安徽分會	哈富貴		1940 年 2 月	

〔註22〕《雲南清真鐸報》新 1 號，1940 年 6 月出版。

綏遠分會	馬秉仁	□軒	1940 年 4 月	
西康分會	於廣心	慎齋	1940 年 6 月	
甘肅分會	楊德亮		1940 年 11 月	
河北分會	馬煥文		1941 年 11 月	

　　救國協會為了方便與各地分會之間的聯繫，派駐會幹事到各省、市分會，指導分會工作，協助分會成立支、區會，幫助成立戰時服務隊，進行救護工作等，與日偽組織進行鬥爭。據記載，救國協會曾一度向華北日軍佔領區滲透，與日偽中國回教總聯合控制區會爭奪回族群眾，據總聯合會主辦的日偽報刊《回教週報》記載「近來有許多自稱回教的人，他們與共產黨合作，受容共、蔣政權的支配，而向華北各地散佈傳單，措辭不但荒謬，並且還寫著本會地址是他們的分會，這種不光明磊落的辦法，只有叫教外人笑話。」〔註23〕

　　1939～1941 年派駐各分會幹事有 17 位，由總會發給薪水。如派駐湖北省分會幹事馮萬才，綏遠省分會幹事王國華、趙德貴、任振華，安徽省哈富貴，貴州省李同光，福建省金德寶，湖南省馬圖，廣西省白保蒼，西康省楊樹人，甘肅省馬建新，寧夏省劉倫英，江西省王鳳楷，西康省張秉鐸、丁珍亭，康定支會輔導員虎世文，福建省分會輔導員金明增。這批派往分會幹事或輔導員大多畢業於國內高校、中等師範學校及成達師範學校等，具有較高文化水平，對各地分會工作的順利推進起了重要作用。1946 年抗戰勝利以後，中國回教協會在收復的日佔領區先後成立遼寧、吉林、浙江、山東、北平、天津、上海、青島分會。

　　白崇禧作為中國回教救國協會理事長，對協會的建設情況非常關心，儘管他事務繁忙，但還是抽出一些時間用在協會工作上。白崇禧作為國民黨高級將領，曾擔任過許多重要職務，他曾對人說，自己一生中擔任的職務比較多，最用心的還是中國回教救國協會理事長一職。1939 年在回教救國協會改組一週年時，為推進會務工作，提高辦事人員工作效率，特召集協會工作人員訓話，他說中國回教救國協會是為救國救教而組織，成立一年以來，工作成績未能充分表現，今後應加倍努力工作。1940 年 4 月白崇禧在重慶宴請救國協會理、監事時，在談到救國協會今後工作時指出：「今後本會應做之事很

〔註23〕《中國回教總聯合會敬告我親愛之教胞文》，《回教週報》第 24 期，1941 年 2月 7 日出版。

多，我們的責任很大，今天趁此機會，我把個人的意見說出來：第一，要注意組織與調查工作，組織與調查為本會之中心工作，全國回胞總數若干，必須確實加以調查，知道其總數及其分布情形，然後可以制定我們的工作計劃。第二，要發展回胞教育，處此科學時代，教育為生存之要緊，現代固然有軍事戰、政治戰、經濟戰以及宣傳戰，而同時也要有學戰，尤其回胞知識較一般為底，更應普及回胞教育，這也是本會重要工作之一。第三，一般回胞生活多很清苦，以致人口日漸減少，我們亟應在經濟上給其想辦法。西北荒地很多，而又為回胞聚居之地，如能努力開發，多建畜牧場、毛織廠、製革廠等，定能救濟多數回胞。各位在社會上皆為有地位者，我們應該負起責任來，本人因戰時關係，不能常駐會負推進會務之責，甚為抱歉。」〔註24〕為提高各地教胞振興宗教、愛護國家的觀念，白崇禧特意書寫「興教建國」匾額，並石印一千份，分發全國各地清真寺及回民學校懸掛，各地回民也紛紛致函中國回教救國協會索要。

白崇禧題寫的「興教建國」牌匾，至今一些清真寺還保存

白崇禧 1940 年到青海等地視察，1942 年又考察陝、甘、寧、青、豫、川、鄂七省，順便對各省支會、回民教育進行調研，在寧夏、青海發表「中國回教與世界回教」演講，他認為，就教務方面而言，「各地分會皆較往年有進步，相比較而言會務最優良者當推寧夏，因馬鴻逵主席之地位關係推動會務功效很好，教胞的派別雖有而無明顯之表露，這種情形當歸功於馬

〔註24〕《中國回教救國協會會刊》1940 年第 2 卷第 1 期。

主席之努力有以致之。其次應推青海，青海雖與寧夏情形不同，但以時間來說青海會務在短短幾年中其本身進步很大，這也是領導有方的結果。會議本席二十九年曾到過青海，彼時教胞對宗教與政治之意識不分，而現在思想上改進了，馬主席子香兄算已做到政教漸分的方面去，例如青海馬詳臣阿訇往時不主張讀書，現在他則主張讀書。論青海子弟之教育，則情形尚好，中學很多，不過涼州之中學內回胞子弟不及 10 名，占全校人數僅千分之十。該校雖為回教將領所辦，但回教學生太少，雖然本席對於教育力主有教無類，不過對回胞教育因為落後，所以要極力提倡。至於甘肅方面，會務無甚進展，河西各鄉尚無支會，教派複雜，而所謂『教主』又多，會務較寧、青為遜，將來或者可以漸漸前進的。陝西方面一切與二十年本席所見者前後依然沒有進步，且其中派別很多，往往因為若干事情引起糾紛而對簿公庭，貽笑外人，甚是不當，會務無一點進步之處，只有漢中一帶情形不錯。單就南鄭一縣而論，教胞熱心教育，情形極是。再看河南方面，回胞數多，社會情形合於一般水準，有進步向上。亳縣支會已經成立。老河口屬鄂省，本席經過該地，會務情形所見還好，他們捐款興建學校、努力教育很是快慰的一件事。本席到成都因為時間關係，未及視察該地的會務，故無從論好或壞」〔註25〕。

第六節　蔣中正發布《告戰區回教同胞書》與給清真寺題匾

　　抗戰爆發以後，蔣介石作為世界反法西斯中國戰區最高司令長官，抗戰軍興以來，為團結動員回族人民積極支持抗戰，曾多次針對回族發表過講話，1940 年 3 月 15 日出版的《中國回教救國協會會刊》第 1 卷第 11 期刊登蔣介石《告戰區回教同胞書》，「編者」中介紹說：「抗戰軍興，蔣總裁對我華北游擊區內之回胞，極度關懷，除特派專員前往華北游擊區各省，向回胞宣達中央德意外，並□此《告戰區回教同胞書》，普遍轉發，據聞華北回胞讀後，莫不感奮激昂云。」

〔註25〕《白理事長發表西北會務觀感——在本會第三次理事會席上講》，《中國回教救國協會會報》1942 年第 4 卷第 9～12 期。

告戰區回教同胞書

蔣介石

　　自抗日戰爭發生以來，我忠勇之回教同胞，在本黨主義啟示之下，秉承古蘭聖訓，及穆聖主持正義之精神，擁護政府，戮力抗戰，迭奏殊勳，軫念良深。中國為世界文明古國，自有其立國之大道。雖歷經異族之侵凌，終以先民之努力，獲得我中華民族之獨立與自由。本黨總理孫先生，創造救國救民之三民主義，經數十年之奮鬥，全國上下，翕然景從。中華民國成立，即申信教自由之義。回教同胞，翊贊共和，厥功甚偉。猶憶民國元年，總理親蒞北平，當時回教名宿王浩然阿衡暨侯、馬諸先生，於七月十一日在北平清真寺舉行歡迎大會，到教胞數千人，其情緒之熱烈，在開國過程中至堪紀念！其後回教俱進會成立，全國教胞，在本黨領導之下，從事革命運動，與惡勢力奮鬥，犧牲者蓋不乏人。其恪守正義與愛護國家之精神，實為歷史上之珍貴記載。北伐以來，回教先進馬雲亭先生，以其忠貞為國之熱忱，促成統一，功在黨國。迨盧溝橋事變發生以後，全國回教同胞，一致興起，或執干戈，以衛國家；或盡力捐助，以裕軍需；或主持正義，以正輿論；或教育子弟，以待復興。在此民族國家存亡絕續之交，無不思完成其歷史之重大任務。凡所表現，不特博國人之敬愛，國際方面之同情，足使我國回教同胞，引以自慰者也。

　　現抗戰已進入第二階段，敵人崩潰之象已呈，所望於戰區回胞之努力者，益深日切。日人過去利用一二奸人，組織偽回教會，企圖抹煞回胞之國家意識，侮蔑我教胞之人格。此種卑劣手段，我富有民族國家觀念之回教同胞，早已洞悉其陰謀，加以唾棄，不願與此類梟獍，共謀提攜。期年以前，凡來自戰區各地者，時以近中情形見告，知我敬愛之回教同胞，殷望中央抗戰到底；此一種正義之懷念，即為復興民族之大動力。我陷在戰區之回教同胞，備受物質上、精神上種種痛苦，而擁護中央之念，久而彌堅，殆受穆聖之薰陶者，其信道之篤，見理之真，本若此歟？中正受黨國付託之重，於此歷史上空前未有之大時代，仰體前哲艱難興國之訓，期使此五千年未墜之文化，得以重現其光明。我回教同胞，在國家為重要成員，在民族有偉大力量，今後成績之表現，必能於至艱至困之環境

中，努力靖獻，以輔成抗戰建國之大業，使正義光芒，永昭宇宙。
此中正對我忠誠為國之回教同胞，深致欣慰者也。中正與我戰區各
地教胞，相別有時，每念我遠在戰區之父老昆弟，時增馳念，茲特
派員前來慰問，宣達中央關懷教胞之至意。現在抗戰勝利已不在遠，
惟望在此恒久之過程中，為國家民族前途，善加保重，相見有期，
不盡眷眷，專此布達，諸維亮詧不備。〔註26〕

　　南京太平路清真寺始建於明代，1945 年 8 月抗戰勝利以後國民政府遷回南
京，中國回教協會借用南京太平路清真寺幾間空房為辦公場所，「中國回教促進
會南京支部」、「中國回教青年會」、「中國回教協會南京市分會」等先後設在這
裡。該清真寺也是阿拉伯駐華使節經常禮拜地方。該寺因年久失修，特別在抗
戰期間，南京陷落，南京回族同胞、宗教界人士也同樣遭到日軍殘酷殺戮，一
些清真寺被毀，太平路清真寺也破落紊亂，無人管理。1947 年齋月期間回教協
會與太平路清真寺捐建人蔣春暉堂協商，蔣先生答應捐助一千萬元，對禮拜大
殿進行修葺，於 1947 年 8 月動工。蔣介石在大殿修繕竣工後，為太平路清真寺
題寫匾額一方，上書「天方正教」，於開齋節期間正式懸掛。據說此匾為馬肇彭
代請題寫，馬為安徽懷寧人，時任蒙藏委員會科長〔註27〕。但此匾現存何處，
不得而知，筆者曾查閱相關資料，沒有找到相關信息，也許文革被毀。

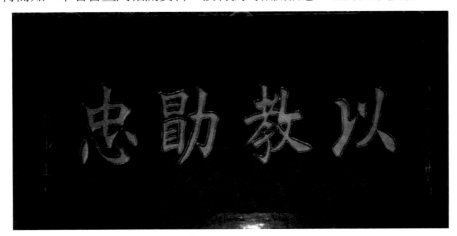

1942 年蔣介石為清真寺題寫「以教勖忠」牌匾（西寧東關大寺）

〔註26〕蔣介石：《告戰區回教同胞書》，《中國回教救國協會會刊》第 1 卷第 11 期，
　　　　1940 年 3 月 15 日出版。
〔註27〕《主席賜頒匾額》，《中國回教協會會報》第 7 卷第 8～12 期，1948 年 3 月出
　　　　版。

第十二章　中國回教救國協會主要活動

中國回教救國協會作為抗戰期間成立的一個全國高度統一的回族抗日社團組織，在組織動員回族抗戰及其與日偽回教組織進行鬥爭以外，及其重視回族文化教育工作，如成立回教文化研究會；創辦報刊雜誌，從事抗戰宣傳動員；調查全國回族人口；在各地清真寺設立難民救濟所，接待和安置難民；積極開展國民外交活動，爭取國際社會對中國人民抗日戰爭的支持等。

第一節　救國協會抗戰動員工作

民國以來回族學者或社團組織都意識到開展回族或伊斯蘭文化研究的重要性，民國時期也成立過一些學術型回族社團，其成員多是一些熱心伊斯蘭文化的年輕人，研究方向不甚明確，研究力量受限，成果也很少。抗戰爆發前顧頡剛教授在《獨立評論》發表《回漢問題和目前應有的工作》一文，呼籲「全中國的回教學者以及對於回漢問題有興趣的人，都應該聯合起來，組成一個大規模的學會，使中國回教文化的研究事業有一個中心機關。這個機關不妨由回教人主持，而參加的人則無回漢之分。這個機關的工作，一方面要有極窄的專題研究，又一方面則要用各種通俗的文字（包含漢文、阿拉伯文、波斯文、土耳其文等）吸收回漢兩方面的廣大的讀者。」〔註1〕白壽彝教授在 1937 年《申報》2 月 28 日星期論壇發表《論設立回教文化研究機關之需

〔註 1〕顧頡剛：《回漢問題和目前應有的工作》，《禹貢》第 7 卷第 4 期，1937 年 4 月 16 日出版。

要》一文，認為「一個回教文化機關的設立，不至對於純粹學術有許多好處，並且對於邊疆問題和國內種族問題的解決，也為必不可少的研究機關。……現在，回教同胞中不乏開明沉思之士，非回教同胞中也有許多認識回教文化的學者。我希望大家都能夠結合起來，在政府扶持之下，設立一個回教文化的機關，負起它在這個時代應負的時代使命。」

一、成立「回教文化研究會」

中國回教救國協會成立以後，除積極組織動員全民抗戰外，極其重視回族伊斯蘭文化研究，1939 年 3 月經救國協會副理事長唐柯三與復旦大學馬宗融教授倡議，救國協會組織成立回教文化研究會，並發表《中國回教救國協會回教文化研究會成立宣言》，指出：「民國肇造，國父孫中山先生昭示民族平等、信教自由的主張，回胞始漸呈覆蘇的狀態。學校的創立，刊物的發行，民眾及學術團體的組織均見活躍，而對於政治、經濟、軍事等事業，回民亦開始努力。抗戰以來回民本國家至上的大義，積極參加。……我們覺得現在中國發動研究回教文化的這件工作，絕不是毫無意義的事。由於回教教義的闡明和回教文化的發揚，對內可以消除回胞與非回胞間的隔膜，對外可以聯合全世界三萬萬五千萬的回教同胞為反侵略而共同奮鬥，對於中國的抗戰建國的大業，將會有極大的幫助。回教文化研究會便在這旨趣下宣告成立了。我們的會員不分國籍或教籍。我們要以客觀的精神，科學的方法，熱情的態度，來徹底尋繹回教文化的真相，以期對於抗戰建國和人類進化上有所裨益，歡迎關心回教文化或對回教問題有興趣的同志們熱情的參與。」〔註2〕

回教文化研究會是在中國回教救國協會指導下成立的近代回族社會僅有的一個對國內外開放的社團組織，有會員 119 人，吸收了一批漢族或其他民族文化名流如郭沫若、老舍、宋之的、賀綠汀、胡愈之、陽翰笙、千家駒、陶行知、顧頡剛等教授、作家、劇作家數十人為研究會會員。1940 年 4 月 25 日出刊的《月華》12 卷 10～12 期刊登一則消息稱：「（重慶消息）回教文化研究會昨假中國留法比瑞同學會開座談會，到（會）唐柯三、郭沫若、老舍、宋之的、馬彥祥、萬家寶、陽翰笙、王靜齋、王曾善、馬宗融等三十餘人，馬宗融任主席。除報告一年來工作進展情況外，並通過宣言，討論工作綱要，

〔註 2〕《中國回教救國協會回教文化研究會成立宣言》，《中國回教救國協會會刊》1940 年第 2 卷第 1 期。

老舍、郭沫若、陽翰笙均相繼發言，熱烈表示贊助研究回教文化工作云」。

二、敦請著名作家老舍創作回漢團結題材話劇《國家至上》

著名作家老舍抗戰期間曾主持中華全國文藝界抗戰協會的工作，他應救國協會邀請，於1940年初與宋之的聯合創作了四幕話劇《國家至上》，在《抗戰文藝》第6卷第1期與第2期連載，並由中國萬歲劇團排練，在全國各地巡迴演出，以文藝的形式教育啟發穆斯林共赴國難，引起強烈反響，效果極佳。《月華》1940年12卷21期報導：「中國回教救國協會特請老舍、宋之的所編之《國家至上》劇本，係以描寫回漢團結為主題，前在渝演出，曾轟動一時；現廣西省立藝術館排演該劇，由歐陽予倩導演，已於八月二十三日演出，連演三天，甚為擁擠，足見國人對於回漢問題之關心。」「《國家至上》係一帶有回教色彩之劇本，內容緊張完密，曾在渝國泰戲院公演，極為觀眾所贊許。」《中國回教救國協會會報》報導：「本會以復旦劇社前在北培表演《國家至上》四幕國防劇，異常努力，特贈『國家至上』錦旗一面，由王主任夢揚代表前往北培贈該社旗，聞該團表演《國家至上》三天，異常熱烈云」〔註3〕。

老舍先生在《國家至上》後記中介紹該劇創作的時代背景時說：「為促進回漢的團結，為引起國人對於回民生活以及回教文化的注意，回教協會請之的與我編個劇本，以是宣傳。我們答應下來，就著我們自幼在北方所見過的回胞的生活習慣，摻以抗戰中的實事與想像，商量了半天，即由我動手寫故事。故事編好，交由之的去分場，場分好，我寫一二幕，他寫三四兩幕。」〔註4〕老舍先生在他的一篇隨筆《閒話我的七個話劇》中也說：「因為《殘霧》的演出，天真的馬宗融兄要封我為劇作家了！他一定教我給回教救國協會寫一本宣傳劇。……說來說去，情不可卻，我就拉出宋之的來合作，我們倆就寫了《國家至上》。在宣傳劇中，這是本成功的東西，它有人物、有情節，有效果，又簡單易演……。在重慶上演，由張瑞芳女士擔任女主角；回教的朋友，看過戲之後，甚至把她喚作『我們的張瑞芳』了！……去年，我在大理，一位八十多歲的回教老人，一定要看看《國家至上》的作者，而且求我給她寫幾個字，留作紀念！回漢一向隔膜，有了這麼一齣戲，就能發生這麼的好感，

〔註3〕《贈復旦劇社錦旗一面》，《中國回教救國協會會報》1941年第3卷第3、4期。
〔註4〕胡絜青、王行之編：《老舍劇作全集》445頁，中國戲劇出版社，1982年。

誰說文藝不應當負起宣傳的任務呢？」〔註5〕

　　該劇描述抗戰初期河北清水鎮回漢民族克服矛盾、共同抗日的故事。《國家至上》的主人公是個回族拳師，壯年時曾獨立滅巨盜，名揚冀、魯，被鄉親們尊稱為張老師。他「與滄縣馬振雄、本縣黃子清為盟兄弟，稱回教三傑」，因黃子清辦清真小學數所，兼收教內外兒童，引起了張老師的異議，導致兩人絕交，分道揚鑣。但當日寇鐵蹄踐踏滄縣，盟兄弟馬振雄陣亡的噩耗傳來時，張老師猛然醒悟，以民族大義為重，依然拿起武器奔向沙場，與黃子清並肩殺敵，並在壯烈犧牲之前，親手擊斃冒牌回族、挑撥民族關係、破壞民族團結的漢奸金四把。《國家至上》由中國萬歲劇團排演，團長是郭沫若，副團長是鄭用之，導演是馬彥祥，張老師由魏賀齡扮演，黃子清由孫石羽扮演，張孝英由張瑞芳扮演。首場演出極其成功〔註6〕。有學者認為「這個劇本儘管不是他的上乘之作，但在全國各地上演之後，引起了很大反響，對促進回漢團結，激勵抗日熱情，起到了積極作用，成為整個現代文學史上反映回族人民生活和回漢團結方面僅有的碩果。」〔註7〕

　　也有學者認為，《國家至上》是中國現代文學史上不應該被忽視的一部劇作，它對抗日戰爭時空下錯綜複雜的民族關係、民族矛盾和民族心理的深入描繪，為解讀抗日戰爭時期的民族國家敘事問題提供了豐富的闡釋空間。《國家至上》所表現的馮鐵柱與胡大勇的比試和糾葛，是回漢民族從隔閡、衝突走向團結抗戰故事的一個剪影，面對敵人入侵和民族國家危機，國家認同超越了文化身份認同。〔註8〕著名回族學者馬宗融先生1940年曾發表《對〈國家至上〉演出後的希望》一文：

　　　　一年前，我在《新蜀報》發表了一篇「提議組織西北旅行團」的文章，就希望著用回教抗敵題材來編寫戲劇，以表揚回教人的抗敵精神，以鼓吹回教及非回教人民間的合作。這個提議雖受到各方面回教及非回教朋友們的注意，且修正了我的意見，決定組織一文藝宣傳團，以戲劇、歌詠、電影、漫畫等配合起來去向西北民眾宣

〔註5〕老舍：《老舍文集》第15卷第213頁，人民文學出版社，1980年。
〔註6〕王孟揚：《看〈國家至上〉後》編者注，見王立德、王立凡編《王孟揚詩文書畫選》355頁，2016年，內部資料。
〔註7〕李存光：《老舍與回族有關的一篇珍貴軼文》，《中國穆斯林》2015年1期。
〔註8〕王家平、楊秀明：《抗戰時空裏的謠言與身體——〈國家至上〉中回漢矛盾與民族國家敘事》，《中國現代文學研究叢刊》2014年第1期。

傳，而且組織的計劃亦具體的擬定了，但至今還是一種希望。可是為便利搜集回教題材，明瞭回教精神，一個不分國籍、教別的「回教文化研究會」卻產生了。因了這個研究會的產生，才有極端贊助該會、且為該會會員的老舍及宋之的兩先生合編《國家至上》之舉。現在得到回教救國協會的支持，中國萬歲劇團的幫忙，這個劇本馬上就要搬上舞臺了，這是我們多麼欣喜的！

《國家至上》所提出的問題，誠如許多朋友所說，在南方，尤其是在四川，是不存在的。但在中國境內大部分的地方，還是一個值得注意的問題。現在既由這劇本把它提出，就希望各方面的朋友來把它嚴重的考慮一次，並熱烈的討論一番，庶可以作為責任解決這等問題的當局參考。這是我們的希望之一。

用回教題材寫成戲劇，不但在話劇是破天荒的一次，據聞連舊戲也幾乎沒有專用回教人的故事編演的。但世界上偉大的劇作家如莎士比亞、莫利耶爾、福祿特爾等都曾用回教人的故事作題材編寫過戲劇，歌德也企圖過編寫一部穆罕默德故事的戲劇，雖未成功，但在他的全集中卻存留著一些零篇斷簡。

現在宋之的、老舍兩先生既把我們的目光引到了向不為人注意，或不敢注意的題材上，那麼一大塊藝術的新園地就展現在我們的面前了。希望弄文藝的朋友們都在這園地裏給我們培養出多量新鮮而異樣的花！這是我們的希望之二。

那天到中國製片廠去參觀《國家至上》的排演，偶然遇見萬家寶（曹禺）先生，他看見馬彥祥先生的熱心導演——不分晝夜地熱心導演——又和我談過一回這部戲劇的編寫經過之後，也感到十分興奮，當即採用左寶貴的故事，寫出一部民族抗戰劇。我們在正替他搜覓材料，而萬先生自己也開始參觀清真寺、觀察回教人生活等活動了。這部能振奮國人抗戰精神的劇，想必不久就會與世相見吧。這是我們的希望之三。

中國萬歲劇團的團長郭沫若先生、副團長鄭用之先生對回教問題的戲劇極表同情。鄭先生在我們的招待席上曾這樣宣言過「我希望今後有很多的回教戲劇源源地寫出來，我們中國萬歲劇團一定擔

任演出，並一定予『回教文化研究會』以種種的幫助。」鄭先生這幾句話說得誠懇而熱烈，我們受到非常的感動。望戲劇界朋友們與我們也有共感，庶不負鄭先生這番熱情，這是我們的希望之四。

最後，我們更希望社會人士、政府當局予我們這種活動以切實的注意和熱烈的同情。這是我們的希望之五。

1940 年 4 月 4 日於重慶〔註9〕

老舍先生作為一名滿族著名作家，與漢族知識界的友人合作，創作描寫回漢團結的抗日劇本，該劇公演以後，在回漢群眾中引起強烈反響，《突崛》刊發一位觀眾對該劇觀後感，他在對劇情做了簡單介紹後說：「希望我們中國的穆民，甚至全國的同胞們，都能本著這個劇中的指示，去促成穆斯林與漢族的大團結，集中全國所有力量，鞏固抗日的陣線，爭取最好的勝利。但是最當留心的是要建立廉明的政治，培養良好的地方官吏。願全國同胞本著『為國難，忘卻私仇，團結第一；捨性命，爭取正義，國家至上的這種精神』，才是我們勝利成功的保障。」〔註10〕

正是因為老舍先生對回漢文化溝通工作所做出的巨大貢獻，老舍與中國回教救國協會之間也結下了不解之緣，1941 年 4 月 9 日，中國回教救國協會在重慶十八梯清真寺舉行「至聖穆罕默德誕辰暨明忌紀念日」擴大紀念會，出席者有白崇禧、唐柯三、時子周、達浦生、馬松亭、王靜齋等回族政界、宗教界人士和在渝回胞 500 多人，會上老舍代表教外人士致辭，再次談到《國家至上》創作過程、回漢團結抗敵、及自己與回族同胞結下的情緣，他說：

各位先生：

今天能夠參加這個盛會，實在非常榮幸。去年我和宋之的先生編了一本話劇《國家至上》，在這個劇本裏提到了回教的問題。我對貴教歷史文化沒有什麼研究，為什麼去年敢寫這個劇本？就是因為自己是北方人，小時候就有很多的回教同學，長大了又有不少回教的朋友，回教的生活習慣略有所知。今天我沒有高深的意見，僅就幾件小事談談：

〔註9〕馬宗融《對〈國家至上〉演出後的希望》，《新蜀報·蜀道》第 89 期，1940 年 4 月 7 日。
〔註10〕中傑：《「國家至上」的涵義》，載《突崛》1941 年第 7 卷第 5～6 期。

第一，回教人身體強健：凡是練國術的大多數是貴教人，這在表面上看來似不要緊，其實很有關係，抗戰後河北滄州、通州日本人殺人很多，就是因為這兩處貴教人很多，他們的抵抗力量很強，所以貴教人壯烈犧牲者也很多。

第二，回教人愛清潔：如飯館，貴教所開的總要清潔，一般人常說這是清真館，清真館怎麼乾淨？……即在我們家鄉看來，雖然水缺，不像南方這麼多，但貴教人總愛乾淨，因此貴教人身體強健，講求衛生。抗戰前後，我國竭力推行新生活運動，而貴教人已經實行了一千多年，貴教人不抽煙，不喝酒，不動大葷，這些長處應該介紹出去，使一般人都來仿做。回漢同胞時常打架，大概在我小時也曾和回教同學打過架，因為習慣不同，彼此一不瞭解，結果非打架不可。今天抗戰軍興，回漢同胞應該互相瞭解，聯合起來，去打共同的敵人，回漢同胞應該多交朋友，不信回教的人起碼應該受回教嚴格的新生活教訓，回教人也要別人學習我們的好習慣，這是回漢朋友中應該互相瞭解而努力去做的，這點，我在《國家至上》裏已經明白寫出。不但在文化上，而且更要在生活習慣上保持這種這種協調合作的精神，不信回教的人應該學習回教的優點，使這種優良精神成為生活推動的力量。〔註11〕

作為滿族的老舍先生，自幼與北京回族人相識，對回族文化、伊斯蘭教的瞭解也是通過與回族朋友交往得來的，特別是老舍先生對回族朋的信賴、對回族文化的理解，在他的許多作品中反映出來，正因為老舍先生對回族的這份特殊感情，才創作出《國家至上》這樣的劇本。老舍先生在他的長篇自傳體小說《正紅旗下》描述了童年記憶中的回族。

在北京，或者還有別處，受滿族統治者壓迫最深的是回民。以金四叔叔的身體來說，據我看，他應當起碼作個武狀元。他真有工夫：近距離摔跤，中距離拳打，遠距離腳踢，真的，十個八個壯小夥子甭想靠近他的身子。他又多麼體面，多麼乾淨，多麼利落！他的黃淨子臉上沒有多餘的肉，而處處發著光；每逢陰天，我就愛多看看他的臉。他乾淨，不要說他的衣服，就連他切肉的案子都刷洗

〔註11〕 老舍：《在中國回教救國協會主辦的「1360年聖紀大會」上的致辭》，《中國回教救國協會會報》，1941年第3卷6期。

得露出木頭的花紋來。到我會去買東西的時候，我總喜歡到他那裡買羊肉或燒餅，他那裡是那麼清爽，以至使我相信假若北京都屬他管，就不至於無風三尺土了。他利落，無論幹什麼都輕巧乾脆；是呀，只要遇上他，我必要求他「舉高高」。他雙手托住我的兩腋，叫聲「起」，我便一步登天，升到半空中。體驗過這種使我狂喜的活動以後，別人即使津貼我幾個鐵蠶豆，我也不同意「舉高高」！

　　我就不能明白：為什麼皇上們那麼和回民過不去！是呀，在北京的回民們只能賣賣羊肉，烙燒餅，作小買賣，至多不過是開個小清真飯館。我問過金四叔：「四叔，您幹嗎不去當武狀元呢？」四叔的極黑極亮的眼珠轉了幾下，拍拍我的頭，才說：「也許，也許有那麼一天，我會當上武狀元！禿子，你看，我現在不是吃著一份錢糧嗎？」

　　這個回答，我不大明白。跟母親仔細研究，也久久不能得到結論。母親說：「是呀，咱們給他請安，他也還個安，不是跟咱一樣嗎？可為什麼……」

　　我也跟福海二哥研究過，二哥也很佩服金四叔，並且說：「恐怕是因為隔著教吧？可是，清真古教是古教啊，跟儒、釋、道一樣的好啊！」

　　那時候，我既不懂儒、釋、道都是怎麼一回事，也就不懂二哥的話意。看樣子，二哥反正不反對跟金四叔交朋友。

　　在我滿月的那天，已經快到下午五點鐘了，大家已經把關於定大爺的歷史與特點說得沒有什麼可補充的了，金四叔來到。大家並沒有大吃一驚，像定大爺來到時那樣。假若大家覺得定大爺是自天而降，對金四把的來到卻感到理當如此，非常親切。是的，他的口中除了有時候用幾個回民特有名詞，幾乎跟我們的話完全一樣。我們特有的名詞，如牛錄、甲喇、格格……他不但全懂，而且運用的極為正確。一些我們已滿、漢兼用的，如「牛錄」也叫作「佐領」，他卻偏說滿語。因此，大家對他的吃上一份錢糧，都不怎麼覺得奇怪。我們當然不便當面提及此事，可是他倒有時候自動地說出來，覺得很可笑，而且也必爽朗地笑那麼一陣。他送了兩弔錢，並祝我

長命百歲。大家讓座的讓座，遞茶的遞茶。可是，他不肯喝我們的茶。他嚴守教規，這就使我們更尊敬他，都覺得：儘管他吃上一份錢糧，他可還是個真正的好回回。是的，當彼此不相往來的時候，不同的規矩與習慣使彼此互相歧視。及至彼此成為朋友，嚴守規矩反倒受到對方的稱讚。我母親甚至建議：「四叔，我把那個有把兒的茶杯給你留起來，專為你用，不許別人動，你大概就會喝我們的茶了吧？」四叔也回答得好：「不！趕明兒我自己拿個碗來，存在這兒！」四叔的嗓子很好，會唱幾句《三娘教子》。雖然不能上胡琴，可是大家都替他可惜：「憑這條嗓子，要是請位名師教一教，準成個大名角兒！」可是，他拜不著名師。於是只好在走在城根兒的時候，痛痛快快地喊幾句。

今天，為是熱鬧熱鬧，大家懇請他消遣一段兒。「嗐！我就會那麼幾句！」金四叔笑著說。可是，還沒等再讓，他已經唱出「小東人」來了。

那時候，我還不會聽戲，更不會評論，無法說出金四把到底唱的怎樣。可是，我至今還覺得怪得意的：我的滿月吉日是受過回族朋友的慶祝的。

值得一提的是 1940 年 5 月 27 日復旦劇社在北培重慶公演《國家至上》話劇時，正值日軍敵機轟炸，當時復旦大學專修科回族學生王文炳同學擔任布置劇場工作，不及躲避，不幸身亡，同時陣亡的還有兩位漢族同學。《中國回教救國協會會刊》1940 年第 2 卷 3 期專門刊發王文炳同學遺作《目前中國回民教育的商榷》，在編者按中特別強調「王君為《國家至上》而死，實有無限之光榮」。同時中國回教救國協會派王夢揚贈送復旦劇社「國家至上」錦旗一面。

三、創辦《會刊》《會報》，給予部分回族報刊經費支持

1939 年中國回教救國協會改組以後，於 1939 年 10 月創辦《中國回教救國協會會刊》，自 1940 年第 3 卷第 1 期改為《中國回教救國協會會報》，自 1942 年 3 月第二屆全體會員代表大會之後，中國回教救國協會更名為中國回教協會，從 1943 年第 5 卷第 1 期開始，改為《中國回教協會會報》，由白崇禧題寫刊名。「以提高教胞國家與民族意識，集中抗戰建國力量。闡揚教義，推行

教務為宗旨」，設有「古蘭經訓」「學術論著」「文藝」「譯述介紹」「會務消息」「分支會活動情形」「國內短訊」「國外短訊」「回教名人介紹」等專欄。除本會會員撰寫稿件外，向社會公開徵稿，並有特約撰稿人若干人，在國外埃及、阿拉伯地區聘請通訊員 9 人，按期供給稿件，規定每半月出刊一期，每期印 2000 冊，有時由於稿件或其他原因，不能按時出刊，於是將三或五期合集出版。出刊後分贈本會分、支、區會及教內外人士，頗受歡迎。《中國回教救國協會會報》屬於辦刊時間較長的一份刊物，中間雖然幾次更名，但辦刊宗旨始終堅持如一，所刊發文章有一定權威性，對研究 20 世紀三四十年代回族社會及抗戰動態有很高史料價值。

1941 年 10 月 1 日，中國回教救國協會創辦的《回教文化》第一卷創刊號出版，救國協會副理事長唐柯三在「發刊詞」中指出：「研究回教文化，聯絡世界回教民族，以圖相互扶助，共謀各自之解放與獨立，實為目前當務之急。此不特是回教同人所應勉力去做的，也是舉國同仁同胞，不論有否回教信仰，均應勉力去做的。是以中國回教救國協會不以向所出版之《會刊》為滿足，除改《會刊》為《會報》以報告會的活動外，特另出一綜合的、公開的《回教文化》期刊，以舉教內外人士共同研究回教文化，介紹回教學術、文學等……。我們去年曾糾合教內外同志組織一回教文化研究會，至今雖僅年餘，已覺著有成效，不久的將來，且將有一世界性的回教文化協會出現，以盡力於中外文化的溝通工作。」《回教文化》辦刊宗旨為「與教內外人士共同研究回教文化，介紹回教學術、文學等，務期教內人士日堅其信仰，教外人士愈益理解回教教義及其真正精神所在，以泯滅向來一切因不理解回教而產生之弊害，使我整個民族契合無間。」〔註 12〕

《回教文化》原計劃為季刊，每年出版 4 期，社址在重慶張家花園 62 號。設有「回教哲學」「回教法律」「回教文化」「回教運動」及相關史論、譯述等。為《回教文化》撰寫稿件的除白崇禧、唐柯三、馬宗融、王夢揚、謝松濤、白壽彝、薛文波、龐士謙、張兆理外，茅盾先生在創刊號發表《新疆各回教民族的文化工作》一文。

中國回教救國協為了便於漢族知識界精英階層參與到回族文化研究或回漢文化溝通工作中，1940 年救國協會回教文化研究會成立，在《宣言》中指出：「我們的成員不分國籍或教籍，我們要以客觀的精神、科學的方法、熱烈

〔註12〕唐柯三：《發刊詞》，《回教文化》1941 年創刊號。

的態度來尋繹回教文化的真相，以期對於抗戰建國和人類進化上有所裨益，歡迎關心回教文化或對回教問題有興趣的同志們熱烈的參與。」〔註 13〕因此《回教文化》期刊的創辦與回教文化研究會有直接關係，從《宣言》後所附「會員名單」來看，119 位會員中，除回族知識精英外，有許多漢族文化界名人，如胡風、姚蓬子、郭沫若、陶行知、萬家寶（曹禺）、宋之的、顧頡剛、千家駒、胡愈之、陽翰笙、賀綠汀等。回教文化研究會定期舉行座談會，商討回族文化諸問題，除前面提到曾創作回漢團結題材四幕話劇《國家至上》以外，並於《抗戰文藝》《新新新聞旬刊》及各地報刊建立合作關係，出版回教文化特刊或發表文章。

　　回教救國協會下設的伊斯蘭青年會在重慶定期舉辦回教學術演講會，每半月舉行一次，共舉辦 20 餘次，前來聽講的學生、社會各界人士頗為踴躍，其中以馬松亭演講最受歡迎。

　　回教救國協會對當時發行的回族刊物進行指導或給予經費補助。抗戰前後國內回族同胞創辦的報刊為數甚多，均有明確的辦刊宗旨與辦刊方向，一些報刊在當時社會很有影響力，這些報刊大多為回族學校、社團或個人創辦。由於戰亂，這些報刊隨辦刊人到處漂泊，因經費困難，多數面臨停刊。據救國協會《會刊》記載，1940 年，《回教青年月報》社社長石覺民函請救國協會予以長期資助，中國回教救國協會「業經核准，本年三月份按月補助國幣六十元，以示扶持。」「上海出版之刊物《綠旗》，為戰時上海唯一之回教刊物，在敵偽緊密包圍監視之下，猶能努力闡揚教義，宣傳抗戰，其精神殊甚嘉獎，自該刊出版後本會即至為開懷，茲聞該刊社經費甚感困難，特核定自三月份起按月補助六十元，以示鼓勵，而利宣傳。」「雲南回教，人文昌盛，教務發達，前曾有《清真鐸報》之刊行，闡揚教義卓著成績，嗣因故停刊。本會雲南省分會成立後對於宣傳教義極為注意，特議決恢復該刊……特核准自十一月份起按月補助該刊經費一百五十元，以示扶植，而利宣傳云。」救國協會經過調查，對一些影響較大的報刊給予經費補貼，對辦刊方向也給與及時指導。1940 年前後受到救國協會資助的期刊有《月華》（桂林成達師範）、《伊光》（重慶）、《清真鐸報》（昆明）、《突崛》（重慶）、《回教大眾》（重慶）、《回教青年月報》（蘭州）、《綠旗》（上海）、《伊斯蘭青年》（重慶）、《正源半月刊》

〔註 13〕《中國回教救國協會回教文化研究會成立宣言》，《中國回教救國協會會刊》1940 年第 2 卷第 1 期。

（福建）、《回聲》（老河口）等共 10 種。其補助經費不算多，但在抗戰非常時期，救國協會拿出一些經費補助這些刊物，對辦刊人或從事回族文化傳播者來說是一種極大的精神鼓勵。

第二節　組織調查全國回族人口

1939 年中國回民救國協會正式成立以後，在白崇禧理事長的領導下，號召全國回族，積極參加會務活動，配合黨政軍各部門，從事抗戰工作。這一時期重點工作之一就是對全國穆斯林人口進行調查。

一、回族人口調查的背景

白崇禧 1939 年在中國回教救國協會第一次全體會員代表大會開幕式講話時指出：「本會成立以來，首先著手調查教胞的人口與分布情況，因為我們不知道有教胞多少，就無法知道教內的力量，過去有些人說過，回教的教胞人數五千萬，其實此數確實與否，誰也不敢肯定，中國對於人口多寡，向來就籠籠統統的，不僅我們回教教胞人數沒有經過縝密的統計，就以全國的人口而論，雖然大家都說四萬萬五千萬，可是也沒有經過縝密的統計，處處都表現我們的國家，組織鬆懈。所以本會成立之初，就感到調查工作是非常重要的，著手製就人口調查表，由各分支會督率各清真寺，詳為調查。」〔註14〕廣西分會在《為調查回民戶口告各教胞書》中指出：「各位教胞：中國回教救國協會總會為明瞭回民人口數字起見，擬舉行全國回民戶口調查，以便推進會務，最近曾函知本省分會，於最短期間，將本省回民戶口調查完竣，以便作全國回民人口數字總統計。查回民雖向有精神上的團結，但尚無精確數字統計，以致推行任何事業，都感困難。比如舉辦工廠，開設學校，或辦理救濟等事務，都無法著手，這實在是我們最大的一個缺點。」〔註15〕通知發至各省分會，廣西分會最先行動起來。此時成達師範已經南遷至桂林，於是組織成達師範高年級學生利用暑假至廣西各縣進行調查，並制定調查表格。

披閱民國時期《月華》《突崛》《晨熹》《中國回教救國協會會刊、會報》等回族報刊關於當時中國穆斯林人口數字報導，可以說是眾說紛紜，莫衷一

〔註14〕白崇禧：《中國回教今後的展望——在本會第一屆會員代表大會席上之講詞》，《中國回教救國協會會刊》1939 年第 1 卷第 1 期。
〔註15〕《為調查回民戶口告各教胞書》，《救亡日報》1940 年 6 月 1 日。

是，而且互相之間懸殊很大，矛盾百出，有 9000 萬、7000 萬、5000 萬、4000
萬、3000 萬之說，其中以李謙 9000 萬之說高居榜首，但影響最大的是 5000
萬之說，其依據為國民政府統計編印的《中國人口分析》與 1938 年商務印書
館出版《中國年鑑》，兩書統計全國穆斯林人口為 48604240 人〔註 16〕。回族
學者傅統先著、1937 年由商務印書館出版的《中國回教史》正是引用這個數
據，該書統計全國 27 個省市人口，並作以表格，顯示陝西省回族人口為 412
萬，顯然這個數據是不準確的。那麼商務印書館出版的《中國年鑑》4800 萬
數字從何而來，有人認為是根據回族民間 5000 萬之說演繹而來〔註 17〕。1933
年馬松亭阿訇受成達師範委託，送馬金鵬等第二批留埃學生團到開羅，在埃
及正道會發表《中國回教的現狀》演講時說：「全國回民（指穆斯林，包括維
吾爾等族──引者注）總數，我們自家不曾有過精細的調查。據東西方友人
的記錄，有很懸殊的數量，最少的說八百萬，最多的說是八千萬。這些都不
可靠，比較得到大多數人同意的記錄是五千萬。現在我們自家按照全中國二
十八個行省人口密度去推論，亦認為五千萬是實在可靠的數目。譬如：新疆
全省二百五十五萬人完全是回教；甘、寧、青三省有一千萬人，大多是回教，
即以二分之一計算，尚得五百萬回教徒；雲南一千三百萬人口中，按四分之
一計算有三百五十萬；山東、河北各有三千二百萬人，若按八分之一計算，
各得四百萬」〔註 18〕。中國 5000 萬穆斯林這個本不足取信的數據，卻被西方
學者普遍接受，當時一些回族學者寫文章時也用到這個數據，認為中國穆斯
林人口占當時中國人口 4 億的 12%，不少西方學者以這個說法為依據，推算
出 1949 年 10 月中華人民共和國成立以後的穆斯林人口數據。1953 年 6 月 30
日全國人普查結束，根據第一次全國人普查，全國約有一千萬穆斯林，而西
方國家學者對公布的穆斯林人口數據產生懷疑，一些人造謠說「中國穆斯林
過去有五千萬，被共產黨殺掉四千萬，現只剩下一千萬了」，「中國回教徒大
多叛教了」〔註 19〕。

　　1941 年民族問題研究會在延安出版的《回回民族問題》一書作了一個「全

〔註 16〕《中國回教救國協會會務報告（二十三）》，見《中國回教協會會報》1947 年
　　　　第 7 卷第 5 期。
〔註 17〕李興華《淺說中國穆斯林人口》，《回族研究》2002 年第 4 期。
〔註 18〕馬松亭：《中國回教的現狀──在埃及正道會講演》，《月華》第 5 卷 16 期，
　　　　1933 年 6 月 5 日出版。
〔註 19〕馬力克：《中國穆斯林的人口問題》，《中國穆斯林》1957 年第 2 期。

國回回民族人口統計表」，這個表格只統計 18 省回族人口為 3725000 人，主要包括甘寧青三省、四川與西康、冀察熱三省、遼吉黑三省、新疆、陝西、山西、綏遠、雲南、河南、山東等 18 個省，缺少東南沿海和東部一些省的統計數據。這個統計數據不包括新疆維吾爾、哈薩克等幾個穆斯林民族，但有可能包括居住在甘肅、青海撒拉族、東鄉族。

二、不甚滿意的調查結果

1940 年前後，隨著中國回教救國協會組織的逐步健全，各省分會、支會的建立，組織了一次全國性回族人口調查。回教救國協會認為「我國國民，號稱四萬萬，然究竟有無此數，政府從無確切之調查，諒以下層政府機構，尚未臻健全，及調查工作進行諸多困難之故。我回胞每稱五千萬或四千五百萬，也從未經過確切之調查，本會成立以後，即擬於短期內將全國回胞戶口調查清楚」[註20]。

救國協會制定統一調查表格及調查統計工作辦法，將製作好的表格分發各地分、支會及相關部門，各地重視不夠或不積極配合，經多次函電催促，表格相繼寄回。但這次調查統計數據還是很不準確，一方面新疆沒有分會，調查數據無法取得，另外日本侵佔區的東三省、北京、冀、魯、上海沒有調查，一些省調查也很不全面，例如山西省只有恆曲、陵川兩個縣回族人口數據，綏遠省也只有五原、臨河兩縣數據，厚和（呼和浩特）包頭等回民較多市區沒有數據。

中國回教救國協會回族人口調查統計表（1940 年）

省別	戶數	人口	清真寺
湖南省	8311	60204	71
廣西省	1869	9385	30
河南省	30162	218619	383
四川省	5431	24860	118
雲南省	21767	121935	293
陝西省	7638	29556	87

[註20] 《中國回教救國協會工作報告（自二十八年八月起至三十一年二月至）》，見王正儒、雷曉靜主編《回族歷史報刊文選》（社團卷下）167 頁，寧夏人民出版社，2012 年。

貴州省	4197	20129	44
青海省	29449	176762	
山西省	120	510	5
江西省	357	1410	14
福建省	6323	28005	13
湖北省	2383	11256	34
寧夏省	19386	147850	445
安徽省	10576	52272	82
綏遠省	302	1254	6
西康省	317	1442	10
甘肅省	53338	356921	1229
浙江省	126	546	2
廣東省	55	238	2
重慶	382	1675	3
香港	231	1119	2
廈門	41	201	1
總計	202761	1266149	3333

　　回教救國協會發表的這個不完全統計數字，全國回族為 126.6 萬人，3000 餘所清真寺。這個調查數據很不全面，根本無法反映當時全國回族人口狀況。但具體到一些調查過省的回族人口數據還是比較準確，例如陝西省統計近 3 萬人，而《回回民族問題》統計陝西回族人口為 20 萬人，相比較回教救國協會統計更準確一些。

　　這次除對回族人口調查以外，還對全國清真寺進行詳細調查，包括清真寺歷史沿革、開學阿訇、清真寺財產、附屬學校等項。對各地大中學校在讀回族學生、各地回民學校調查較為詳細，共收到 160 所回民中小學校調查表。對調查過程中發現的回民貧寒學生及經費困難的回民學校中國回教救國協會給以補助。當時還制定回民刊物調查表，回收十餘種，並與這些刊物保持聯繫，或給予補助，或予以指導。

第三節　救濟難民，倡導恢復生產

　　近代回族社團許多是在戰爭或社會動盪中產生的，適應社會發展的需要

而成立的，他們積極救濟難民、從事社會公益或慈善活動成為許多回族社團的主要工作，中國回教救國協會也極其重視各地難民救濟。

一、各地設立難民收容所

1937 年「八一三」事變爆發，日軍集中兵力進攻上海，許多民房被毀，成千上萬市民無家可歸，此時中國回教救國協會還沒有正式成立，由哈德成、沙善餘、伍特公等人發起成立上海回教災民救濟會，會址設在浙江路清真寺，並在浙江路清真寺、日暉巷清真別墅、蒲柏路（今太倉路）回教小墳山、勞勃生路（今長壽路）梅里芳等地分設四處回教難民收容所，接收難民近兩千人。隨著戰事惡化，又在福祐路清真寺、振興珠玉匯市場、敦化小學增設三處回教難民收容所。難民給養由上海救濟會供應，世界紅十字會、中國紅十字會、慈善團體聯合協助麵粉、棉被、藥品等物資，哈德成教長個人捐助 500 元，上海中國回教學會捐款 500 元，許多穆斯林都慷慨解囊，救助難胞。1940 年 3 月 24 日，上海回教會災民救濟會、上海清真董事會聯合召開執監委員會議，考慮到收容所難民日益增多，決定發起籌募難民遣散費，在年內遣散全部難民〔註21〕。此外回族人士馬天英經多方籌措經費，在小沙渡建造平房十排，建造一所學校和清真寺，解決因戰亂無家可歸回民的食宿、宗教活動及兒童上學問題。抗戰期間，上海清真董事會發放糧米達百餘石，1945 年 1 月改為向災民發放救災現金，一次性發放米款 707 戶，共計法幣 128.23 萬元，若從上海當時穆斯林總數 2 萬人計算，受惠面積還是很廣。上海清真董事會和浙江路清真寺還為無業貧困穆斯林提供無息貸款，幫助他們經營一些小生意，解決生計問題。

成立於 1932 年的南京回教青年會在抗戰爆發以後，在會長石覺民的領導下申請加入中國紅十字會，經當局批准成立「南京回教青年救護隊」，參加實際救護工作，有隊員 21 名，南京淪陷以後，部分會員分赴川、陝、甘等地，積極參加抗戰救國活動。

「七七事變」以後，華北大片國土陸續被日軍侵佔，1938 年 6 月蔣介石為阻止日軍南下，命令決堤，使黃河從花園口東南泛流入賈魯河和潁河，淹沒豫、皖、蘇三省 44 個縣市。54 萬平方千米土地成為沼澤，89 萬人溺死，造成 1000 多萬百姓流離失所，給廣大人民帶來了深重的災難。大水過後，

〔註21〕阮仁澤、高振東主編：《上海宗教史》，上海人民出版社，1992 年。

這片土地變為荒涼貧瘠的黃泛區。而日軍則迂迴前進，進攻武漢。大批難民逃亡南方，例如當時河北、安徽許多難民逃往湖南邵陽，救國協會邵陽支會騰出馬氏宗祠、清真女學院以及東南兩個清真寺的所屬公房接待和安置回族難民；除解決住宿外，對於其中的貧困戶，還從清真寺的公款中撥出部分經費救濟。因此當時逃往邵陽數以千計的回族難民，沒有流落街頭受凍挨餓的〔註22〕。

二、組織建立工場，恢復生產

抗戰期間南京、上海、北平、河南、山東等許多地方回民房屋、工場、清真寺被敵機炸毀，許多回民隨難民潮來到武漢、重慶等大後方，救國協會及各地分會將各地難民組織起來，創建合作社，恢復生產，如在重慶建立皂燭城生產合作社，衡陽皮革生產合作社，四川犍為瑞記，上海玻璃場，西康巴丹企業有限公司，西康牧織合作社，在重慶和桂林開設清真百齡餐廳，安排大量各地回族難民工作〔註23〕。如邵陽回民生產合作社收容難民 200 名。來邵陽的回族難民中，有不少有知識，有技能，身體健康的青壯年，為了幫助他們尋找工作解決生活出路，救國協會湖南分會成員四處奔走，經與有關方面多方協商，聘請他們為偕進中學、崇真小學、聯合中學等學校的教員；清真寺附設的回民織布廠也從難民中招收了一批有一技之長的工人。此外，還為自謀職業的回民提供方便。1939 年救國協會在桂林西門外清真寺附近設立第一義民工廠，廠內分編織、印花、縫紉、織襪、竹器五部分，不分回、漢民族，收容難胞 200 餘人在廠內工作，同時又建立靈棗農場，種植各種果木及稻麥、煙葉、花生、薯芋，飼養牛、羊、雞、鴨等，以解決難民生存問題。

中國回教救國協會各分會成立救濟委員會，籌集救濟基金，對災民進行救助，補助窮苦教胞殯葬。例如1938 年 11～12 月敵機曾三度空襲桂林，均以回民聚居區為目標，進行狂轟濫炸，致清真寺炸毀 4 座，炸死炸傷回民數十人，炸毀回民住房千餘棟，許多回民流離失所，情形極為淒慘。中國回教救國協會廣西分會當即成立救濟委員會及「回教難民收容所」，指定本市七處清

〔註22〕馬亮生：《湖南回族史料輯要》162 頁，湖南出版社，1995 年。

〔註23〕白崇禧：《中國回教協會八年來會務檢討》，《清真鐸報》第 19、20 期合刊，1945 年 12 月 31 日出版。

真寺為為臨時收容所，以大墟、蘇橋、羅錦、良豐清真寺為遣散收容所，積極辦理救災事宜。中國回民救國協會廣西分會捐助國幣 500 元，理事長白崇禧捐助 5000 元交付該分會，常務理事孫燕翼呈請行政院，爭取到賑災款 2 萬元，賑濟桂林受災回民。廣西分會派員詳細調查教胞受災情況，發放救濟款：自住房屋焚毀者補助 60 元，租住房屋焚毀者 50 元，遇難者提供 80 元埋葬費。供發放賑款 12670 元，餘款將用於發展生產。1939 年重慶多次被日軍飛機轟炸，桂林回族教胞自發組織捐款 740 餘元，支持重慶回族。

三、給各地受災教胞給予經濟補助

1938 年 11 月 23 日是回族開齋節，上午 9 時西安回族同胞聚集清真寺準備會禮之際，敵人出動 20 架飛機突犯西安，狂轟濫炸，共投彈 80 多枚，清真寺及住宅損失慘重。共計回族同胞死亡 47 人，傷 52 人，房屋倒塌 342 間，4 座清真寺不同程度受損，兩所回民學校倒塌，情形非常慘烈〔註24〕。據報導：「西安遭受了敵人最慘的空襲。先是十一月十八日炸西安，繼之於二十三日大批敵機復臨，彈落之處，煙塵血肉交飛，哀嗷衝霄，全市頓入黑影慘聲之中，回憶當時，為之一慄。……這一天正當回教開齋大典之日，所有回民均齊集寺中祈禱勝利，而敵人尤似以回坊為目標的向各清真寺擲彈，其慘絕人寰之暴行，也可想而知了……，載負有歷史性的富麗堂皇的清真寺被炸數座，至今慘狀猶在，至於被炸而死傷的教民，尤不可計其數。」〔註25〕事後西安回民於 11 月 28 日組織成立「西安回教災民救濟委員會」。1938 年 12 月，敵機再次轟炸西安回民區，死傷近 200 人。自災難發生以後，各地、各界派代表前往撫恤、慰問，全國各地也捐款賑濟，至次年 1 月 6 日，共收到捐款 35660 元。同時國民政府行政院撥款 2 萬元，由中國回民救國協會理事王月波帶至西安，交陝西分會負責發放，正在籌建中的中國回民救國協會陝西分會臨危受命，新當選的分會會長馬福澤聯絡西安回民成立「西京市回民救濟生活基金保管委員會」，一邊從事募捐工作，一邊從小宗貸款入手，逐步改善回胞生計。

1940 年 1 月 3～5 日，大批敵機轟炸湖南邵陽，偕進中學、清真南寺、伊斯蘭小學盡成瓦礫，損失尤為慘重，救國協會特匯寄千元給予賑濟。1940

〔註24〕《西安回胞辦理賑災情形》，《中國回民救國協會通告》，1939 年第 25 號。
〔註25〕《西北回民正論》第 8 期，1939 年 11 月 15 日出版。

年 6 月 26、28 日重慶西南兩寺先後被敵機炸毀，救國協會撥付 3000 元進行修復，不料第二年 7 月，敵機對重慶狂轟濫炸，兩寺再度全部炸毀，教民聚禮及馬上來臨的齋月會禮都成問題，救國協會再度撥款 2000 元，修復大殿。1941 年 8 月，成都慘遭轟炸，回民住宅及清真寺多被波及，損失慘重，救國協會撥款 5000 元，交由四川分會發放。日軍侵華期間河南鄲城新街、湖南津市、四川南部各縣、廣西柳江等地清真寺也先後被炸毀，救國協會也酌情給予補貼。

　　同時救國協會對在各校就讀的家境貧寒學生給予生活補助。抗戰期間物價飛漲，各中等以上學校許多回族學生因經濟困難，被迫輟學，尤其戰區學生經濟來源斷絕，食宿衣著均成問題，救國協會分別予以救濟，對部分學生升學就業問題也給與介紹與幫助。1939 年，受回教救國協會委託，理事王月波攜帶 1000 元作為甘肅回教難胞之賑款，經甘肅回民生產教育經費保管委員會協助，在甘肅海原、固原、隆德、化平四縣設立回民生活小學四所。抗戰期間，逃亡後方之回族同胞聚增，舉目無親，均生活困難，依據情節，酌於救濟，並在重慶、雲南、河南、江西、湖北、安徽各省分會所在地向災民發放無息小額貸款。在西南重慶、北培、內江、遵義、貴陽、吉安等地各公路交通要道委託辦理清真食堂，撥給無息貸金，遴選適宜回胞承辦，方便來往回胞災民飲食。

第四節　救國協會教務工作

　　中國回教救國協會成立以後，將改良宗教作為一項重要工作，1941 年 5 月成立教務委員會，聘請達浦生、虎嵩山、王振海、馬松亭、蕭德珍、馬瑞圖、楊仁義、馬達五、張光玉、丁岐山諸宗教界人士及文化界納忠、馬淳夷、尹伯清、王夢揚為教務委員會委員，共同研究宗教中應興應革之事。

一、要求全國回民普通學校增加宗教科目

　　改良宗教是中國回教救國協會一項重要任務，在當時情況下提出「興教救國」的口號，糾正過去回族內部「爭教不爭國」的錯誤觀念，認為國家主權不能獨立，宗教也就失去了保障。如何改良宗教，回教救國協會也制定了詳細計劃，一方面通過發展普通教育，培養經、漢兼通的人才。白崇禧在不同場合演講中也提到此問題，「我們今日復興回教，第一就要振興教育」，「我

們僅僅能識回文，決不夠用，一定要讀漢文。」「我們目前應多多設立學校，把所有的青年男女都送到學校裏去讀書。」「我們固然要念經，但讀書也是必要的。教胞通常有一種毛病，就是認定讀漢書是一種不急之務，因而只有念經而不讀書，這種固步自封不求進步的態度是自取滅亡的毒劑。」1947 年，中國回教協會特通告全國回教學校，一律添授教義課程，通電如下：

> 全國各分會並轉支區會，全國回教中小學校鈞鑒：
>
> 查晚近以來，教事式微，教育不振，危機日劇，識者殷尤，匡救之道，厥惟闡教與興學，闡教須先興學，興學旨在闡教。本會成立，首重教育，力倡「一寺一校」運動，舉國同胞，聞風興起，學校林立，中小學校先達三百餘所。惟是興學育才，意在提倡回教之地位，改善回民之生活，以達宗教復興之目的。有斯認識，始克有俾事功，故學生宗教情感之陶冶，教義知識之灌輸，最屬重要。矧值世界思潮混淆，社會風氣敗壞，宗教規範失據，教內青年彷徨歧途者有之，離經叛道者亦有之，宗教前途何堪設想！而目前各級回教學校於學生之宗教訓練，重視者固屬甚多，而忽略者亦復不少，殊悖提倡回民教育之原旨。本會有鑒於斯，爰特通電全國，凡我回教學校，無分性等，斟酌實情，應一律添授教義課程，或需要之淺近阿文，延聘開明阿衡，或熟諳教義人士，負責教授，希我各地負責人士，切實辦理，並將辦理情形隨時報會備查，宗教前途實有厚望焉。中國回教協會京總三卯儉印。〔註26〕

中國回教協會為何要發此文？因為近代新式回民學校大多是在傳統經堂教育基礎上發展起來的，特別是「一寺一校運動」的推行，利用清真寺資源發展回族新式教育也確實取得一定成效，這些新式回民學校在嚴格執行國民政府教育部頒布中小學課程設置標準以外，一開始就設有伊斯蘭教義、教法及阿拉伯文課程。但是到 1948 年前後，許多回民學校改為國立，一些回民學校校長也更換為漢族，漢族學生比列越來越大，所以對傳統伊斯蘭文化課程不夠重視，甚至一些學校取消了這些課程，直接影響回民家長送孩子上學的積極性，所以回教協會通電全國，所有回民學校「應一律添授教義課程，或需要之淺近阿文」。

〔註26〕《全國回民學校一律加授教義課》，《中國回教協會會報》1947 年第 7 卷第 6、7 期。

　　中國回教協會曾委託成達師範學校代為編輯回民小學教義課本，共計八冊，經回教協會審查以後，建議送交教育部審查通過方可付印，成達師範認為，此項課本內容全為教義講解，且在正式功課鐘點以外授課，每週授教義課只有1～2小時，似乎無教育部審核之必要。救國協會經與教育部交涉，沒能批准，仍要求成達師範對課本進行修訂以後再寄回教育部審核。

　　回教協會認為《古蘭經》翻譯之事「為千古不朽之業，應異常慎重，本會成立以後即注意及此，在先曾擬以王靜齋阿訇譯本為藍本，再加以修正，用期完善，並曾在本會召集會議商討，草擬校經辦法大綱五條，預算為五萬一千七百四十元，惟經費一時難以籌劃」〔註27〕。

二、對全國清真寺進行統一管理及辦理清真食堂

　　救國協會認為，「清真寺為領導教務之中心，故欲謀教務之發展，必先從事整頓各地清真寺，使其組織健全，設備完善，然後方可以談振興教務。且各地清真寺因組織不健全，寺產管理不得法，致使大量寺產不能用之於適當之途，殊為可惜。」1940年底救國協會先後制定《清真寺董事會組織通則》、《清真寺管理辦法》，分發各地分支會執行，各地清真寺皆依照要求，認真執行，至1942年2月，全國130餘所清真寺進行改組，實行董事會制，廢除歷史上遺留下來的清真寺教權世襲制，促進了全國清真寺民主化管理。

清真寺董事會組織通則

（民國29年12月19日第33次常會通過）

　　全國各清真寺應依照本會清真寺管理辦法第三條之，規定分別組織董事會。每一清真寺所屬回民之區域為坊。

　　清真寺董事會以董事三人至七人組織之，必要時可互推常務董事三人，董事均為義務職。

　　各坊回民有下列資格之一者得為清真寺董事會董事候選人。

　　1. 居住該坊三年以上，恪守教律，公正誠實，人所公認者。

　　2. 在一年內捐助坊內清真寺或學校在國幣三百元以上者。

　　3. 熱心教務、教育及地方公益，為眾公認者。

　　4. 與本坊清真寺或回民學校之創興有歷史及特殊關係者。

〔註27〕《中國回教救國協會工作報告（1939年8月～1942年2月）》，單行本。

5. 清真寺董事之選舉或改選於每年開齋節行之。選舉時由本會所屬分、支、區會派員監選。

6. 清真寺董事之任期為一年，連選得連任，但常務董事之連任以三次為限。

7. 清真寺董事會管理各該清真寺一切事宜，清真寺教長之聘請或解聘，寺產之購置或出售，寺款之動支存放或募集以及各種寺務興革事項，非經董事會通過不得舉辦。

8. 清真寺董事會對於寺務應分寺務、會計、審核三項，由董事或常務董事分工擔任之。

9. 清真寺款目之出納應按月由董事會揭布之，並報告所屬本會分、支、區會備案。

10. 清真寺董事會每月舉行會議一次，由董事輪流主席。

11. 本通則如有未盡事宜，得提出本會常務理事會通過修正之。

12. 本通則經本會常務理事會通過施行。

清真寺管理辦法

1. 全國各清真寺（以下簡稱各寺）除由個人獨資建立並自行管理者外，皆依本辦法管理之。

2. 各寺教規悉遵回教經典，所有教長之聘請與解聘及寺內一切人事之處理仍暫沿當地習慣辦理，遇有糾紛時，由當地本會分、支會秉公處理，重大者轉請本會處理之。

3. 各寺應設董事會管理各該寺經費及人事等一切事務，董事會章程另訂之。

各寺收支帳目須按月列單張貼寺內，以示公開，並須每半年報由當地本會分支會，並報本會備案。

4. 各寺寺基及房屋須報請本會登記，登記辦法及表式另定之。

5. 各寺不動產稅契納賦辦法依照政府規定辦理。

6. 各寺得利用寺產興辦教育及公益慈善事業，各寺對於所辦事

業應將每年辦理狀況及收支情形於次年開始一個月內報請本會查核，遞轉內政部備查。

7. 各寺內部或寺與寺間因寺產發生糾紛時，雙方應陳請當地本會分支會處理之，不能解決時轉請本會處理，如仍不能解決時，由本會送請政府主管機關裁判之。

8. 各寺如因寺產與他教發生糾紛時逕自依法呈請政府主管機關裁判之。

9. 本會得隨時派員分赴各地視察各寺管理情形。

10. 本會每年年終將管理全國清真寺情形呈報內政部備查。

11. 本辦法如有未盡事宜，由本會常務理事會修正之，並呈請內政部備案。

12. 本辦法經本會常務理事通過，呈請內政部核准後施行。

推行清真寺管理辦法及清真寺董事會組織通則應注意事項

1. 各分支區會於接到本項辦法及通則後立即備函，分轉所屬清真寺一律遵行。

2. 各寺應將本項辦法及通則妥慎收案保存，不得遺失。

3. 各寺於接到登記表後立即據實填報本會，不得遲延。

4. 各寺如舊有董事會者，須於文到後半月內按新章改組竣事，如果組織或欠健全者□□□□□□□□形報轉本會備案。

5. 各寺收支款項務依法於每月公布一次，以昭核實。

6. 自本項辦法簡章公布後各支區會須即將本會所屬各清真寺名稱、地址各項列表送交本會備案。

7. 各寺如不切實報行本項辦法簡章，本會無法代請備案，以後如遇事故，本會也無從予以保障。

8. 本項辦法□□□□□□□□□□□□□□□□□本教前途者甚巨，各分支會應切實督導施行，請勿視為具文。〔註28〕

〔註28〕《月華》第13卷第4～9期，1941年3月25日出版。

　　救國協會還籌辦阿訇講習會、修葺十八梯清真寺、在重慶十八梯清真寺開辦清真女學、為「海里凡」請免兵役、辦理多起侮教事件、印刷清真寺禁止駐兵布告等。

　　抗戰軍興以來，軍隊調動頻繁，軍隊占駐清真寺之事時常發生，各地紛紛來函請救國協會設法協調。救國協會認為「清真寺為吾教胞聚禮之所，最重清潔，若為軍隊占駐，殊為不宜。乃據情呈請軍委會賜給禁止駐兵布告，張貼寺首備用。辛蒙軍委會批准，先印刷五百張由本會分發各地，旋即分發完畢，聞各地貼後頗生效力。」全國各地清真寺紛紛請領布告，救國協會自印 300 張，呈請軍事委員會蓋章以後，很快分發到各地清真寺〔註 29〕。另據報導「軍事委員會為重視回民信仰起見，特印製『清真寺內禁止駐兵』布告，普遍發給各地清真寺，以資保障，最近馬冠勳先生從洛陽來信給孫燕翼（繩武）先生，說到『弟親見滎陽須水鎮二十二師兵士，到寺內見布告先行脫帽禮，又請馬阿訇講講道理而去。』足見清真寺不但得到保障，而且回民信仰也得到一般士兵的尊重」〔註 30〕。

　　同時為回族官兵及寄宿制學校回族學員請准伙食便利。「吾教胞在國軍各部隊服役者，所在皆是，惟因飲食不便，生活不安，致減低殺敵熱心。本會鑒於此，特呈請軍事委員會，准將全國各部隊，以師為單位，每師中之回教官兵，另撥為一連或一排，並於新兵入伍時，即注意此點，凡信仰回教者，均撥編一處，以便利其飲食。」並請行政院通令全國各學校及各種訓練班，凡有回族學生 5 人以上者，准予自立伙食，其不足 5 人者，也須給予伙食上的便利。各部隊禁止駐紮回民住宅，尤其不得在回民住宅內飲食回民違忌之食品，以重團結，而杜糾紛。1941 年 9 月 10 日國民政府軍事委員會批令如下：

　　　呈悉：（一）請令各部隊以師為單位，凡回教官兵，皆編入一營或一連以便利其飲食一事，早於二十八年七月，以「渝孝役募字第一七八九號魚代電」檢附甘肅軍管區擬定回民壯丁徵集管訓辦法通令遵行，並於本年二月三日以「辦四渝字第一五九一號」批准，其他准予通令各部隊，如攜有露營設備，應不許駐紮回教人宅，必須借住時，亦和平商借，不得武力強住。尤不得在回教人宅烹食回

〔註 29〕《印製清真寺禁止駐兵布告》，《中國回教救國協會會刊》第 2 卷第 8～9 期，1940 年 7 月出版。
〔註 30〕《軍事委員會給予各地清真寺的保障》，《回民言論》第 1 卷第 8 期，1939 年 4 月 30 日出版。

教禁忌之食品，除分令外，仰即知照此批。〔註31〕

1940 年中國回教救國協會制訂《委託清真食堂貸金辦法》如下：

一、凡部分支會保薦之本會委託清真食堂承辦人，經審查合格後得
予以本項貸金。

二、貸金款額由二百元起，最高為六百元，由承辦人按照實際需要
請求之。

三、本項貸金遵照教規取無息制。

四、本項貸金不分款項多寡，概限於自成立第三個月起，半年內分
期償還辦法如下：

1. 貸金六百元者每月償還一百元。

2. 貸金三百元者每月償還五十元。

3. 貸金二百元者，前五月每月償還三十元，末一月償還五十元。

4. 此外數目悉按照前項辦法核計之。

五、本會於收到償還貸款後，即給予正式收據以昭信實。

六、每月應償還之款由該管分會負責按月收取，送繳本會。

七、應償貸金不得拖延，如有到期不繳情事，即由保證人負責償還
之。

八、本辦法自公布日施行。〔註32〕

在救國協會資助下，在西南內江、遵義、貴陽、吉安等地公路站設立委
託清真食堂，遴選合適回族同胞承辦，以解決沿途逃難或旅行回族飲食不便
問題。1939 年之後，隨著復旦大學、江蘇醫學院相繼遷入北培區，回族流動
人口漸多，回教救國協會委託回族陳賢泰在北培鎮天津路創設清真食堂，於
1940 年 9 月 21 日開業。1940 年 8 月 19 日重慶遭敵機轟炸，清真食堂被毀大
半，救國協會委託回雲岫在十八梯清真寺附近開設清真食堂。救國協會向承
辦人撥付無息貸金，並制定詳細規約，承辦人獲利以後，很快將貸款按規約
歸還。

〔註31〕《會務報告（十）》，《中國回教救國協會會報》1941 年第 3 卷第 11～12 期。

〔註32〕《中國回教救國協會委託清真食堂貸金辦法》，《中國回教救國協會會刊》第 2
卷第 8、9 期，1940 年 9 月出版。

中國回教救國協會作為回族社會或當時國內來說，都是屬於一個規模最大的社團組織，其活動經費也得到國民政府支持，在一定程度起到國民政府與回族社會中間一座橋樑作用，國民政府對全國的一些動員令，經過中國回教救國協會才能貫徹的更好。

第十三章　積極開展國民外交活動

　　救國協會積極開展國民外交活動，爭取國際社會對中國抗日戰爭的支持。中國人民的抗日戰爭不僅僅限於與日本侵略者在戰場上的武力對決，而且是兼於政治、外交等各個方面，特別是爭取國際社會的同情與援助，對於抗戰勝利有著重要意義。而外交方面，不僅限於國民政府的努力，而民間的外交活動也很重要。民國時期回族也積極參與到國民外交活動中，特別是中國回教救國協會，本著「以民族團體之立場，作國民外交之活動」原則，組建近東訪問團、南洋訪問團，到海外宣傳中國人民英勇抗戰，希望得到國際社會之道義支持，並取得良好效果。

第一節　開展國民外交活動的重要性

　　抗戰剛剛爆發，國際社會對於中日之間的戰爭不是很明瞭，加上日本在海外的歪曲宣傳，有些外國人認為中、日同文同種，中國不應該對日作戰；還有一些國際人士認為，中日軍事力量懸殊，中國不可能取得抗戰勝利。「近東各國多為回教國，過去因與我缺乏往來，且無外交上的聯繫，致疏闊日深，隔閡漸生，加以抗戰以來，我對外宣傳之力較人為遜，故近東人民為暴日一方之譸言所蠱惑，竟對我神聖抗戰之意義發生種種之懷疑，有責我不應與同亞洲之日本作戰者，有認我為此次戰爭中之完全失敗者。基於此種不良影響，使我在近東國際宣傳上無形中遭遇極大之障礙。如此陰霾，若不加以掃蕩，一任暴日所派遣的冒充回教之浪人，攜其所散佈之

煙霧，長此籠罩於近東大地，則正義之公理於昏朦迷漫之中將永無明朗伸張之日矣。」〔註1〕

據留學埃及回族學生來函報告，日本人經常在近東做一些顛倒黑白、混淆國際視聽的宣傳活動。中國回教救國協會得到消息以後，立即制定前往穆斯林比較多的近東、南洋各國，宣傳我抗戰的意義與敵人侵略之種種暴行的計劃，就回民參加抗戰之最大決心向國際社會傳達，並揭露敵人近年來在近東一帶之政治陰謀與其離間分化我整個中華民族之伎倆。

上海淪陷以後，1937年12月達浦生阿訇由上海乘船前往埃及，1938年1月到達埃及以後，正趕上埃及國王法魯克一世舉行盛大結婚典禮，達浦生特備賀禮，參加婚禮，並受到國王召見，達浦生阿訇向國王講述了日軍對中國人民犯下的滔天罪行，並表示中國人民上下一致抗戰到底的決心。1938年2月，達浦生由埃及前往麥加朝觀，此時正值中國回教近東訪問團也同期到達麥加，經過互相交流，他們發現，世界各地許多穆斯林「被敵人的虛偽宣傳貽誤不淺，殊覺駁不甚駁」，感覺到口頭宣傳效力有限，「應以文字宣傳輔之」，於是達浦生朝觀結束以後重返埃及，在開羅鄉間居住，潛心著述，最後以阿拉伯文寫成《告世界回教同胞書》一冊，詳述近60年來日本侵華事實。在該書尚未出版之時，埃及各報廣為宣傳，成書以後，贈送近東各國政府及新聞機構。達浦生二次離開埃及後，首赴印度，印度使用英語，達浦生邀請精通英語的埃及愛資哈爾大學中國留學生部部長沙儒誠一同前往。抵達印度以後，曾與印度穆斯林運動領導人納真會晤，納真答應將達浦生所著《告世界回教同胞書》譯成烏爾都文在印度發行。

1938年秋，中國回教救國協會派遣艾沙、馬賦良二位穆斯林青年代表中國國際聯盟，前往近東各國進行聯絡，中國回教救國協會理事長白崇禧撰寫的「告世界回教同胞書」及蔣介石「告世界人士書」，譯成英文，在印度各地廣為散發，並引起印度新聞媒體關注，各大報刊爭相轉載。艾、馬二人在印度逗留70餘日，始前往麥加朝觀。朝觀結束以後，即前往埃及、土耳其進行宣傳，又將上述宣傳品譯成阿拉伯文、土耳其文、波斯文進行發放。

〔註1〕《中國回教近東訪問團展覽會緣起》，《中國回教救國協會會刊》1940年第1卷第6期。

第二節　中國回教近東訪問團及其活動

　　1937 年 11 月 16 日在中國回民救國協會的資助下，中國回教近東訪問團在南京組建成立，推選王曾善為團長，哈德成、馬天英、薛文波、張兆理為團員。因哈德成在上海清真寺擔任教長，不便離職，未能參加。訪問團所訪問穆斯林國家均使用阿拉伯語，必須有一通曉阿拉伯文之人材，故聘請留學埃及愛資哈爾大學學生王世明為秘書，仍合原定之五人之數。出發前曾發表《中國回教近東訪問團宣言》，闡述訪問團出訪目的：

　　　　自盧溝橋案發生，此輩浪人又復混跡平津，施行故技，對回民威脅利誘，聲言成立回教國，必欲分化我中華國族為若幹部分，以達其削弱我國力，各別宰制之野心。幸我回民洞燭其奸，不為所動。敵政府知近東回教各國以宗教關係，與我國回民情意素洽，於是派遣冒稱回教信徒之日人，分往游說，侮蔑我國回民素受壓迫，陰謀獨立。冀之各回教國人民同情我國回民，另樹政權之謬說。不知我中華回民皆中國之國民，生於斯，息於斯，與國家有絕對不可分離之關係，絕非外人陰謀讕言所可動搖。回教人民認為中華民國之休戚、禍福與共、興亡有責，國內其他民族或不免有受敵欺騙者，但我回民則愛國精神始終如一，絕不受敵人利用也。古蘭天經昭示曰：「汝等當為主道與殺汝等者戰，但不可過度，因真主不喜過度者」。至聖默罕默德謂；「愛國屬於信仰」。凡我回民對此天經聖諭奉行維謹，從不敢違。本團謬荷國內各回教團體推舉，訪問近東回教各國，宣布暴日侵我國土，欺蒙回民之真相，與我國全民抗戰之經過及決心。使命之重，深懼不克負荷，謹當勉竭智慧，努力以赴，期不負我國全體回民之付託。切望全國回民一本素志，盡力奮鬥，與國內同胞精誠團結，同心協力，求我最後勝利，滅此惡魔，復我失地，本團歸國之日，當隨諸位之後，共慶勝利。茲當遠離，不盡依依，謹此宣言，敬與國人。1937 年 12 月於漢口。〔註2〕

　　王曾善也在《中國回教近東訪問團總報告書》中指出：

　　　　自七七事變以來，暴日無端侵佔我土地，轟炸我城市，殘殺我人民，全國同胞目睹外侮之來，亡國之慘，無不義憤填膺，同仇敵愾。回教人民為構成中華民族之重要份子，殺敵救國，不敢後人。

〔註 2〕《中國回教近東訪問團日記》，中國服務社印刷發行，1943 年 9 月。

故自全國抗戰發動開始，各地回教軍官士兵，除直接參加前線作戰與暴敵喋血疆場而外，其在後方之回教民眾，對於戰時人人應負職責，亦無不竭盡愚誠，全力以赴，或自行組織救國團體，或參加其他救亡工作，藉以實際力量，協助抗戰與促成建國大業，凡此種種，殆難罄述。同時我回教團體，因感戰時宣傳工作，在國內可增強群眾之抗戰意識，在國外可引起友邦對我抗戰之同情與聲援，其意義至大，關係至重。故對內除隨時向各地回民宣傳外，又擬就近東回教國及回民較多之各國，另行組織團體，前往訪問。爰於民國二十六年十月，由國內回民各團體共同發起，組織中國回教近東訪問團，以民眾團體之立場，作國民外交之活動，前往近東各回教及回民較多之國，宣傳我國抗戰之意義與敵人侵略之種種暴行，並我回民參加抗戰之最大決心，實以揭破敵人多年來在近東一帶之政治陰謀，與其離間分化我整個民族之鬼祟伎倆，以及種種不利於我的虛偽宣傳。經請准後，即於同年十一月在南京開始籌備，準備出國。

訪問團原定計劃，除訪問近東各國，包括南洋、爪哇、蘇門答臘、暹羅、緬甸、巴達維亞、印度、阿富汗，及阿拉伯全部各邦國外，非洲穆斯林較多國家或地區，也擬前往訪問，由近而遠，循序以進。不料籌備期間，南京淪陷，交通因以阻塞，團員不能集中，延至1938年1月，始得齊集香港，乘船西行。當時麥加朝覲時間臨近，訪問團必須趕往參加，藉此機會與各國穆斯林人士相會晤，於是不得不變更行程，先行前往沙特阿拉伯，參加朝覲，原定由近而遠之路線未能實行。朝覲結束後，即去埃及，由埃及而黎巴嫩、敘利亞、伊拉克、伊朗、印度、最後至土耳其，共計 8 國。訪問團原定前往巴勒斯坦，因該國正有戰事，地方不靖，沒能前往。但訪問團借由埃及至黎巴嫩及土耳其路過之便，曾二次在巴勒斯坦最大海口海發（現為以色列管理）登岸，並向該地穆斯林作宣傳工作。因此訪問團正式訪問之國家有 8 國，行程將近10萬里。至於非洲、阿富汗、南洋各地，訪問團原定依次往訪，只因旅資不足，未能如願。訪問團原定在埃及工作完成之後，前往土耳其，當時因故未得簽發護照，故於到達印度後，又復西渡，前往土耳其國。

訪問團在國外宣傳方法，分口頭、文字宣傳二種。訪晤私人或公開演講或廣播時間則用口頭宣傳，同時以阿拉伯文、土耳其文、波斯文刊印宣傳材料，散發各處。並寫成短篇論文，在各國報紙發表。

一、中國回教近東訪問團之主要宣傳活動

　　利用朝覲，在麥加宣傳。訪問團由香港出發時，因朝覲時間已近，乃直航紅海，於 1938 年 2 月 7 日到達麥加。此次世界各國前來麥加朝覲者有 12 萬人，其中大多為各國有地位的者，2 月 9 日至 12 日朝覲儀式在麥加附近之阿拉法特山舉行，訪問團與各國穆斯林廣泛接洽，向各國穆斯林宣傳日本侵略我國與進一步企圖征服亞洲的野心，及日軍在我國所犯下種種暴行，並就我國人民一致抗戰之決心進行演講。

　　訪問各國政府要人。麥加朝覲結束以後，訪問團於 1938 年 2 月 10 日上午謁見沙特阿拉伯國王伊品薩烏德，第二次於 2 月 12 日上午謁見於麥加王宮。國王對於訪問團近東之使命及宗旨深表讚賞，關於我國抗戰情形詢問甚詳，對於我國穆斯林與全國人民一起參加抗戰尤表欣慰，謂愛國禦敵為穆斯林天職，並說訪問團在全世界穆斯林聖地麥加進行抗日宣傳，具有重要意義，在中阿關係史上寫下最有意義的一頁。

　　訪問團拜訪了沙特阿拉伯財政部長兼陸軍部長阿卜杜·蘇里曼，蘇里曼對中國抗戰表示道義支持，對訪問團提出抵制日貨一事，蘇里曼認為阿拉伯工業基礎薄弱，人民一切生活所需，均仰賴於外來貨物，現在日本貨物充斥市場，當係實情，如果由國家實行抵制，則阿拉伯市場英、法各國貨物隨之增多，而英、法貨物價值昂貴，對沙特阿拉伯國民經濟，恐有影響，因此希望由國民方面，自動的抵制日貨。同時希望中國商民，運輸貨物入關，方可代替日貨。

　　20 世紀 20 年代，奧斯曼王朝解體以後，埃及在穆斯林世界處於舉足輕重地位，訪問團居留埃及時間亦比其他各國為長。埃及國王法魯克一世於 1938 年 3 月 19 日邀請訪問團參加埃及政府特派贈送克爾白天房錦帳專使覆命典禮。5 月 6 日，參加埃及國王親政週年紀念活動，與埃及社會各界進行廣泛接觸。拜訪埃及王儲穆罕默德·阿里、首相馬賀木得·帕沙、副首相海克里·帕沙、開羅市市長阿布杜賽拉目·沙子·利帕沙，會晤教育部長、宗教經濟部部長等。開羅市長特於 3 月 25 日在開羅動物園召開盛大遊園會，招待訪問團，有許多外國人士參加，訪問團即席作宣傳演講，來賓頗為動容。

　　訪問團於 1938 年 5 月 17 日到達黎巴嫩首都伯魯特，受到當地政府的熱情接待，黎巴嫩前任代理總統烏麥爾親自到港口迎接。訪問團在幾所學校進行演講、發放傳單。一些政要對在國家危亡之際中國各民族團結抗日極表欽

佩，並認為中國之反抗日本帝國主義，實為弱小民族求解放之先鋒，意義至大。

　　訪問團在敘利亞訪問期間，一切生活開支，包括旅館、宴會、車輛等費，由政府代付，對訪問團工作，予以極大支持。1938 年 5 月 28 日拜訪敘利亞總統哈士穆・阿塔西，總統以兄弟之禮，接見訪問團，對中日關係及抗日情況，詢問甚詳。總統為中國回民全體參加抗戰尤為興奮，並囑咐訪問團歸國後，轉告中國全體穆斯林，必須與國內其他各民族精誠合作，中國始可得救，中華民族始可復興。訪問團還拜訪敘利亞內政部長薩達拉，教育部長阿布杜拉賀曼，大馬士革市長陶非克及國會議員穆哈努力、白希爾等。

　　在伊拉克訪問期間，曾到王宮向國王戛茲致敬，並會晤該國首相遮密魯貝、內政部長穆司托發、教育部長穆哈麥里札、巴格達省長艾爾士德、國會議員薩布爾等人。各項宣傳工作，得到該國高層贊助，收穫頗豐。

　　訪問團到達伊朗首都德黑蘭時，伊朗政府即派其外交部第一司司長胡瑪庸負責接待。訪問團於 6 月 14 日前往王宮，向國王李查汗致敬，訪問其內政、教育、外交各部部長，並訪問前任首相發魯基。我國與伊朗在歷史上曾建立密切之外交關係，伊朗人民以此項關係後來中斷甚感可惜。伊朗政府於數年前曾派遣領事前來我國，因我未予互派，復行撤回。當時伊朗朝野人士，希望我國早日派遣領事，共商兩國國交之進展、經濟之合作。

　　訪問團於 7 月 2 日到達印度孟買時，即由全印穆斯林黨招待協助，同時亦與國會黨聯絡，時任印度聯邦議會議員之穆斯林黨主席真納先生（Mr.M.A.Jina），國會黨主席布斯（S.P.Bose）等人對訪問團到來均表歡迎。訪問團先後到拉胡爾、拉克諾、帕特納、加爾各答等地演講，均受各該地政府及民眾歡迎。

　　國民政府在土耳其設有公使館，訪問團到達土耳其後，請由駐土耳其代辦童德幹介紹，拜訪土國外交部長阿拉斯（B.Jeaflk Rushti Aras）。部長認為中、土兩國關係源遠流長，中華民族遭受外敵入侵，無數土耳其人民深表憤慨，此時中國全民不應有宗教和民族之分，當精誠團結，其同奮鬥，堅持到底。中國雖已失地過多，而所剩土地，仍有土耳其全部土地之若干倍，土耳其以前在獨立戰爭時，只剩安哥拉以東地帶，尚能驅逐強暴，復興民族，以中國與土耳其相比較，此時國際輿論，莫不同情於中國，況中國有廣袤之國土，以軍事力量而言，亦較當時土耳其國為強大。凡此種種，皆可為中國必勝之例證。

　　訪問各國社會賢達及名流。中東各國人民，對於社會領袖，異常尊崇，欲得各該國人民之同情，必先會晤各國社會名人，方可收事半功倍之效果。訪問團每至一地，先詢查該地有影響之穆斯林人物，前往拜會。各地人士，對於訪問團無不格外歡迎，竭誠協助，凡在本地舉行歡迎大會及演講大會，有賴地方人士之大力支持，各國人民對我國之同情與抵制日貨運動，亦多因社會名人之倡導而開展。現將中東訪問團在各國訪晤之社會名人姓名摘要列表於下：

會晤各國名流姓名表

譯名	原名	職務	會晤地點
哈桑·蘇卜汗尼	Hassan Subhani	中國哈知嚮導	沙特阿拉伯
師畢	Mahamed EL-Shaiby	克爾白天房司鑰聖裔	同上
穆賀地	Muhdi Bey	麥加市長	同上
伍白杜拉	Mulana Obeydullah Pehlevi	宗教人士（印度人）	同上
穆薩札魯拉	Musa Jarullah	宗教人士（中亞細亞人）	同上
蘇魯坦	Muhamed Sultan	宗教人士（新疆人）	同上
穆欣森	Muhinsin Bey EL-Taib	宗教人士	同上
麥拉艾	Mustafa Meragi	愛資哈爾大學校長	埃及開羅
阿卜杜哈密德	Abdulhamid Said Bey	世界穆斯林青年會會長	同上
哈力巴維	Halbavi Bey	法律學家	同上
歐魯巴	Oluba pasha	法律學家	同上
哈利德貝	Khaled Bey Hassanein	愛資哈爾大學總視學	同上
色拉維夫人	Madame Hoda Charaovi Pacha	埃及婦女協會會長	同上
圖彼	Jacqves Tuby	亞歷山大世界和平分會秘書	亞歷山大
那杜維	Fahmj Nadowi Paha	亞力山大穆斯林青年會會長	同上
圖遜親王	Prince Omar Toussoun	埃及國王叔父	同上
拉資克	Abdul Razzak Bey	埃及宗教經濟部部長	同上
帖木爾貝	Trmur Bey	埃及著名作家	同上
太浩盧生	Tahou Hussanein	埃及大學文學院院長	同上
胡達候珊	EL-Hodri Hussan	埃及正道會長	同上
艾利巴沙	Aliibrahim Pacha	埃及大學代理校長	同上
乃芝布	M.lbrahim Jibali	埃及大學哲學院院長	同上
淘非克	M.Toufik Khaled	貝魯特伊斯蘭教教長	貝魯特

克努尼	Ibtrahim Chtaura EL-Kannomr	摩洛哥宗教人士	同上
麥師那	Abdullah Meshnovh	教育家	同上
舍非克	Hassan Bey Chefik	埃及駐黎巴嫩領事	同上
阿則木	EL-Azem	敘利亞大學校長	大馬士革
古拉德阿利	M.Kourd Ail	敘利亞前教育部長	同上
札布雷	Sadalad El-jabri	敘利亞外交部部長	同上
艾樂亞非	M.El-yafi	新聞記者	同上
哈珊雷達	Hassan Riza	伊拉克穆斯林青年會會長	巴格達
阿隆雷	M.B.El-assari	青年會副會長	同上
達富得利	M.S.ElDaftari	前任德黑蘭省長	同上
開薩利	Davoud Kasir	教育家	同上
葛司帝尼	M.Naji El-Gastini	伊拉克內政部宣傳司司長	同上
者馬利博士	Dr.fedlril Jamali	教育家	同上
馬大尼	M.S.Huseyn Madanyi	教育家	德黑蘭
阿利汗	Mirar M.Ali Khan	伊朗前教育部部長	同上
毛圖阿樂	Hassan Moutuar	克農報主筆	同上
毛葛爾	Movjav Mougar	伊朗報主筆	同上
哈離利	M.Ali Halili	德黑蘭哲學院教務長	同上
伊思巴汗	M.M.S Ispahani	印度穆斯林黨總會秘書	印度孟買
木哈麥德薩利	Muhumed Salih	孟買新疆同鄉會會長	同上
布拉利維	Syed Abdulah Brelvi	孟買新聞主筆	同上
那萬滋汗	Shah Nawaz Khan	班札布省王子，議員	印度拉胡爾
艾和麥德汗	M.Amir Ahmad Khan	拉克諾王子	印度拉克諾
拉蘇樂汗	Ejaz Rasul Khan	者杭吉爾王子	同上
薩伊德汗	Nawab Ahamad Said Khan	前任拉克諾省長	同上
阿布杜阿吉茲	Syed Abdul Aziz	帕特納省穆斯林黨主席	印度帕特納
伊斯美樂	Nawab M.Ismil	帕特納穆斯林黨副主席	同上
阿哈麥德博士	Dr.Sltan Ahemed	海牙國際法庭法官	同上
薛德基	Abdul Rahman Siddipi	加爾各答省會議員	加爾各答
安西利	M.A.Aziz Ansari	財政家	同上
巴哈達樂	M.Abdul Momin Bahadar	班各爾省宗教慈善部部長	同上
拉德哈利士那	Sir Radhakrishran	加爾各答大學教授	同上
奴倫丁	M.Nurettin Artain	新聞家	土耳其安哥拉
福瓦德	B.M.Fuat Kupruluzad	國會議員	安哥拉

沙目遜底	B.Shemsuttin	大學教授	伊斯坦堡
白荷芝特	B.Behjet	格拉特學院院長	安哥拉
木札凡爾	B Muzzafer	安哥拉大學歷史學院院長	安哥拉
尤奴斯納底	Yunus Nadi	共和報社長	伊斯坦堡
載克雷亞	Zekeriya	旦報社長	同上
木尼爾	Munir	土耳其民族會	同上
賴施德	B.Rashit	格拉特學院教授	同上

　　訪問各國人民團體及各級學校。訪問團為提高宣傳效率，特別注意各國人民團體並與之聯絡，利用其組織，為我宣傳，並推進抵制日貨之運動。各國人民團體，大多為富有民族革命精神之志士所主持，故一經訪問團聯絡，無不熱烈表示同情。

　　除各種人民團體外，訪問團每至一國，即訪問各級學校，並隨時向學生講演，青年學生頗具熱心，對中國人民抗日之英勇，深表敬佩，相信我國必勝。對於敵人行為之殘暴，莫不義憤，當場高喊打倒日本，每至散會，常包圍訪問團成員，詢問不已，更有與會後自動赴街頭替我做宣傳者。訪問團在各城多住一日，反日氣氛即緊張一天。現將訪問團在各國所訪問人民團體分別擇要列表於下。

訪問各國人民團體表

團體名稱	主持人	性質	地點
埃及世界伊斯蘭青年會	哈密得薩以得	聯絡穆斯林青年	開羅
埃及婦女協會	沙拉維夫人	埃及全國婦女運動機關	開羅
埃及兄弟會		埃及青年政治團體	開羅
埃及公務員協會		聯絡感情，改善公務員生活	開羅
埃及正道會		發揚伊斯蘭精神、提倡道德	開羅
黎巴嫩回教會	歐麥爾貝答烏克	發揚回教	伯魯特
敘利亞回教會	范賀爾貝	同上	大馬士革
阿拉伯民族協會	同上	團結阿拉伯民族	大馬士革
伊拉克回教青年會		發揚回教服務社會	巴格達
伊斯蘭教協會		發揚回教	德黑蘭
印度回教會		發揚回教	孟買
新疆回教同鄉會		聯絡新僑感情實行彼此互助	孟買

演講及廣播。訪問團所到之地，以公開講演和廣播演講效果最好。廣播演講，在每一國家播講一次或兩次，每次廣播均可擴散至全國。公開演講次數甚多。訪問團購置幻燈機一臺，每次演講時，播放一些幻燈片，包括我國風土民情，日軍屠殺我國人民及焚燒轟炸慘狀之照片。「此種照演，不但於本團之宣傳工作頗有助力，且可略行介紹我國之國情也」。現將演講日期及演講主題擇要列表於下：

公開演講題目及日期表

地點	演講題目	主要聽眾	日期
麥加	中國回民與全民抗戰	各國朝覲天房代表	1938 年 2 月 21 日
麥加	中國回民為什麼要參加抗戰	新疆僑胞	2 月 24 日
阿爾法特	回教與世界和平	埃及學生朝覲團	3 月 9 日
埃及開羅	中國回教	埃及教育界俱樂部	3 月 17 日
吉札	中國民族革命運動	埃及大學學生	3 月 22 日
開羅	中國全民抗戰與亞洲和平	阿拉伯青年聯合會會員	3 月 31 日
開羅	近年日本在近東的政治陰謀	埃及弟兄會會員	4 月 6 日
開羅	現代的中國	埃及公務員協會會員	4 月 7 日
開羅	中國回教青年的革命運動	各國留埃學生	4 月 17 日
開羅	中國文化與回教	中埃文化協會會員	4 月 20 日
亞歷山大	中國抗戰與世界和平	世界和平會亞歷山大分會	4 月 23 日
黎巴嫩	中國抗戰與世界和平	貝魯特美國大學學生	5 月 21 日
大馬士革	中國回教與本團之使命	阿拉伯民族會會員及民眾	5 月 26 日
大馬士革	中國之文化	同上	5 月 27 日
大馬士革	中國回民對於中國之貢獻	同上	5 月 29 日
巴格達	中國回民與抗日戰爭	伊拉克鄉村師範學生	6 月 6 日
德黑蘭	中國抗戰與亞洲和平	伊朗大學哲學院學生	6 月 14 日
印度孟買	中國抗戰與世界和平	孟買印度國會黨黨員	7 月 7 日
印度拉胡爾	中國回民對於印度回民的要求	拉胡爾伊斯蘭學院	7 月 15 日
印度拉克諾	中國抗戰的策略	拉克諾省回民茶話會	7 月 18 日

各國清真寺中之宣傳。清真寺為穆斯林日常禮拜聚會的場所，每星期五為穆斯林之聚禮日，各國穆斯林均赴清真寺聚集禮拜，中東各國之清真寺大者可容萬餘人，訪問團所至之地，遇星期五聚禮日，即赴清真寺參加禮拜，借機向穆斯林宣傳講演。此種場合講演，更易贏得同情，較之其他普通演講

效果要好許多。訪問團在各國清真寺講演日期及寺名摘要表列於下：

各國清真寺名稱及講演日期表

清真寺名稱	地點	聚禮演講日期	參加人數
主麻清真寺	西貢	1 月 14 日	二百餘人
克爾白天房	麥加	2 月 18 日	六萬餘人
雷發耶清真寺	開羅	3 月 11 日	三千餘人
王宮清真寺	開羅	3 月 18 日	二餘人千
歐斯曼清真寺	波賽	5 月 13 日	一千餘人
葉哈牙清真寺	貝魯特	5 月 20 日	六百餘人
問迷亞清真寺	大馬士革	5 月 27 日	萬餘人
木阿札木清真寺	巴格達	6 月 30 日	七百餘人
遜尼清真寺	德黑蘭	6 月 17 日	三千餘人
主麻清真寺	孟買	7 月 8 日	三百餘人
巴德沙海清真寺	拉胡爾	7 月 15 日	一千八百餘人
那克答清真寺	加爾各答	7 月 22 日	千餘人
在克雷葉清真寺	孟買	8 月 5 日	八百餘人
哈智伯拉木清真寺	安哥拉	11 月 4 日	三百餘人
蘇丹愛哈麥得清真寺	伊斯坦堡	11 月 18 日	千餘人
安住曼清真寺	西貢	12 月 30 日	三百餘人

各國歡迎大會茶會及宴會之宣傳。訪問團所到各地，均由當地社會賢達或政府要員，召集民眾，召開歡迎大會，由訪問團成員演講，聽眾從百人至數千人不等，各國有地位之社會賢達也特設茶會或宴會招待訪問團，即席與賓客分別談話，並作短時間之演說。此種場合，參加者既多為各界知識階級與當地有影響之人物，故宣傳效果甚好，訪問團在各國所參加各種聚會分別列表於下：

各國歡迎大會演講

召集單位	日期	地點	演講主題
埃及華僑會及留學生會	3 月 11 日	埃及開羅	中國抗戰必勝論
埃及回教青年協會	3 月 16 日	開羅	本團訪問之宗旨與中國抗戰之意義
埃及正道會	3 月 25 日	開羅	中國回民參加抗戰之目的
埃及婦女協會	4 月 2 日	開羅	中國回教婦女革命運動
亞歷山大回教青年會	4 月 24 日	亞歷山大	中國回民與全民抗戰

伯魯特回教會及回教大學	5月18日	黎巴嫩伯魯特	中國回教
阿拉伯民族協會	5月26日	敘利亞大馬士革	中國回教與本團訪問之使命
穆民青年會	5月30日	大馬士革	中國回教青年革命運動
伊拉克回教青年會	6月8日	伊拉克巴格達	中國抗戰與亞洲和平
伊朗回教學會	6月17日	伊朗德黑蘭	中國回民與抗日戰爭
孟買回民黨	7月8日	印度孟買	本團訪問使命及中國回民抗戰
拉胡爾回民黨	7月14日	印度拉胡爾	抗戰中中國回民的呼聲
拉克諾回民黨	7月17日	印度拉克諾	本團訪問使命與中國全面抗戰
帕特納回民黨	7月20日	印度帕特納省	近百年中國回民抗戰史
中國國民黨駐印總支部及各華僑全體	7月23日	加爾各答	抗戰中政府對於僑胞的希望及中國抗戰必勝論
加埠各華僑會館及學校	7月24日	加爾各答	中國抗戰與世界和平
印度回教青年進步黨	7月25日	加爾各答	中國回民參加抗戰的目的
班各爾省回民黨	7月26日	加爾各答	本團訪問使命與抗戰中的中國回民
伊斯坦堡大學同學會	10月26日	土耳其伊斯坦堡	中國回民抗戰與中土兩國的關係

　　訪問團在訪問期間，對於各地新聞記者及僑居之各國學生，多方聯絡。訪問團每至一地，即招開新聞記者會，或邀僑居之各國青年舉行座談會，討論中、日問題，闡揚我國抗戰意義及抗戰必勝之理由，以此贏得當地新聞輿論支持。

印發宣傳品。中東各國民眾及官方大多使用阿拉伯文、土耳其文、波斯文，同時法文及英文使用也比較普遍。訪問團成員對於此數種文字，各有專攻，如王曾善在土耳其留學多年，精通土耳其文，王世明精通阿拉伯文，薛文波、張兆理、馬天英等精通英文或法文。訪問期間各種文字演講稿寫作，均由團員分別負責完成。沿途曾以阿拉伯文、土耳其文、英文刊印《中國回教近東訪問團告世界回民書》宣傳冊，隨地散發，內容大致如下：

1. 本團向世界回教民眾致敬
2. 中國之回教
3. 日本對於中國之侵略
4. 中國之抵抗
5. 中國回民之參加抗戰與犧牲
6. 我們的希望

揭露東京清真寺開幕典禮之黑幕。日本政府以其欺騙穆斯林世界之一貫伎倆，在東京建有清真寺一所，招聘土耳其流亡日本的古魯邦阿里（Kurbanal）、阿不都·來師得·伊布拉希木（Abdul-Reshid Ibrahim）等主持寺政，開設穆斯林學校，翻譯伊斯蘭教經典，同時向近東各國宣傳日本政府保護並提倡伊斯蘭教，請求世界伊斯蘭教各國對日本之親善，而減少其對中國之同情。東京清真寺修成後，於 1938 年 5 月 12 日舉行落成開幕禮，日本政府遍請各中東國政府派遣代表前往東京參加，以壯聲勢。訪問團抵達埃及後，聞此消息，於 4 月 10 日以阿拉伯文寫成《中國回教近東訪問團為東京建築清真寺開幕典禮告世界回民書》，寄往中東各國政府、私人及各種團體，揭露東京清真寺建築之陰謀及開幕禮之黑幕，希望各國政府不要派代表前往。訪問團於 4 月 11 日草擬《關於報告東京清真寺開幕致國內回民各團體函稿》，以航空快函報告國民黨中央宣傳部及國內各回族團體，請設法予以打壓。

《中國回教近東訪問團為東京建築清真寺開幕典禮告世界回民書》
（原文為阿拉伯文）

先生有道：謹以安拉之大慈大悲祝君平安，敝團聞日本帝國主義者之首都東京，新建清真寺一所，行將舉行開幕典禮，並邀世界各回教國派遣代表蒞日本參加，敝團同人以回民之資格對於此事有不能已於言者，頗為我親愛同教一告，幸垂察焉。

日本全國人民，素奉佛教，對於佛教之信奉，保守極嚴，任何

其他宗教思想不易動其固有之信仰。日本人過去並無信回教者，而今雖有入教之人，但其入教動機，實含有政府背景，此為盡人皆知者。

夫伊斯蘭者和平之宗教也，其教義為揚善除惡，博愛和平，維護正義，抑強扶弱。古蘭經云「凡屬穆民皆為弟兄」，又云「爾等與真主前最貴者為有德者」，穆聖云「阿拉伯人不貴於非阿拉伯人，唯有德者乃貴」。依此真經聖諭之昭示，證明伊斯蘭教之於自由、和平、道德何等重視。唯近世之帝國主義者，乃大反斯道，蓋彼等為橫行強霸，欺小凌弱，剝奪弱小民族之自由獨立，分化離間，愚弄利用，無所不用其極。而日本更為帝國主義中之最毒者，觀其近年之行動，假我聖神純潔之回教，為其利用。而向回教世界之政治經濟各方面已試伸其魔手矣。

最使吾人怪異者，為東京新建清真寺之落成，敦請各回教國代表赴日參加開幕典禮之一事，此中內幕亦為吾人所欲奉告於諸公者。自日本人對我中國開始侵略戰爭以來，中國回教人民橫遭日人之屠殺，回教文化機關及回民學校完全遭受日人之摧殘，而其對於中國各地之清真寺，更肆意轟炸焚毀，為數至多。請問日本聲言愛好伊斯蘭，而建造東京清真寺之真意究屬何在，而其對於中國回民之暴行，又有何說耶！更使吾人不可忽視者，為回教之在日本，至今猶未得其政府法律上承認是也。距今十餘年前，旅日印度回教人士，曾籌資建立清真寺一所於神戶，工竣開幕之時，日本政府非但不承認該清真寺在法律上應受之保護，且於平時之禮拜聚會時加阻撓，至今該寺仍以普通人民會所之名義存在，既無回教寺院特殊之表徵，更無神聖莊嚴之氣象，各國回教人士對於此事之經過，當未忘懷，亦當永致憤慨者也。

日本所稱愛好伊斯蘭宗教及愛好伊斯蘭教民者，確為其施用於吾人之麻醉劑也。敝團同仁敬希我親愛之同教，對於侵略者帝國主義之用意，深加考慮。若以日人對於中國回教人民所施之毒辣加以考察，日人之用心及奸詐，自可大為明瞭矣，余等願以赤誠忠實之心情向諸公聲明，請求對於日本此次之虛偽敦請，萬勿參加或派遣代表，以免受其蒙蔽與欺騙也。茲埃及政府已接受敝團之申請，絕

不派遣代表前往東京，以示同情中國回民而暴露日本之欺詐與陰謀………

　　區區之意，尚祈鑒察，敬祝健康！

中國回教近東訪問團敬啟
1938 年 4 月 1 日於開羅

關於報告東京清真寺開幕致國內回民各團體函稿

　　敬啟者：頃在埃及聞悉日本將於本年 5 月 12 日，舉行東京清真寺落成典禮，約請世界各回教國政府及名人參加，並已得有各國之同意等情。查日本乃以佛教為中心之國家，間有信仰回教者，亦莫不有政治作用，此乃明顯之事實。而今建築清真寺，藉以籠絡世界回教感情。用意所在，昭然若揭。唯敵方將有荒謬宣傳，必將於我國以不利。本團有鑑於此，以為對於行將前往參加之各地回教人士急應設法阻止，務使彼奸計不售而以免聖教受有玷污。茲就本團所見，我國回教各團體可就下列各點，從事宣傳，予以打擊：

　　（一）日本乃以佛教為中心之國家，今以政府之力量建築清真寺已失去宗教之本來意義，而有重大政治作用。

　　（二）回教各國久受帝國主義之壓迫，信仰回教者多已淪為弱小民族，日本乃帝國主義之尤者，今之建築寺院，實欲藉宗教感情為獨霸東亞及侵略弱小民族之張本。

　　（三）回教為具有和平意義之宗教，使世界上人類成為兄弟而不成為仇敵，豈有以殺人放火為嗜好之國家，而對於與其嗜好相反之宗教回教有誠意者。

　　（四）日本為建築一有政治性之清真寺，而如此借題發揮，殊不知中國有多少清真寺被其轟炸焚毀或變為軍營。日本以宗教感情聯絡世界回民，殊不知中國已有五千萬回民（民國一些報刊報導中國有五千萬穆斯林，實際數量前文有交代——作者注），正受其威脅與屠殺。

　　日本欲圖掩蓋天下人耳目，實以回教為無人。言念及此，痛憤殊深，我國為利害關係及宗教立場，似應即為揭穿方為應盡之職責。

除已由本團通函各國回教人士說明真相，勸止其參加外，相應函請貴會在國內加以宣傳，並廣籌破壞之辦法為荷。

1938 年 4 月 11 日〔註3〕

二、訪問團所取得之效果

據訪問團成員記錄，所訪問各國人民，對於我國存有二種心理：第一，景仰我國地大物博，知為歷史悠久之文明古國；第二是懷疑隔閡，訪問團所到之地，一些知識階層亦有詢問我國係何國體，皇帝是何稱號，國都設於何地。其所獲得關於我國知識大多來自於西方學者民國以前所寫著作，內容過時，甚或有污蔑言辭，中東各國人民因受此種著述影響，對我國印象為男子留辮、女子纏足、吸食鴉片、懶惰成性等。由於我國與中東各國長期隔絕，消息阻塞，也與日本對我反宣傳有關。經過訪問團大量宣傳工作及與社會各界人士廣泛接觸，取得一定成效，主要表現在以下幾方面：

一、改正中東各國人民對中國固有偏見。訪問團到達各國，隨時宣傳我國抗戰與現代建設之進步，各國人民因之多已消除以前對我之隔閡與鄙視心理，日本在中東國家所進行的不利於我國之宣傳，亦得到改正。各國人士亦皆明瞭日本人之慌言欺騙及用心之毒狠。

二、輿論改正。在訪問團到達以前，各國報紙因受日方宣傳，常刊登一些混淆視聽、不利於我國抗戰的虛假新聞。自訪問團與各國主要報館取得聯繫後，各國新聞界，已能辨別是非，明瞭我國抗戰之意義，開始刊載有利於我國之消息。

三、同情我國抗爭。日本侵略我國以後，近東各國因不明原委，多所揣測，有謂中日同為亞洲人不應互相殘殺，更有說為我國不應該挑起戰端者。經訪問團多方宣傳，日本侵略之真相，圖謀吞併亞洲之野心，看到日軍在中國焚燒、殺戮、轟炸等圖片，各國新聞界開始明瞭中國抗戰之真正原因，始知日本對於我國實施侵略政策之真相，對我國爭取民族獨立，維護正義、和平而發動之全民抗戰，而深表同情。更加希望我國堅持抗戰到底，並相信和平、正義勢必戰勝暴力強權。

〔註3〕王曾善：《中國回教近東訪問團總報告書》，中國文化服務社，1943 年 9 月初版。

四、抵制日貨。中東各國，工業基礎落後，早已成為日本貨物傾銷對象。日貨價值低廉，銷路甚廣，雖窮鄉僻壞亦多發現。訪問團所到之處，以宗教之感情，要求各地民眾遵奉伊斯蘭教扶弱抑強之正義，抵制日貨。此種要求頗獲同情，各國或由私人發起，或由團體提倡，對日經濟制裁，間接援助中國。許多穆斯林民眾在清真寺參加星期五聚禮聆聽訪問團講演以後，一致起立以宗教儀式，宣誓不買日貨，有人甚至有將手持日本製造摺扇及身穿日貨衣服當場撕毀，以表示其態度之堅決。日貨在中東各國市場之銷售大受打擊。

五、捐助醫藥。各國人士，對我戰場受傷士兵及難民異常關心，自動發起捐募藥品、紗棉者居多，埃及世界回教青年會及婦女協會等團體，於 1938 年 9 月共捐藥品 20 大箱，寄到漢口。印度派來我國之醫療救護隊帶來印度穆斯林所捐助之款項。

六、各國名將及青年要求介紹前來我國參加抗戰。訪問團在埃及宣傳時，有該國青年多人聞悉日軍侵略我國之殘暴、中國同胞流血殺敵之壯烈、清真寺被敵炸毀之慘狀，莫不義憤填膺，來到訪問團住所或我國駐埃及領事館，請求介紹前來我國，組建穆斯林義勇軍，參加抗戰。訪問團礙於職權，當即婉言謝絕。

七、成立中埃文化協會。訪問團抵達埃及後，深得各界人士歡迎及協助，世界回教青年會會長及愛資哈爾大學校長等多人提倡設立中埃文化協會，以溝通中埃兩國之文化，在埃及開羅與中國首都各設分會，共同推進中埃文化合作事業。開羅之會已於 1938 年 4 月 20 日借世界回教青年會開會之際成立，參加者除埃及各方面之發起人及訪問團全體成員外，並有我國駐開羅領事邱祖銘，我國留學埃及學生及當地新聞記者參加，會議通過《中埃文化協會簡章》，中國留埃學生部部長沙國珍及中國留埃法魯克學生團團長龐士謙等 4 人被選為理事，馬堅為書記長。

八、揭露日本在近東各國之活動。日人對於穆斯林世界早已注意，在中東各穆斯林國的活動，已有二三十年歷史，除已遍設大使館、公使館或領事館外，各大城市均有商業機關之設置。其使領館及商業機關，往往狼狽為奸，互為表裏，舉凡一切宣傳、偵探、收集情報之工作，無不全力以赴。日本政府在中東各國，派有留學生寄居人家而不入學校，專門學習語言，並考察所在國家之風俗習慣。日本駐各國使領館及商業機關之下級職員，多以留學生充任。日本以阿拉伯文及土耳其文發行的刊物，印刷精美，色彩鮮明，內容

除介紹日本國情文物而外，即宣傳日本與伊斯蘭教之關係，刊載種種不利我國之言論。造謠煽惑，離間分化之伎倆，無所不用其極。此外派遣浪人冒充穆斯林，肆意造謠，以減少中東各國人民對於我國之好感與同情。

三、寫給國民政政府的幾點建議

訪問團於 1939 年春回國後，該團體即完成使命隨即解散，5 位成員或回原單位工作，或往他處，訪問期間由薛文波記錄每天行程及主要活動，最後形成《中國回教近東訪問團日記》，王曾善執筆撰寫了《中國回教近東訪問團總結報告》，報國民政府有關部門。之後在中國回教救國協會支持及王農村協助下，王曾善將日記及報告整理妥當，準備印刷出版，不料 1940 年在敵機空襲中書稿全部被毀，王曾善從廢墟中找出原稿，逐頁拼對，已欠完整，經設法搜羅補充，基本補齊，交中國文化服務社印，於 1943 年印刷出版。

同時王曾善對本次訪問工作進行總結，就加強與中東國家建立有效聯繫，提出幾點建議，報呈國民政府。

一、擬請遵從總理遺教，迅速與近東各國成立友好關係並互派使領

近東回教各國，除土耳其、埃及兩國外，僅有伊朗國與我國訂有友好條約，伊朗前曾派遣領事來華，駐滬三年，遂將領事撤回，與伊朗之關係從此中斷。自今言之，近東各國多無我國使領，政治上之溝通聯絡，幾成隔絕之狀，至為憾事。本團此次所至各國，其政府人民對我同情，發於內心，實為真正以平等待我之民族。竊以我政府急應遵照總理遺教，切實聯合分別進行，訂定友好條約，由我方先行派遣使領，藉收近東國際間在外交方面援助我國，增我聲勢之效。

二、請充實近東各國已設立之使領館

我國在土耳其設有公使館，由賀大使耀祖前往設館，職員十餘人，工作緊張，館務極有表現，在土國方面印象甚佳。及賀大使回國，使節虛懸，迄未繼派，館內職員，只餘三人。以土耳其之新興國家，為舉世所重視，乃我公使館中只餘三人，求其處理日常館務，已屬不易，至對各方之交際宣傳，更屬無暇顧及。駐埃及領事館只有領事一人，景況寥落，更為甚焉。為使駐土、埃二國使領館增加效率，發展館務計，似宜請外交部對於駐土、埃領館人員加以充實。

三、請培植回教外交人才以利近東外交

外交人才，本無庸有宗教之分，不過近東國家，多信回教，其國情民俗與歐美大不相同，即以阿拉伯一國而言，宗教色彩，非常濃厚，非信奉回教之人，不得入其國都，英、法各國使領，俱須駐其海口吉達，遇事接洽，周折頗多。若蘇聯、土耳其、埃及以及各回教國駐阿使節，均係選派信奉回教之人，可以自由出入麥加國都，聯絡接洽異常便利，與其政府人物往來，可以毫無隔閡，有如兄弟。阿拉伯以外之近東各國，對於信教界限，雖非如此嚴格，但對同教之人，則甚容易發生同情，故我國欲建立近東各國外交關係，必須注意此點，擬請外交部選擇回教相當人才，或在部中任以職務加以訓練，或派充駐外使領館職員，使其學習，俾可培植回教外交人才，以備將來在近東各國外交上之需要。

四、漢志及新疆旅外僑民之安無保護

回民遵奉教條，例須每人一生至少必往阿拉伯京城麥加朝覲聖地一次，即回教年會也。回教稱朝覲之人為「漢志」。我國回民，每年前往麥加朝覲者為數甚多，大多去自陝、甘、寧、青、新、滇各邊省，內地回民之前往者，為數較少。民國二十七年度，我國之漢志約七、八千人，除少數內地各省回民外，餘均為新疆人，彼等大多未曾讀書，除操新疆回語（指維吾爾語）而外，不通任何語言，遠至異國，無人保護，諸感不便，甚至有金錢用盡，流落於外者，非特情狀可憫，實屬有玷國體。尤覺痛心者，即新疆旅外僑民，均因不明國情多所懷疑，難免有離心離德之表示，影響所及，恐較日本人之宣傳更易獲得外國人民之聽信，前途實不堪設想。本團目睹斯狀，心滋危懼，擬請在我國與阿拉伯未行通好派領以前，應於每年回教年會期間，派人前往麥加，保護我國朝覲之人，並安慰新疆僑民，以示德意，而增加其國家觀念。

五、請設立近東文化協會、出版回文刊物、繼續作聯絡宣傳之工作

本團訪問工作，為時甚短，雖已將我國與近東各國間之關係扞通，設不藉此繼續努力作聯絡之工作，則其時效必不能保持長久。茲為繼續對近東各國作聯絡宣傳之工作起見，擬請設立近東文化協

會，編印阿拉伯文、土耳其文刊物，以溝通我國與近東各國間之文化，介紹我國國情，及宣傳抗戰實況，庶使訪問效果，不因時間而中歇，至東西交通，更可藉文化之聯絡而日進。

六、派遣留學生

人才之儲備，為國家要政之一，我國欲與近東各國間之關係日臻密切，必先明瞭其政治、國情、語言文字、風俗習慣，如此非未雨綢繆，先事人才之儲備不易為功。觀夫敵國日本數十年來，每年派有學生留學埃及、土耳其、敘利亞、伊朗、阿富汗及印度等國，以此日本政府不時對於近東國際間之政治工作，選有專才，負責辦理，而與近東各國間一切事務之明晰與應付，亦了若指掌，措置裕如。反觀我國，則對於此點，向未注意，時至今日，急起直追，尚未為晚。擬請教育部考選國內學校回教優秀青年，派往近東各國留學，以為將來我國與近東各國間事務人才之預備。

七、供給消息及新聞材料與近東各國報館

抗戰建國，極重宣傳，而國外宣傳，尤為重要。本團所訪各國報館，無不切望我國隨時供給消息及新聞材料以使刊布，代我宣傳。擬請中央宣傳部轉令中央通訊社及國際宣傳處按期郵寄外國文字之稿件予近東各國報館，若能譯為阿拉伯文、土耳其文再行寄往，尤為適宜，至各國報館之名稱地址，本團可隨時供給之。

八、阿拉伯文播音

我國向國際間之廣播宣傳，收效甚宏，惟對近東回教各國之廣播，尚付闕如。擬請中央宣傳部國際宣傳處加添阿拉伯文播音，以便近東各國之收聽與消息之快捷傳達，而增加國際宣傳之效果。

中國回教近東訪問團團長　王曾善
團員：馬天英、薛文波、張兆理、王世明
中華民國二十八年五月一日〔註4〕

〔註4〕王曾善：《中國回教近東訪問團總報告書》，中國文化服務社，1943 年 9 月初版。

第三節　中華民國回教朝覲團與南洋訪問團

　　中華民國朝覲團是由我國留埃學生所組成，該團的一項重要使命便是監視日偽組織「中國回教總聯合會總部」下設的「華北回教總聯合會」所派朝覲團的一切活動。1938 年底，中國回教救國協會接到密報，日本扶植的華北回教總聯合會決定派遣唐易塵等五人赴麥加朝覲，當時中國回教救國協會致電駐開羅領事館並轉留埃學生，要求他們組織「中華民國回教朝覲團」，就近前往麥加，進行宣傳活動。當時埃及尚有 28 名中國回族留學生，接到密電以後，於 1938 年 12 月 23 日從開羅啟程，以龐士謙、馬堅為領隊，並擬定宣傳要點，與西北回教同胞朝覲團匯合，共同行動。他們將日偽回教朝覲團引來與他們同住，以便於監視其行動，偽回教朝覲團承認他們受日方指使。謁見沙特國王時，中華民國朝覲團要求唐易塵等一同前往，但一切行動必須聽從中華民國朝覲團的安排，擬贈送沙特國王的禮物也必須以國民政府名義呈獻。最後偽回教朝覲團乘興而來，敗興而歸。﹝註5﹞中華回教朝覲團成員當時用阿拉伯文撰寫一份《告世界回教同胞書》，在沙特、埃及等各大報紙發表，他們同時將中譯文寄回國內，在《月華》發表，全文如下：

　　　　日本對中國作無理之侵略，中國不得已而抗戰，以保護其領土與主權之完整，而維持世界之和平與人類之正義，凡有理性者，莫不知之。日本蠻橫之軍人在中國各地，屠殺我無辜之人民，強姦我貞潔之婦女，轟炸我文化之機關，日軍慘無人道之暴行令人聞之，肝膽俱裂，不禁為人類汗顏無地。凡關心世界新聞者，想必知之甚審，無庸重述也。

　　　　自全面抗戰開展以來，中華民族竭盡全力，以抵抗暴日之侵略，使敵人不得實現其速戰速決之夢想。抗戰十八個月之結果，中國仍保其原有之勢力，未受重大之損失。敵人所佔領者，僅有軍事上若干點線而已。何況失陷區域內，真正之優勢尚在我義勇軍掌握之中，我義勇軍時時擾亂敵人之後方，斷絕其糧秣之運輸，且趁機奪取其軍火，焚毀輜重，使敵人疲於奔命，將有用之兵力，虛糜於局部之衝突。自我國實行此種新式戰略後，遠東局勢為之大變，我國最後勝利之信念，由此而愈篤；敵人恐遭慘敗之畏懼，亦有此而

﹝註5﹞孫繩武：《抗戰以來回教同胞的國民外交》，《回教論壇》（重慶版）1939 年第 2 卷第 12 期。

愈甚。

日本帝國主義者欲以誘惑手段，分化我前方之將士，離間我後方之民眾。然敵人鬼蜮之伎倆迄未得逞。蓋我國各民族早已覺醒，深知欲獲得民族之自由平等，必須精誠團結，一致擁護中央，抵抗日本。中國回民抗日之熱情，尤為激昂。論者謂中國回民素以忠勇剛毅著稱於世，再受回教勸善懲惡反抗侵略之教訓，故能發揮其偉大之精神。

自中日戰爭爆發後，中國回民各政治領袖及中國回教宗教的、文化的、慈善的各團體之代表人物，立刻組織中國回教救國協會，選舉總參謀長兼軍訓委員會委員長、桂林行轅主任白崇禧將軍為理事長，在我最高統帥蔣委員長指導之下，以種種之方法，贊助國民政府，抵抗日本之侵略。該會已呈准政府，於中央軍官學校廣西分校，特設回教班，精選中國回教青年一千名，加以軍事上之訓練及宗教上之陶冶，以造就抗日軍隊之軍官。去年該會又派中國回教近東訪問團，至回教各國，以謀中國回教與世界回教徒間相互之瞭解，並增進回教教胞間天然之友誼。最近該會又呈請中央政府，資助中國回教留埃全體學生，俾得朝覲回教之聖地，以完成宗教上之義務。該會種種偉大之工作已引起敵人之怨恨，故近來敵人專向我回民施行其毒辣之手段，屢次派遣轟炸機至廣西省城桂林，投燃燒彈於回民區域，將清真寺四所變成廢墟。繼後又派轟炸機至陝西省城西安，轟炸回教區域，將清真寺四所完全炸毀。此四寺創建於阿巴斯王朝之初期，為中國最古之清真寺，同時亦為我回教最寶貴之古蹟，一旦之間，為日機所毀，實屬可惜。敵機轟炸西安回教區域之日，適值回教禮祀會禮節，我整千整萬之回教教胞群集於西安各清真寺，舉行會禮。故死於敵人炸彈之下者甚眾，此更令人痛恨者也。

自敵機轟炸南北各清真寺後，中國五千萬回民反日之熱情達於極點，國仇教仇深入我回民之內心，牢不可破，無論男女老幼，均認日本帝國主義者，為中國回民不共戴天之仇人，願為祖國與聖教而犧牲最後一滴鮮血，以獲得殉國之光榮，與衛教之果報。由回民組成之軍隊，已達百萬之眾，且有最新式之武器。中國回民志願達

背大眾之旨意，而投降敵人者，僅有極少數之下流人，在全國回民之眼光中，毫無人格可言，此輩所組織之團體，僅為侵略者掌握之玩具而已。

　　回教之文化團體與宗教學校及慈善機關，早已遷至後方，不但繼續其平常之工作，並且加倍努力，從事於回教文化之宣傳與回教教義之發揚。我國民政府對於國內各民族，本一視同仁，毫無軒輊，此次對於我忠勇愛國之回民，尤為扶助。最近國民政府教育部，已決於國立三所大學中設阿拉伯文與回教文化之講座，此必為我回教世界所樂聞者也。

　　自去年東京清真寺舉行落成典禮後，不知者以為日本人有奉回教者，殊不知日本乃一佛教國家，日本人改奉回教者，為數極少。即此少數之日人，亦非因認識回教之真義，而信奉回教者也。此輩之行為與其說是宗教的，無寧說是政治的與商業的。……去年日本政府新建清真寺於東京，其目的在欺騙全世界之回教教胞，而粉飾其愛護回教與親善回民之宣傳。

　　中國回民對於中日戰爭，究竟抱何態度？日軍如何屠殺中國回民？如何強姦回民婦女？如何炸毀中國之清真寺？想我回教教胞已徹底瞭解矣。吾人所期望與諸君者，在竭諸君之能力，對於敵國之抗戰，作精神上與物質上之贊助，則吾人故銘感五衷，即安拉亦將有以厚報諸君之功德也。〔註6〕

中華回教朝覲團圓滿完成任務，回到埃及以後，向中國回教救國協會報告了與日偽朝覲團鬥爭及向阿拉伯各國宣傳我抗戰之決心經過，國內回族一些刊物也進行報導，據《月華》報導：「此次朝覲團大揭敵寇之陰私，申明中國回民已有統一組織……，正國際之視聽，破日寇之謠啄，此種收穫，實值得吾人大書而特書者也」〔註7〕。據唐易塵在《麥加朝覲》一文記載，1938年底，日本控制的回族社團組織中國回教總聯合會派遣委員劉德潤、總務部長唐易塵、顧問馬良璞以及蒙疆兩位阿訇，一位是綏遠清真寺的張英阿訇，另一位是薩拉齊清真寺阿訇蘇瑞祥。他們原擬搭乘英國郵輪前往，因當時英

〔註6〕《告世界回教同胞書》，《月華》第11卷第4～6期，1939年2月25日出版。
〔註7〕《中國回教朝覲團之收穫》，《月華》第11卷第4～6期，1939年2月25日出版。

日關係緊張，被拒簽。1939 年 1 月 4 日，他們乘意大利唐特羅索號郵輪，至阿比西尼亞（埃塞俄比亞）的瑪撒窪，然後換船至準德（吉達港），再乘汽車前往麥加朝覲。到達麥加以後，「華人領朝人住所有埃及留學生 28 人，皆奉國民政府令，同艾沙、馬賦良以十萬路費來朝覲者」。2 月 4 日早 11 時，覲見國王，送中國禮品數件，將送埃及國王禮品，交龐士謙阿訇帶往開羅。5 日與愛資哈爾大學留學生一同乘車返回準德，14 日，馬堅等留學生從準德回開羅，晚上艾沙、馬賦良二人來訪，艾沙談「中國回族應自覺、自立，愛我回民者友之，仇我回民者敵之」。唐易塵忠實記錄了朝覲細節，這裡艾沙與日偽派遣朝覲團人員的談話，實際上在暗示他們要分清敵友，不要做日本人的傀儡。唐易塵在麥加看到許多新疆籍穆斯林商販，經打聽才知他們原為馬仲英部下，有 3 萬人之多。〔註8〕

　　1939 年底中國回教救國協會在重慶組織赴南洋訪問團，馬天英任團長，他們到緬甸、新加坡、馬來西亞等地宣傳中國人民抗日鬥爭，博得中外人士的極大支持與同情，共募集到捐款 35.2 萬元，其中吉隆坡僑胞陳永先生捐助國幣 12.45 萬元，同時還募捐到大批醫藥用品，特別得到華僑大量無私捐助。救國協會決定用該款在重慶創辦一所醫院，命名為永濟醫院，於 1940 年 9 月開始籌備，兩個月以後門診部先行開業，為難民及抗戰家屬服務。「中國回教救國協會遷渝以來，力求事業的發展，所表現於宣傳、教育和救濟方面的工作尤著。關於醫院設備，過去因限於財力，未能舉辦，最近該會理事馬天英先生前往南洋宣傳，博得南洋人士對我抗戰廣泛的同情，特別引起了南洋僑胞對祖國的關切。僑胞陳永先生因鑒於醫藥設備在戰時有特殊的重要性，特捐國幣 10 餘萬元，協助中國回教救國協會開辦醫院於戰時首都，救護傷病難民，並增加市民就醫的便利，聞回教救國協會已接受陳先生的美意，並推沈理事成章為『永濟醫院』籌備主任⋯⋯，永濟醫院的設立，其始於馬天英先生的宣傳，而成功的關鍵在於陳永先生的贊助。」〔註9〕1941 年 8 月 7 日，成立永濟醫院董事會，白崇禧任董事長，唐柯三為副董事長，陳永先生為名譽董事長，聘請馬天英、孫繩武、王曾善、馬宗融等 14 人為董事，聘請沈成章為院長。

　　中國回教救國協會除走出去開展國民外交活動以外，還加強與國內國

〔註 8〕唐易塵：《麥加朝覲》，《震宗報月刊》1939 年第 5 卷第 5 期。
〔註 9〕《紀念「八一三」三週年》，《回教論壇》1940 年第 4 卷第 3～4 期。

際社會組織的聯繫。當時重慶有許多國際性社團組織，如世界反侵略大會中國分會、中英文化協會、中美文化協會、中蘇文化協會等，救國協會與這些社團建立經常性聯絡，共同招待外賓。與留埃學生取得聯繫，定期給他們提供宣傳材料，向不同國籍教師、留學生宣傳中國抗戰意義。向外交部建議，在沙特阿拉伯吉達設立領事館，為中國穆斯林朝覲團服務，被外交部採納以後，1940 年春領事館成立，派成達師範學校留學埃及畢業生王世明為領事。

「查日本年來，出鉅資刊行日、阿、英書報及其他刊物，寄發各國，收效及宏，此次中日戰爭，一般回教國家，對我瞭解遠不及對日之深。」1940年 2 月，在埃及留學的龐士謙、海維諒向中國回教救國協會去函，報告敵人在近東活動狀況：

> 為報告在埃日寇前往汗志朝覲並敵人在埃活動事。竊自歐戰爆發，歐洲列強方將致力於戰爭，無暇他顧，向受列強壓迫之各近東回教國家，睹良機將至，皆思有所動作，復以蘇俄野心弗測，其鄰邦土伊，勢當其衝，諸回教國家處於今日，知非彼此團結一致，以禦外侮不可，故歐戰爆發之初，曾一度醞釀召開近東回教國家大會。最近此間人士對回教統一運動倡導頗力，今歲朝覲之期，諸回教國家人士，對此運動的推進，或有所商討也。埃大求學之日寇歐麥爾等三數人，趁機已前往朝覲，其目的所在，不難測知，彼等在汗志對世界回教人士，將施以哄騙誘惑之宣傳，俾遂其利用世界回教之陰謀，乃意中事。惜我在埃同學以經濟能力薄弱，故沒能跟蹤前往，窺其動作，毀其陰謀，而任其直接盜取回教國際同情，間接予我抗戰以不利，甚以為憾。

> 鈞會亦迭次呈請中央派員朝覲，卒未獲批，致失此聯絡回教世界之機會，良可惜也！再日寇在埃，近來甚見活動，敵方在此間已正式邀請埃及政府選派商務考察團赴日考察，一切費用由日方供給，大約不久即可出發。聞愛大前曾有意派遣教師至東京、神戶各地宣揚回教，今默隱無聞，原因日方聲稱愛大一日收留中國學生，則日政府決難正式與其發生關係。推測日方之意，在求愛大驅逐校內求學之全體中國學生後，方能正式與愛大發生宗教關係，然埃及政府及愛大尚無明確之表示。職等在埃之宣傳工作，雖以歐戰影響

所及，有礙順利進行，但得力時決不輕易放過任何機會也，謹此上
聞。

此呈

中國回教救國協會職

　　　　龐士謙　海維諒同謹呈　二十九年二月四日〔註10〕

　　1939 年前後，國民政府為了應對日本「回教利用政策」，以遏制其侵略之
野心，曾致函回教救國協會草擬一份計劃大綱，準備成立中阿文化協會。救
國協會接到函以後，即刻召開常務理事會討論，認為中阿文化協會名稱似有
不妥，並與有關部門接洽，決定用「中伊文化協會」名稱。救國協會指定王
曾善、馬天英、馬宗融、王農村五位理事具體籌備中伊文化協會。回教救國
協會很快草擬《聯絡回教世界計劃大綱草案》，內容包括：聯絡埃及回教青年
會；成立中埃文化協進會中國分會；除埃及、土耳其有中國留學生以外，再
向伊朗、印度、敘利亞諸國派遣留學生，或互相交換派送；建議在回教文化
研究會的基礎上，聯絡世界回教名人，在埃及發起組織伊斯蘭文化協會，然
後在各國成立分、支、區會；發行中、阿、英文刊物，「俾使世界教胞，對中
國得有深刻之印象」；聯絡世界伊斯蘭刊物界；利用朝覲機會為世界回教之聯
絡與宣傳等內容。薛文波專門草擬一份《關於聯絡回教世界意見書》，交由救
國協會討論，提出「樹立國民外交之基礎，此為本會目前切要之工作也。文
波曾參加中國回教近東訪問團，時逾一年，躬歷九國，關於各回教國情，略
知梗概，誠以欲與回教世界取得聯絡，亟應實施下列數項。」薛文波所提幾
項辦法與《聯絡回教世界計劃大綱草案》內容大體一致。

〔註10〕《敵在近東活動近況》，《中國回教救國協會會刊》，1940 年第 1 卷第 10 期。

第十四章　近代回族文化運動價值分析

　　19世紀末、20世紀初是中國社會轉型時期，回族作為中華民族的主要組成部分，也置身於這一歷史大轉型期，他們感同身受著維新變法、革新圖強的歷史大語境，一大批回族知識精英不僅投身到中華民族救亡圖存的大潮中，而且以自己的文化思考、探索本民族的社會與文化發展。不論是傳統的宗教權威人士、知識精英，還是在軍政界任職的回族高層官員，甚至一般回族群眾，革新發展成為他們的共識和追求，並在思想上形成高度統一，產生一種文化自覺，這在回族歷史上是絕無僅有的。他們合力組建社團、創辦報刊，發展回族教育等，其活動與中國社會革新圖強這一世紀主題一脈相承。他們的創新思想及其社會實踐是近代中國社會歷史變遷的主要組成部分〔註1〕。

第一節　近代回族精英群體的「文化自覺」

　　近代回族精英階層的文化自覺與回族民間社會的合力共振成為推動回族社會轉型的主體。他們洞察世界發展大勢，站在整個中國社會轉型的高度來思考民族的發展，從而掀起回族社會的文化運動，極大地推進了回族社會從傳統向近代轉型、強化了近代回族國家認同意識。正如費孝通先生所說：「文化自覺是指生活在一定文化中的人對其文化有『自知之明』，明白它的來歷、

─────────────

〔註1〕張嶸：《歷史的語境和動力──近代回族社會轉型的背景分析》《中南民族大學學報》2011年第3期。

形成過程、所具有的特色和它發展的趨向。」〔註2〕回族文化運動在近半個世紀中能得到持續、順利地發展，其中最主要原因是回、漢族知識精英階層的通力合作與不懈努力，在政界如白崇禧、馬鄰翼、馬福祥、唐柯三、孫繩武、王曾善、時子周、李廷弼、楊敬之、丁正熙、馬天英〔註3〕等。任何民間團體的建立或民間活動的開展如果沒有政府的合法性的支持，是很難持續發展的，正是由於政界回族精英的四處奔走、上下溝通協調，在政治層面保證了這場運動的合法性，並親自參與到回族文化運動中，在政治上尋求政府支持，降低了近現代回族社會轉型的風險，使得以順利演進。回族知識階層是最具現代意識並站在時代前沿的人，如童琮、丁竹園、陳鷺洲、馬宗融、馬堅、趙振武、傅統先、馬天英、龐士謙、白壽彝、薛文波、沙國珍、王農村、王國華等，他們大多屬於畢業於國內一些大學，剛剛步入社會的熱血青年，也有在高校任教者，有相當一部分有留學國外的經歷，他們引領著近現代回族文化運動的前進方向。同時回族文化運動作為一場意識形態領域的革命，如果失去經濟基礎，就很難順利發展。20 世紀初回族民族資本主義得到了一定程度的發展，特別在發達的東部城市，湧現出許多財力雄厚的回族企業家，如哈少甫、白亮誠、金子雲、馬晉卿、沙善餘、李廷弼等，經過數十年的經營，積累雄厚的資金，他們本人又是虔誠的穆斯林，熱心回族社會公益事業，並積極參與回族社團組建，在資助回族學生留學、南洋訪問團、創辦報刊雜誌及回族學校、刊印回族典籍方面慷慨解囊，回族文化運動走向民間層面的社會實踐正是得力於他們的大力支持。同時一批具有現代意識的阿訇在這場運動中起了重要推動作用。阿訇這一群體是回族民間社會中最具人格魅力、有一定感召力、領導力、號召力的群體，近代回族文化運動的興起、新式回族學校之所以能夠推廣，與這個群體的文化自覺有很大關係，如王浩然阿訇創辦回教京師學堂與中國回教俱進會，馬松亭阿訇創辦成達師範學校，哈德成阿訇、達浦生阿訇創辦上海伊斯蘭師範學校等。王靜齋阿訇一邊翻譯《古蘭經》，同時擔任《伊光》雜誌主編兼編輯，一個人支撐一份報刊，堅持十餘年，在動盪環境下到處漂泊，共出版 130 餘期，宣傳新思想、開啟民智。正如楊懷中先生所指出的：「近代中國穆斯林的新文化運動是由一批獻身民族與

〔註2〕費孝通：《反思、對話、文化自覺》《北京大學學報》1997 年第 3 期。
〔註3〕白崇禧為國民黨桂系實力派人物，曾任國民黨副總參謀長兼軍訓部長，抗戰結束後任國防部長。馬鄰翼曾任北洋政府教育部次長。馬福祥曾任蒙藏委員會委員長。唐柯三、孫繩武曾任蒙藏委員會委員。王曾善曾任國民黨立法院委員。

宗教，熱愛祖國，熱心教育，主張改革的知名學者、阿訇倡導推動的，新文化運動的開展又把他們推到宗教與學術的前列，他們被造就成為一代高層次文化層面上的知名學者、阿訇。」〔註4〕

第二節　促進了國家認同與中華民族認同

漢族知識階層對這場回族文化運動給予極大地關注與支持，如著名作家老舍等創作的《國家至上》話劇在全國各地巡迴成功演出，在回、漢民間社會引起強烈反響，一方面對改善回漢關係進行了正面宣傳，同時對回族民眾擺正國家與宗教關係，即必須先愛國後愛教的關係起了很好引導與示範作用，也極大地調動激發了回族民眾的愛國熱情。成達師範福德圖書館籌建過程中，得到當時許多漢族文化名流的大力支持。1937 年著名漢族學者顧頡剛教授在《回教的文化運動》一文中指出，由於「回教本身具有一種社會組織的特徵，以及一般信徒的極忠誠的宗教信仰，使得回教的各種動態不僅成為教的本身事情，而處處和我們的社會生活及國家命運發生了密切關係。因此，回教徒與非回教徒間的隔膜必須竭力打開。現在回教中的開明人士已大變從前的態度，可惜非回教徒中有此認識的還嫌太少。……縱觀這運動在三十年中的推進狀況，使我明白，這固是回教徒發展他們宗教的好辦法，實在也是真正為中華民國築好一個堅實的基礎。我們教外人的責任，是贊助他們的工作，隨處給他們以方便，好使他們把這基礎越打越堅實。」〔註5〕

顧頡剛是民國時期漢族知識群體中對回族最為關注的學者之一，儘管他將「回族文化運動」表述為「回教文化運動」，這與他所處的時代環境及日本侵華及企圖利用民族問題分裂中國有很大關係，他認為在這個特殊時期應少談民族，多談中華民族是一個統一體，1939 年他在昆明《益世報·邊疆週刊》發表《中華民族是一個》，大聲疾呼「凡是中國人都是中華民族——在中華民族之內，我們絕不能再析出什麼民族——從今以後大家應當留神使用這『民族』二字」。在文末又提出「在我們中國的歷史裏，只有民族的偉大胸懷而沒有種族的狹隘觀念。我們只有一個中華民族，而且久已有了這個中華民族！我們要逐漸消除國內各種各族的界限，但我們仍尊重人民的信仰自由和各地原有的風俗習慣。我們從以後要絕對鄭重使用『民族』二字，我們對內沒有

〔註 4〕楊懷中、余振貴：《伊斯蘭與中國文化》139 頁，寧夏人民出版社，1995 年。
〔註 5〕顧頡剛：《回教的文化運動》，《大公報》，1937 年 3 月 7 日。

什麼民族之分，對外只有一個中華民族」〔註6〕。顧先生認為，我們決不該在中華民族之外有別的稱謂，日本人假借「民族自決」的名義奪取了我們東三省，而硬造一個「滿洲國」。繼此以往，他們還想造出「大元國」和偽「回回國」。假使我們再不自覺，還踏著民國初年人民的覆轍，中了帝國主義的圈套，來談我們國內有什麼民族，眼見中華民國真要崩潰了，中華民族就要解體了。中國之內決沒有五大民族和許多小民族，中國人也沒有分為若干種族的必要，中國人民可就文化的不同，而分為三個集團，即漢文化集團，回文化集團，藏文化集團。顧先生認為滿人已經完全加入漢文化集團了，蒙古人完全加入藏文化集團了。顧先生認為這三個文化集團都沒有清楚的界限，而是互相牽連的。

顧頡剛先生這篇文章發表以後，在社會引起較大反響，各地報紙紛紛轉載，也引起學術界討論，支持顧先生觀點者有之，反對者亦有之。我們看看在這三大文化集團框架之下，顧先生如何理解「回文化集團」的？他認為「新疆的纏回固是突厥族（突厥族之移居關內的，如漢朝的南匈奴，唐朝的回紇兵，已混合在漢人裏），而內地的回人則百分之九十九都是漢人（百分之一是到內地傳教的阿拉伯人和土耳其人的後裔），除了信仰、祈禱和食物禁忌以外再沒有和漢人兩樣的地方。我走到甘肅的寧定縣（今甘肅廣河縣——筆者注）聽那邊人講，在十幾年以前這地方的人民漢和回各占半數，但到近幾年漢人數目竟減至百分之五而回民升到百分之九十五。為什麼會這樣變？就因經了一次大亂，漢人感到需要宗教信仰，相率加入回教了。這是眼前一個及清楚的例子，以今證昔，就可明白內地回民的來源。信仰自由載在中華民國的憲法上，一個漢人他願意信回教時就叫回民了。可恨一般野心分子想把回教徒曲解為回民族，以作他們獨樹一幟的張本。怪不得寧夏主席馬鴻逵先生駁斥他們道：『要是回教徒可以喚為回民族，那麼中國信佛教的人為什麼不叫做印度民族，信基督教的人為什麼不叫做猶太民族？』我們再看，穆哈默德立教完全對準現實的人生，和中國孔子之道非常相像，不過孔子專對上層說法，穆氏則上層下層無所不包。因為他們有這樣類似之點，所以回教學者的著作裏常常引用儒書中的名詞和義理，例如劉介廉著的《清真指南》，假使隨便抄出一段，教人猜測是什麼書上的話，多分要答說是宋儒的理學書的。所以就

〔註6〕顧頡剛：《中華民族是一個》，《益世報·邊疆週刊》第9期，1939年2月13日出版。

在文化上觀察，漢和回的中心思想實無大異，不過在宗教儀式上具有分別而已。」〔註7〕

關於回族與其他民族交往中，在語言、文化上互相借鑒、學習，以及其他民族改信伊斯蘭教狀況，顧先生給予如下解釋，「不看回民嗎，番地中的買賣十之八九是他們做的，回番兩方各有各的堅信的宗教，似乎很不容易相處，可是回民學會番話，善做生意，久而久之，情誼也自然浹洽。所以在喇嘛寺院區裏，縣政府要造一所小學校還辦不到，然而高大的清真寺卻興築起來了。再看，寺院區裏本來只許單身商人入境，現在也建立了一座一座的『塔窪』（村鎮）了，一班商人扶老攜幼，拖兒帶女，住進這禁地來了。更看信仰回教的人，在中國境內似乎只有纏回和漢回兩種，可是河州大東鄉的蒙民雖依舊說蒙話，卻全信了回教；青海輝南旗的蒙民也全信了回教。藏民信回教的如撒拉，在六百年前只有八個纏回進入番地，娶了番女成家，到現在已有數萬人了，嫁給他們的番女都是回教徒了。還有一件很有趣的事情，趁這機會一說。我若發問誰是漢文化的代表者，大家一定會想到孔子，那麼孔子的後裔當然是漢文化集團中的分子無疑。可是我這回走到甘肅，聽說永靖縣的孔家都做了回回；走到青海，又聽說貴德縣的孔家都做了番子。難道是他們不肖，膽敢背棄了祖先的禮教？不，他們有適應環境的要求，有信仰自由的權利，他們加入了回文化和藏文化的集團，正表示一個人不該死板地隸屬於那一種文化集團，而應當隨順了內心的愛慕和外界的需要去選擇一種最適當的文化生活著；而且各種文化也自有其相同的質素，不是絕對牴觸的。從這種種例子看來，中華民族是渾然一體，既不能用種族來分，也不必用文化來分，有極顯著的事實可以證明」。

在顧先生看來，在國難危急時刻，談民族、民族特徵、民族權利等問題顯然不合時宜，「民族」具有敏感性，主要擔心少數民族不能處理好國家認同與自我認知問題，或者有些野心家在國外勢力操縱下，打著「民族自決」的幌子下，分裂國家，影響中華民族的抗戰大業。在這種情況下，顧先生將中國人分為三個文化集團。我們先不論這篇文章立論是否成立，單就一般內容來看就有不少錯誤地方，特別是對中國穆斯林的認識存在一些誤區。如顧先生認為「內地回人百分之九十九都是漢人」，這種論斷顯然有待商榷，我

〔註 7〕顧頡剛：《中華民族是一個》《益世報・邊疆週刊》第 9 期，1939 年 2 月 13 日出版。

們不否認回族形成過程中吸納大量漢族成分,即蒙元時期隨蒙古軍西征而東來的數十萬穆斯林士兵、工匠、商人等,成為回族族源中最大一支。伊斯蘭教傳入中國一千三百多年,一致在穆斯林內部隨著人口的繁衍而不斷發展,很少主動向外傳教,回、漢聯姻而加入穆斯林的有一部分,但數量不會太大,並非如顧先生所講,內地回民是百分之一的阿拉伯、波斯傳教士在漢族中傳播伊斯蘭教的結果。另外關於寧定縣(今廣河縣)回民人口占絕大多數的原因,並非「十幾年前」馬仲英「河州事變」改變了回漢民族結構,而是歷史上早已形成的這種分布格局,今天廣河縣回族、東鄉族人口占全縣總人口97.7%。顧先生同時稱民國時期堅持「回族說」者為「野心份子」也似乎不妥;顧先生加引號引用馬鴻逵的這段話,經筆者查證,與原文有出入。更為重要的是顧先生張冠李戴,將清代回族學者馬注所著《清真指南》寫到另一位回族學者劉介廉(劉智)名下。顧先生也注意到當時甘、寧、青穆斯林文化的多樣性,「青海輝南旗蒙民也全信了回教」,可能指當時游牧於青海湖東部海晏縣的託茂人,但人數也就二千人左右。「藏民信回教如撒拉」一段也有問題。歷史上撒拉族與藏文化很少有交集,也並非是藏族信仰伊斯蘭教後成為撒拉族,學術界一般認為撒拉族是元末明初從中亞土庫曼斯坦遷入青海的一支。

我們以今天眼光去審視 80 年前顧先生的文章時,發現有一些缺陷,其實也不足為怪,因為學術在不斷發展,人們對一些問題的認識也在不斷深化,雖然顧先生在抗戰期間(1937 年 9 月～1938 年 9 月)到甘肅、青海,對西北邊疆民族進行為期一年多時間的考察,但以前接觸還是比較少,最早對北平回民有所關注,「我在北平時因注意邊疆問題而接近了回教人士,因接近回教人士而出兩期回教專號(指顧先生主編的《禹貢半月刊》第 5 卷 11 期、第 7 卷 4 期)。回教人士是不大和外界往來的。往來越少,瞭解越難,所以外界人只覺得回教的神秘。我去和他們聯絡,他們起初覺得奇怪,後來熟了,就非常的親密,凡由邊地來到北平的教中領袖,差不多全由他們介紹而認識,禹貢學會的名望竟在西北回教徒中建立起來。他們說『我們所知道的漢人只有兩個,一個是侮辱我們×××××的婁子匡,一個是好意扶助我們的顧頡剛』,因此我到西北之後,清真寺和伊斯蘭學會、新疆同鄉會都招待起來」〔註8〕。

〔註 8〕顧頡剛著:《顧頡剛自傳》87 頁,北京大學出版社,2012 年。

　　顧先生認為「邊疆本無問題，問題之起都是帝國主義者製造出來的」，先生在他的個人自傳中對「三大文化集團」又進行了闡釋，「這三種文化，藏文化是取自印度的，回文化是取於阿拉伯的，一個人可以隨著他的信仰而加入一個文化集團，不受限制。……所以發表這篇文字，希望邊民和內地人民各個放開心胸，相親相愛，同為建立新中國而努力，揚棄這種抱殘守缺的心理。這篇文章（指《中華民族是一個》）發表以後，聽人說各地報紙轉載的極多，又聽說雲南主席龍雲看了大以為然，因為他是夷族人，心理上總有『非漢族』的感覺，現在我說漢人本無此族，漢人裏不少夷族的成分，解去了這一個癥結，就覺得舒暢得多了」〔註9〕。

　　可以看出，顧先生試圖通過弱化漢族及各少數民族的民族意識，來構建中華民族的文化認同，增強中華民族凝聚力，應對日本侵略者的分化陰謀。本意是好的，但誇大了宗教的在構建中華民族命運共同體中的作用。顧先生否認國內各少數民族的存在，是不符合歷史事實的，但與國民政府當時實行的民族政策與孫中山先生倡導的「五族共和」政策是不同的。1939 年 5 月 2 日顧先生在昆明完成了另一篇文章《我為什麼要寫「中華民族是一個」》，在這篇文章中，顧先生將自己在西北考察所看到的，如 1928 年發生在甘肅的「河州事變」，1929 年甘肅臨潭回藏衝突事件給回、漢、藏民族關係造成的嚴重傷害。顧先生認為，有時兩個民族成員個人之間的糾紛，往往演變成民族之間的衝突。通過走訪調查，顧先生發現西北回民都認為自己是中國人，沒有一個人說自己是阿拉伯人或土耳其人，「可知，他們種族之間原無問題，不過被這個新傳入的帶有巫術性『民族』二字所誘惑或煽動，大家替它白拼命而已……。這是我第五次對這個問題的注意，也是最深的一次」。「自從得了這一回經驗之後，我就不敢因為自己學識淺薄而放棄了救援邊疆同胞的責任，我想帝國主義者為要達到他們瓜分我們土地的大欲望，造出這種分化我們的荒謬理論來」。如果我們不急於創造一種新理論，將這種謬論擋住，讓它漸漸深入民間，那我們的國土和人民便會被瓜分了，顧先生認為「我們所處的時代是中國有史以來最艱危的時代」。顧先生希望用自己創建「中華民族是一個」的理論來抵擋當時的「民族自決」理論，確保國家領土的完整與統一。儘管這個理論不成熟，或有許多缺陷，也被一些學者如費孝通等人的反對，但反映了特殊時期一個知識分子憂國憂民的愛國情懷。

〔註 9〕顧頡剛著：《顧頡剛自傳》96 頁，北京大學出版社，2012 年。

　　白壽彝曾師從顧頡剛先生，作為學生給老師一封信中提到，「中華民族是一個」的觀點表示敬佩，認為：「『中華民族是一個』，從中國整個的歷史上去看，的確是如此，而在此非常時代，從各方面抗戰工作上，更切實地有了事實上的表現，但在全民心理上卻還不能說已經成了一個普遍的信念，而還沒有走出口號的階段」〔註10〕。

　　對於顧先生「中華民族是一個」的觀點，當時一些回族學者也給予回應，如時任西北中學校長兼蒙藏委員會委員的孫繩武撰寫《中華民族與回教》一文，認為「我們歷史發展到現階段，國內全民族必然要統一結合，而成為一整個的中華民族。」並認為「中國的回教徒雖然不能謂為民族，但是有共同的特徵」〔註11〕。也有人指出「我們堅決反對一般人唱著『中華民族是一個』的籠統理論，因為這在理論上，已否認了國內有文化、宗教、語言不同的事實，這種理論可以說是出於把國家的統一和文化宗教語言的統一併為一談所致，流弊所及，是忽視少數民族的利益，以致違反了中山先生民族平等的立國原則」，「因為在一個國家之內，地域較廣，歷史悠久的人民中，必然有著各種不同的信仰和風俗習慣，簡言之，必然有各種不同的民族」〔註12〕。

　　顧頡剛否定國內不同民族的存在，這是不符合實際的，這與他對民族問題複雜性認識所限，正如學者所指出的，民族問題不單單是政治問題，它即有很強的學術性，又與社會現實、政治權利、邊疆穩定又有很大聯繫。雖然顧先生否認中國是一個多民族的國家，同一時期國民政府又否認回族是一個完整民族共同體，當時國內最大的兩個政黨國民黨與共產黨在民族問題上的觀點有嚴重分歧〔註13〕，在回回民族問題認知上的分歧表現最為明顯，雖然有些回族知識階層對顧先生的觀點也表示反對，但對近代回族文化運動並沒形成影響，一方面顧先生就是「回教文化運動」的積極倡導者與推動者；另一方面，近代回民一切打著「回教」的標簽，發展本民族教育、文化。實際上許多已經超出「教」的範疇。

　　顧先生提出「中華民族是一個」觀點引起學術界討論，其中費孝通先生

〔註10〕《來函》，《益世報・邊疆週刊》第 16 期，1939 年 4 月 3 日。

〔註11〕孫繩武：《中華民族與回教》《回民言論半月刊》第 7 期，1939 年 4 月 15 日出版。

〔註12〕《立法院與教門大會》，《清真鐸報》，1947 年新 34 號。

〔註13〕周文玖、張錦鵬：《關於「中華民族是一個」學術辯論的考察》，《民族研究》2007 年第 3 期。

與顧先生通過書信往來進行過深入探討，費孝通先生看到中華民族多元性，顧先生強調中華民族一體性，這對費孝通先生後來「中華民族多元一體」理論的形成具有重要影響。

民國時期回族對國家具有高度認同，也能很好處理國家認同與民族文化之間的關係，例如在一次重大典禮活動時，有位成達師範學生拒絕向孫中山遺像鞠躬，引起中國回教救國協會的高度重視，並專門召開會議討論，當時有人認為「有時向國父遺像行禮，許多教胞認為是犯了崇拜偶像的教條，其實對國父遺像行禮是黨的儀式，乃是紀念國父的意思，出自崇德報功，並毫無迷信的成分，有許多教胞於政治集會時，不向國父遺像行禮，這是重大的錯誤。現在分開來說，我應該當一個好的穆斯林，更應該當一個好國民，當一個好國民就應該服從國家的法令，協會為向國父遺像行禮事，第一次協會代表大會時曾經長時間的辯論，最後的決定是宗教儀式在宗教集會使用，黨的儀式在普通集會使用。這一點是要特別提起全國教長教胞注意的」〔註14〕。

第一次世界大戰期間，北洋政府代表中國作為協約國一方參戰，德國、土耳其作為同盟國成員。因為土耳其國民信仰伊斯蘭教，當時有些國人擔心中國回族、維吾爾族穆斯林因宗教信仰一致，會同情或支持土耳其。在此背景下，蟄居西北的回族紳士馬元章給袁世凱寫信，表示回族會絕對忠於國家，不會因為信仰一致而支持土耳其，內容如下：

> 甘肅平涼馬元章致電大總統、國務總理云：元章偶閱報，見有言中、德絕交，恐內地回民被土耳其人煽惑不靜之說不勝駭異。夫回民自隋開皇入中國，食毛踐土千有餘年，與漢民惟教不同，其餘均無異，雖亞剌伯是祖國，無非間有往滿克朝天方、麥的納硝聖陶以尊教規，並無至君士坦丁接洽土人者，兼之回民生命財產、盧墓皆在中國，豈有誘外人破壞本國之理。歷代回民惟前清滇、黔、關隴漢回因私忿仇殺。民國建設，默我回族億萬姓守分安常，盡國民義務，擁護中央，毫無違背反對，乃五族中之良民。今報紙妄言，以惑眾聽，有妨大局，元章雖山野匹夫，亦國民一份子，不敢緘默，謹為大總統、總理呈之，保無他虞。若內地回族有勾結土耳其情事，元章願負咎責。至言哈密王沙木胡素特有電中央，請入土籍，諒無其事，若果有之，元章素與該王有交，祈示之當派人前往勸導，洞

〔註14〕《回協會的使命》，《新穆民》1943 年創刊號。

言利害，以開茅塞，並請通飭各省督軍、省長，勿因無稽之言歧視回族，以啟嫌疑，則大局幸甚。甘肅國民 馬元章。〔註15〕

第三節　促進了回族社會的全面發展

近代回族文化運動是伴隨著中國封建社會解體，新型社會秩序正在建立過程中艱難向前推進，這個時期各種思潮也隨之傳入，也需要一種新文化引領社會發展。近代回族文化運動起初以復興宗教為目的，許多工作是以「回教」的名義推進與發展的，但隨著運動的深入，已經完全超出「教」的範圍，使回族文化學術事業有了較大進展，正如有人提出「普及回民教育，推進回教文化，和領導回民去做救國工作，在目前都是緊迫的」。近代新文化運動促進了回族社會的全面發展，特別是思想解放及對國家的高度認同，「因為五族共和，我們回族居五分中的一分。這個民國我們回族也有一份。我們應分要保護他，我們應分要鞏固他的根基。不然若是亡國，我們還是牛馬奴隸。故所以我們設立這個『俱進會』，整理我們內部的事宜，我們大家庭內部自設學堂、提倡實業及種種利國福民的事，以補助政治的不及，將民國弄到強盛那一天，我們大家就享多大的幸福。這就是我們設立俱進會的原因了。」〔註16〕

北洋政府是 1912 年至 1928 年代表中華民國的唯一合法政府，也是清朝滅亡後在中國疆域上第一個被國際社會承認的合法政府，標誌著中華民國的正式誕生。北洋政府時期是中國歷史上第一個解除報禁的時期，這一時期儘管內戰不斷，但已經出現了三權分立、地方自治等制度的雛形。北洋政府時期也是中國民主政治、思想解放、踏入國際社會的開端。特別是報禁的解除，為回族社團建立、報刊雜誌的創辦，創造了較好環境。這一時期創辦的影響較大的社團組織有 1912 年 7 月馬鄰翼、王寬在北京創辦的中國回教俱進會；1913 年中國回教俱進會雲南分會在昆明創辦振學社；1913 年馬鄰翼等人在蘭州創立「蘭州回教勸學所」；1913 年張明德、趙振武、孫繩武等人在北京創辦「清真學社」；1918 年南京清真董事會成立；1918 年香港中華博愛社成立；1919 年 6 月天津回教聯合會成立；1922 年「寧海回教教育促進會」在西寧成立，1923 年李廷弼、劉屹夫在北京成立「穆友社」，並創辦《穆友月刊》；1925

〔註15〕《回民並不反對絕德》，《大公報》（天津版），1917 年 4 月 27 日。
〔註16〕契吉康：《論立俱進會之原因》，《清真月報》1915 年第 1 期。

年劉屹夫等又在北京創辦「追求學會」；1925 年哈德成、沙善餘、伍特公、馬晉卿等人創立「上海回教學會」；1928 年「北平回民公會」在北京成立。這一時期以教育社團比較多，如蘭州回教勸學所、寧海回教促進會等在創辦回民學校、發展西北回族教育方面發揮了重要作用。學術研究型社團大多通過編輯出版一份期刊，宣傳自己的主張或研究成果，例如清真學社創辦的《清真週刊》，穆友社創辦的《穆友月刊》等。追求學會也是一學術型社團組織，雖然沒有創辦自己的言論陣地，但他們組織翻譯了一批阿拉伯文伊斯蘭教著作，由清真書報社組織出版，其翻譯的一些文章也發表在清真書報社主辦的《正道》上。這些學術型社團大多在北京等東部都市。而中國回教俱進會雖經艱難曲折，但逐漸發展成一個全國性社團組織。

　　1928 年北伐結束後，全國實現統一，北洋政府被中國國民黨建立的國民政府取代，並定都南京，實施以黨領政的訓政體制，開展經濟與文化的上現代化建設。同時國民黨背棄早期「聯俄聯共、扶助工農」的政策，國、共反目，國民黨發動對共產黨的圍剿。1931 年「九一八」事變，日本侵佔我東三省，中華民族危機日趨嚴重。這一時期出現一批地方性回族社團組織，如 1929 年以回族青年為主，在北京成立的「伊斯蘭學友會」，之後又更名為「中國回族青年會」，致力於民族平等運動；1931 年王曾善在南京組織成立「中國回教青年學會」；1933 年在西安成立「陝西回教抗日救國會」；1935 年在烏魯木齊成立「新疆回族文化促進會」；1936 年「上海伊斯蘭婦女協會」成立。這一時期成立的回族社團組織雖然較多，但名稱不統一，還是各自為政，互不聯繫，規模小、形不成合力。1933 年伊斯蘭學友會提出統一回民組織的主張，得到各地回民的積極響應，並引起討論，「二十餘年來，各地回民，因政治之變遷，受時潮之激蕩，各地皆有發起組織勢力自治之舉，此誠為最好現象。惟限於地域，各自為謀，立場不同，門戶對立，此種化整為零之散漫狀態，非特無收整齊劃一之效。」〔註 17〕「今日之回民組織殊多，其性質不同，故所標榜亦異。所謂類似民眾團體之組織，或領導乏人，或未能按部工作，實有整理及統一的必要」。〔註 18〕有些人發文指出，回族社團組織，雖然數量多，但都不能代表全國回族之民意「然會社愈多，標榜各異；刊物益多，理論亦皆為

〔註17〕述堯：《伊斯蘭學友會對於統一回民組織之主張》，《回族青年》1933 年第 1
　　　　卷第 1 期。
〔註18〕薛文波：《論回民組織》，《突崛》1935 年第 2 卷第 10 期。

分歧，使徬徨無告之回族民眾，究何所是從乎？二十餘年來，其理論，其標榜，姑且不論之，只於會之統系，尚分不得十分清楚。回民精神無所依歸，果能代表民意乎？」〔註19〕關於組建全國回民組織的討論前後持續數年，許多人也意識到問題的嚴重性。組織不統一，整體工作就無法推進，特別涉及到回族權利的爭取，如國大代表回族名額問題，不是哪一個地方社團組織能夠出面交涉的。這種討論還是有一定現實意義，催生了抗戰爆發以後全國性回族社團組織的形成。

抗戰時期有人對回族文化運動提出反思，正如有人指出：「尤以近年世界的不安，國家的危機，使得各個民族一致的感到了威脅，要圖存就得競爭，要競爭，就得充實前進……，目前回民需要怎樣的文化運動這一課題，要認識這一問題，必須先檢討整個的中華民族的要求是什麼。」作者認為在抗戰時期中國回族的文化運動是以爭取民族的解放和復興為目的，便是要保衛國家領土與主權的完整，反對日本軍國主義侵略。〔註20〕一個時代會產生出不同的文化來，是時代決定了文化，而不是文化創造了時代，抗戰時期的回族文化運動，就是要將國內各種族的文化聯繫起來，造成文化上的聯合陣線，反對侵略與漢奸。「現在中國之回教文化運動，並非另起爐灶，謀回教文化之獨立發揚，乃以整個中華民族為基點，融合回漢感情，化除種族偏見。」〔註21〕

翻閱民國回族報刊資料，關於全國回族人口數據記載不統一，明顯誇大，筆者在前文已有交代，需要讀者甄別。另外民國時期國民政府及學者對中國穆斯林構成沒有進行系統分類，同時由於國民政府不承認回族為一個自在的民族共同體，對回族界定比較模糊，但筆者基本以內地、包括西北回族為主要研究對象，從地域概念來看還是明確的。

〔註19〕達烏德：《談回民組織》，《回族青年》，1934 年第 2 卷第 3 期。
〔註20〕一萍：《中國回教的文化運動》，《晨熹》1937 年第 3 卷第 6 號。
〔註21〕楊德元：《中國回教文化之演進及現代之新趨勢》，《晨熹》1937 年第 3 卷第 4號。

附　錄

附錄一：中國回教救國協會理監事一覽表（1942）

姓名	別號	職務	年齡	籍貫	時任職務	通訊處
白崇禧	健生	理事長	50	廣西桂林	國民黨中央委員會副參謀總長、軍訓部長	本會
唐柯三		副理事長	61	山東鄒縣	蒙藏委員會委員、國立成達師範學校校長	本會
馬麟	勳臣	副理事長	68	甘肅臨夏	國民政府委員	甘肅臨夏
王曾善	孝先	常務理事	40	山東臨清	立法院立法委員	本會
孫繩武	燕翼	常務理事	46	北平	蒙藏委員會委員、西北中學校長	重慶
艾沙		常務理事	36	新疆英吉沙	立法院立法委員、軍委會參議	本會
馬宗融		常務理事	51	四川成都	國立復旦大學教授	北培復旦大學
張劍白		常務理事	47	湖南常德	社會部專員	本會
馬鴻逵	少雲	理事	52	甘肅臨夏	寧夏省政府主席	寧夏省政府
馬步芳	子香	理事	40	甘肅臨夏	青海省政府主席、青海省黨部主任委員、第八十二軍軍長	西寧青海省政府
時子周		理事	63	天津	中央執行委員	
馬佩璋（女）		理事		廣西桂林		桂林桂北路白公館
馬步青	子雲	理事	46	甘肅臨夏	騎兵第五軍軍長	甘肅涼州
馬鴻賓	子寅	理事	53	甘肅臨夏	八十一軍軍長	寧夏中寧

麥斯伍德		理事	55	新疆伊寧	中央委員、國民參政員	
馬壽齡	松亭	理事	48	北平	國立成達師範學校阿文專修班主任兼代校務	桂林西門外成達師範
李廷弼	翼安	理事	38	北平	軍委會運輸統制局專員	重慶
沙國珍	儒誠	理事	51	昆明		
馬毓智	德齋	理事	58	四川成都	川康綏靖主任公署參謀長，川分會幹事長	成都
錢興亞		理事	33	江西南昌		
白澤民		理事	38	河北定縣	白敬宇眼藥店總經理	重慶可樂山
楊敬之		理事	37	四川成都	中央組織部專員	
馬劍青		理事	51	四川成都	川康綏靖主任公署科長	成都
薛文波	錦章	理事	34	北平	青海省黨部書記長	西寧
張兆理	覺源	理事	37	河北通縣	中央訓練團音樂幹部訓練班訓育組長	重慶
艾宜載		理事	39	察省懷來	本會第一組主任	
海競強		理事	34	廣西桂林	188 師師長、廣西分會副幹事長	桂林
仝道雲（女）		理事	37	安徽和縣		重慶
楊德亮		理事	40	雲南昭通	42 軍軍長、甘肅分會幹事長	甘肅平涼
馬臣祥		理事		甘肅臨夏	青海回教總教長	西寧清真大寺
馬　駿	君圖	理事	61	山西晉城	山西省文獻委員會委員長、晉分會幹事長	晉城清真崇實中學
馬霄石		理事	37	甘肅徽縣	中央訓練團西北分團政治教官	蘭州
馬　亮	驥良	理事	38	遼寧蓋平	國民參政會參政員	重慶
謝松濤	澄波	理事	38	河北安國	成達師範教務主任、廣西大學教授	桂林
堯樂博士	景福	理事	54	新疆哈密	軍委會參議	成都
海　濤	嘯雲	理事	42	甘肅皋蘭	寧夏民政廳廳長	銀川

尹光宇		理事	46	四川奉節	中央軍校第六分校政治教官	桂林
高達五	生俊	理事	41	甘肅隆德		長沙清真寺
張運昌	幼文	理事	28	貴州貴陽		貴陽
端木傑	文俠	理事	47	安徽懷寧	軍委會後方勤務部副部長	重慶
謝和庚		理事	31	廣西桂林	軍委會副參謀總長室秘書	重慶軍訓部
虎嵩山	鐵林	理事	64	寧夏同心	寧夏阿衡教義國文講習所主任	寧夏吳忠
王月波		理事	44	河北大興	隴海鐵路局專員	西安
馬重雍	仲蓉	理事	40	雲南墨江	隴海回教公會總裁	甘肅清水
白壽彝		理事	33	河南開封	國立雲南大學專任講師、私立齊魯大學國學研究所編輯	雲南昆明
馬伯安		理事	56	雲南昆明	雲南省政府高等顧問	昆明
馬全仁	淳夷	理事	48	河北	國立成達師範訓育主任	桂林
丁正熙		理事	35	甘肅臨潭	甘肅省政府諮議	甘肅臨潭西道堂
馬紹武		理事	34	青海化隆	青海省政府委員	西寧
黎光明	勁修	理事	41	四川灌縣	四川省立成都中學校長	
劉文安		理事	48	貴州貴陽	貴陽正誼中學校董	貴陽
馬秀峰		理事	45	四川成都	成都新新新聞社社長、四川省參議會參議員	成都板橋街 31 號
馬天英	醒東	理事	42	北平	外交部專員	重慶外交部歐洲司
馬煥文	述堯	理事	40	河北定縣	河北省政府委員	洛陽
馬鳳圖	健翎	理事	35	河北滄縣		蘭州
馬輔臣		理事		甘肅清水		甘肅臨夏
白亮誠		理事		雲南蒙自		昆明
陳應章	煥文	理事	39			
沙文珍	筱舟	理事	46	四川松潘	康定支會幹事	康定民生巷

程樹榮	正光	理事	45	山西新絳	行政院諮議賑濟委員會委員	西安城隍廟後街
孫錦雲			70	陝西長安	陝西省賑濟委員會委員	西安大麥市街
馬策	子翔		45	湖南邵陽	農林部參事本會總幹事	重慶農林部
馬為良	眉山			甘肅寧定		
穆華軒			52	南京	社會部工商運動委員會委員	重慶南岸下浩茶亭後街
王少泉			51	安徽懷寧	六省聯合古玩公司總經理	吉安中山場
王農村			36	山東曹縣	本會第二組主任	本會
郭南浦			67	甘肅化平	甘肅省政府參議	蘭州新關
劉福元			44	江西南昌	軍政部江西傷病管理處殘餘士兵收容所	吉安中山場
穆維新	永陸		27	新疆伊寧		重慶儲奇門新光印刷局
馬福澤			40	河南洛陽	洛陽西北中學校長	西安城隍廟後街
蕭必達	通三		59	西藏拉薩	邊區語文研究會編譯委員會	巴縣永興場上五斗袁家院
馬澤昭	仲賢		37	西康康定		
溫少鶴			54	四川巴縣	重慶市商會常委重慶市參議會參議員	重慶柑子堡
馬賦良			38	新疆阿克蘇	外交部專員	重慶外交部西亞司
王夢揚	徵言		38	北平	國立隴東師範事務主任	甘肅平涼國立隴東師範
蘇連元	建三		43	甘肅皋蘭	寧夏高等法院院長	寧夏高等法院
王士誼	益三		33	察省龍關	騎兵學校教官	天水跑馬泉
馬耀南		常務監事	58	甘肅固原	檢察院檢察委員	寧夏省政府駐渝處
馮慶鴻	子斌		50	江蘇銅山	最高法院檢察署檢察官	重慶歇馬場劉家溝最高法院檢察署

馬龍文	錦堂		53	河北清宛	軍令部高級參謀	重慶歌樂山桂花彎青雲路附四號
王靜齋	蟲夫	監事	59	天津	伊光報主編行政院參議	寧夏吳忠
喇世俊	秀珊	監事	78	甘肅臨夏	甘隴省政府委員	甘肅臨夏
達浦生			68	江蘇六合	國立隴東師範校長軍委會參議	甘肅平涼國立東關隴東師範
陳慶綸	經畬		63	江蘇江寧	國民參政會參政員	重慶海棠溪朱家河
馬吉第	桂府			安徽安慶		
鐵訓	諫封		69	四川奉節	川康綏靖主任公署顧問	成都燈籠街合德里
杜秀升				河南開封	國民參政會參政員	重慶桂花街國民參政會
以景福	鶴笙		86	廣西桂林	桂林耆老救國後援會委員	桂林西門以外
安舜	賓瑤	監事	45	河北清宛	軍委會高級參謀	重慶國府路軍訓部
劉景山	竹君			天津	建設銀行公司協理	美國華盛頓中國大使館
馬鴻逵		名譽理事長				
馬步芳		名譽副理事長				
時子周		名譽副理事長				
張淦	潔齋	名譽理事	49	廣西桂林	第七軍軍長	桂林西門外
張君度		名譽理事	51	廣西桂林	廣西省政府委員桂分會幹事長	桂林東鎮三號
伍劍若		名譽理事		四川巴縣	川鹽銀行協理	重慶柑子堡
劉惠澤	兆青	名譽理事	72	安徽懷寧	重慶市警察局設計委員	重慶菜園壩正街
王嚴	力行	名譽理事	38	山東郯城	第一一八師師長	東川秀岩堤鄉
馬繼德	宣三	名譽理事	53	甘肅臨夏	寧夏省地政局局長	寧夏北大街

馬騰蛟	子雲	名譽理事	67	甘肅臨夏	陸軍第三十五師師長	寧夏北門大街
馬 彪	炳臣	名譽理事	58	甘肅臨夏	陸軍暫編騎兵第一師師長	青海東關鎖馬巷
馬 祿	福山	名譽理事	49	甘肅永登	陸軍暫編騎兵第二師師長	甘肅永登縣
馬閣麟	子高	名譽理事	41	甘肅皋蘭	陸軍騎兵第五師參謀長	甘肅涼州騎五師師部
王彥孝	子忠	名譽理事	51	寧夏同心	韋州大寺中阿學校校長	寧夏韋州清真寺
王世龍	振海	名譽理事	79	甘肅武都	寧夏省垣清真東大寺	寧夏清真東大寺
馬本廉	古泉	名譽理事		四川成都		
李子休		名譽理事		陝西漢中		
李先慈		名譽理事		湖南常德		
馬崇善	俊卿	名譽理事	67	廣西桂林	桂林西門內清真寺教長	桂林西門清真寺
羽翼碰	鶴鳴	名譽理事	58	廣東番禺		柳川河南路
馬震昆	任三		68	湖南邵陽	邵陽私立伊斯蘭學校校長	邵陽西門外
朱東	介芳		35	遼寧瀋陽	中央信託局易貨部處長	桂林中央銀行
丁應榮	茂林		69	四川巴縣		
楊念明	桂廣		70	貴州貴陽	貴陽綢緞業同義號監事	貴陽三才路
馬遵範	襄吾		65	湖南邵陽	本會湖南省分會幹事長	邵陽南門外本會湖南分會
趙明遠			49	山東益都		本會
哈德成			56	陝西南鄭		
楊福州	萬清		80	雲南大理		

中國回教救國協會現任（1942）職員一覽表

姓名	別號	職務	年齡	籍貫	資歷
馬策	子翔	總幹事	45	湖南邵陽	國立北京工業大學畢業，歷任湖南陝西等省縣長
艾宜栽		第一組主任	39	察省懷來	河北省立工業學院畢業曾任河北省政府視察員
王農村		第二組主任	36	山東曹縣	國立北京大學畢業，曾任多處學校教務主任
張裕良	興良	第三組主任	43	天津	直隸法政專門學校畢業
吳建勳		第四組主任兼駐城辦事處主任	36	北平	華北大學法科畢業第九戰區上校
丁俊生		幹事	46	重慶	舊制中學畢業曾任二十四軍中校參謀
閃鴻鈞	克行	幹事	27	河南博愛	成達師範畢業曾任甘肅教育廳科員
達式驊		幹事	28	江蘇六合	益智高中畢業曾任六合日報編輯
伍宜章		幹事	27	湖北武昌	武昌育傑中學畢業
尹廣源	伯清	幹事	56	北平	曾任北平西北公學文書回教論壇社編輯
楊回珍		幹事	47	察省宣化	成達師範畢業，曾任月華報社發行成達師範教務員
馬中麟	介卿	幹事	23	雲南武定	雲南省立高師畢業
楊永源		幹事	20	貴州貴陽	大夏大學附屬中學高中部畢業
馬端章	識周	幹事	22	四川武勝	曾任鹽亭長壽縣府辦事員
李蔭福		書記	30	重慶	重慶市商會職業學校畢業
馬如龍			22	四川巴縣	益商職業中學畢業
劉論英	柏石	駐寧夏省分會幹事	44	山東益都	國立北京大學畢業曾任成達師範教務主任
馬圖	知周	駐湖南省分會幹事	40	湖南邵陽	北平中國大學畢業曾任北平蒙藏學校事務主任
王國華	彥倫	駐綏遠省分會幹事	34	山東泰安	成達師範學校畢業
哈福貴	瑞英	駐安徽省分會幹事	29	河北河間	成達師範學校畢業
白保蒼	懷生	駐廣西省分會幹事	50	廣西臨桂	北平交通部鐵路管理學校畢業曾任桂山中學教員
馬建新		駐甘肅省分會幹事	33	雲南昆明	幹訓國政訓班畢業曾任政治部主任

王鳳楷	孔林	駐江西省分會幹事	34	河北鹽山	山東鞠仁醫院畢業
趙德貴	介民	駐綏遠省分會幹事	29	北平	北平西北中學高中師範科畢業
丁珍婷		駐西康省分會指導員	43	山東益都	山東法專畢業，曾任安徽官礦局秘書
金德寶	善珍	貴州省會務輔導員	27	山東泰安	成達師範學校畢業，貴陽清真寺教長
金明增		福建省會務輔導員	26	山東泰安	成達師範學校畢業，福建泉州清真寺教長
虎世文	學瀾	康定會務輔導員	33	四川成都	康定清真寺教長

附錄二：民國時期中國穆斯林報刊統計表 [註1]

序號	刊名	創刊日期	主辦單位	歷任主編	社址	館藏
1	正宗愛國報	1906 年	正宗愛國報社	丁國珍（寶臣）	北京前門外小馬神廟東口路南	國家圖書館
2	天津白話報・天津竹園報	1908 年		丁竹園	天津	天津圖書館
3	醒回篇	1908 年	留東清真教育會	虹山	日本東京	國家圖書館
4	民興報	1909 年		劉夢揚	天津	天津圖書館
5	醒時白話報	1909 年	醒時白話報社	張子岐	營口	遼寧省圖書館
6	白話晚報	1911 年		劉夢揚	天津	天津圖書館
7	白話晨報	1911 年		劉夢揚	天津	天津圖書館
8	醒時月話報	1911 年	醒時報社	張子岐	瀋陽小南門外	遼寧省圖書館
9	清真教務雜誌	1912 年	中國回教俱進會	張子文、趙斌	北平	國家圖書館、民族文化宮
10	愛國白話報	1913 年	中國回教俱進會	王浩然、張子文	北京前門外草場胡同	國家圖書館
11	京華新報	1914 年	中國回教俱進會	張子文	北平	
12	清真學理譯著	1916 年	中國回教俱進會	王友三	北平	北京大學圖書館

〔註 1〕馬博忠：《民國時期中國穆斯林報刊統計表》，《回族研究》2008 年 4 期。

13	天津午報	1916 年 9 月		劉夢揚	天津	天津圖書館
14	廣倉學演說報	1916 年	廣倉學會		上海	上海圖書館
15	清真學理	1916 年	牛街清真寺	王瑞蘭	北平牛街	
16	清真彙報	1917 年	雲南清真報社	馬鑫培		雲南省圖書館
17	廣倉學會雜誌	1919 年	廣倉學會		上海	上海圖書館
18	清真月刊	1920 年	清真月刊社		上海法租界霞飛路	上海	
19	南方日報	1920 年	南方日報社	馬哀陸	南京	江蘇省圖書館
20	三山報	1921 年	三山報社	童仁甫	鎮江	
21	清真週刊	1921 年	清真書報社	馬宏道	北京牛街	國家圖書館、首都圖書館
22	清真月刊	1921 年	上海環球清真青年會	尹光宇	上海	上海市圖書館
23	清真旬刊	1922 年	中國回教俱進會滇支部		昆明（50 期）	雲南省圖書館
24	評報・平報	1923 年		劉霽嵐	天津	天津市圖書館
25	明德月刊	1924 年	天津回教聯合會		天津	寧夏社會科學院
26	穆聲報	1924 年	北京西單牌樓清真寺	韋耀先	北平	國家圖書館
27	明德報	1924 年	天津回教聯合會		天津	國家圖書館、中國伊斯蘭教協會
28	回光	1924 年	回光月刊社	左東山	上海	國家圖書館、上海圖書館、寧夏社會科學院
29	清真月刊	1925 年	鎮江清真寺		鎮江	
30	晨光週報	1925 年	晨光報社		廣州	廣州圖書館
31	穆友月刊（油印）	1925 年	穆友社		南京	國家圖書館、中國人民大學、江蘇省圖書館

32	中國回教學會月刊	1926年	中國回教學會	沙善餘、伍特公	上海	國家圖書館、天津圖書館、上海圖書館
33	震宗報	1927年	震宗報社	唐易塵	北京天橋	成都圖書館
34	新天津報	1927年	新天津報社	段松波、薛月樓	天津	
35	清真導報	1927年	中國回教俱進會成都支部	鐵諫封、劉潛齊	四川成都	國家圖書館、北京大學、四川省圖書館
36	伊光	1927年	伊光社	王靜齋	天津北寺	國家圖書館、北京大學
37	天方學理月刊	1928年	天方學理社	馬玉龍（瑞圖）	廣州濠畔寺	廣州中山圖書館
38	美美畫報	1928年	美美畫報社	陳中		
39	綏遠回教青年會刊	1929年	綏遠回教青年會宣傳股		歸化市東順城街清真寺	
40	湟中通訊	1929年	馬步芳獨立混成第九旅		湟中	青海省圖書館
41	中國回教學會季刊	1929年	中國回教學會	沙善餘、伍特公	上海方濱路	月刊停後改季刊
42	雲南清真鐸報	1929年	清真鐸報社	沙國珍、納忠明	昆明	雲南省圖書館
43	月華	1929年	月華旬刊社	孫幼銘、趙振武、白壽彝、馬金鵬、馬松亭	北平、桂林、重慶	國家圖書館、北京大學、中國人民大學、中國伊斯蘭教協會
44	穆光	1929年	中國回教俱進會	陳鷺洲	北平	中國伊斯蘭教協會、民族文化宮、寧夏社科院
45	成達文薈	1929～1932年	成達師範學校	孫幼銘	北平	國家圖書館、北京大學、中國伊斯蘭教協會
46	中國回教月刊	1930年	浙江路清真寺	哈德成	上海	上海圖書館
47	穆斯林	1930年	濠畔寺	劉傳根	廣州	中國伊斯蘭教協會

48	上海回教青年研究社月刊	1930 年	回教青年研究社		上海侯家路 73 號	
49	穆士林	1930 年	穆士林編輯部		香港	北京大學、廣州中山圖書館
50	成達學生會月刊	1930 年	成師學生會	馬毓貴	北平東四清真寺	國家圖書館、中國伊斯蘭教協會
51	陝西回教公會會刊	1930 年	陝西回教公會	馮瑞生	西安化覺巷清真寺	陝西省圖書館
52	萬縣伊斯林	1931 年	萬縣伊斯蘭師範學校	李仁山	四川萬縣清真寺	
53	喚醒穆氏月刊	1931 年	遼陽清真寺	金鏡華	遼陽	
54	穆民	1931 年	廣州穆民日報社	陳煥文	廣州小東營清真寺	廣州中山圖書館、寧夏社科院
55	正道	1931 年	清真書報社	馬宏道	北京牛街 109 號	寧夏社科院
56	醒穆	1931 年	濟寧回教青年會		濟寧	
57	伊斯蘭青年	1931 年	東北大學伊斯蘭學友會		北平西直門內 100 號	國家圖書館
58	北平伊斯蘭	1931 年	西北中學		西北中學	
59	勵進雜誌	1931 年	勵進學會	閔毓華	西北小學內	
60	中國穆斯林	1931 年	中國回教俱進會宜賓支會		宜賓	四川省圖書館
61	警鐘時報	1931 年	警鐘時報社	袁志遠	河南漯河	
62	北平伊斯蘭	1931 年 2 月	北平伊斯蘭社	李紹枕、劉玉峰	北京天橋清真寺	
63	伊斯蘭學友會叢刊	1931 年 11 月	伊斯蘭學友會叢刊編輯部	劉柏石、薛文波	北京東四清真寺	
64	醒民	1931 年 12 月 1932 年 4 月	醒民社		北京宣內回回營民鐸中學抗日救國會	北京大學圖書館

65	燦爛	1931 年	六合南門外清真寺	常厚孝、達養吾	六合	
66	雲南伊斯蘭畫刊	1932 年	昆明西南聯大回教同學會		昆明	雲南省圖書館
67	西北研究	1932 年	西北書局		北平琉璃廠	國家圖書館
68	邊事月刊	1932 年	青海南部邊區警備司令部		西寧	青海省圖書館
69	吶喊	1932 年		南京平章巷 22 號		
70	回民	1932 年	湖南常德清真寺	馬斌	常德	長沙圖書館、寧夏社科院
71	鐵血報	1932 年	鐵血報社	韓宏魁	北平東四清真寺	
72	雲南伊斯蘭書刊	1932 年	伊斯蘭書刊社		昆明	雲南省圖書館
73	太原伊斯蘭週刊	1933 年	太原伊斯蘭學友社	哈文瀾	太原大南門	
74	學生時報	1933 年	鐵血社	馬忠山	北平蔣家胡同 22 號	
75	一〇〇週刊	1933 年	青海一〇〇步兵師			青海省圖書館
76	河南駐馬店回教會成立特刊	1933 年	駐馬店回教會		駐馬店	中國伊斯蘭教協會
77	國醫月刊	1933 年	國醫月刊編輯部	陳松坪阿訇	開封	開封圖書館
78	回族青年	1933 年	回族青年日報社	楊新民、李翼安	北平宣外教子胡同小寺街 28 號	
79	跋涉	1933 年	西北中學高中學生		北平	
80	開宗月刊	1933 年	河南鄢城車站北清真寺		河南鄢城	
81	回民週刊	1933 年	中國回教俱進會宜賓支會	蘇月卿	宜賓	四川省圖書館
82	醒蒙	1933 年	桂林西門外清真寺		桂林	
83	東光	1933 年	泰安回教青年學友會		泰安	

84	回族青年	1933 年	伊斯蘭學友會學術部		北平宣外教子胡同小寺街 28 號	
85	華北日報回民特刊	1933 年	回民特刊組	穆文富	北平	
86	回民特刊	1933 年	華北晚報	尹伯清		國家圖書館
87	穆音	1933 年	穆音社	愛卿、馬大倫	常德大高山巷 86 號	寧夏社科院
88	改造	1933 年	上海改造出版社編輯部	王義、傅統先、魯忠翔	上海戈壁路 1216 弄 3 號	上海圖書館、江蘇省圖書館
89	西北	1933 年 9 月	西北公學編輯		西北公學	
90	北平回教臨時難民救濟會特刊	1933 年 12 月	北平回教臨時難民救濟會	王振海	北平牛街	
91	晨鏡報	1934			上海	上海圖書館
92	中國回教公會旬刊	1934	回教公會上海分會	買俊山	上海	上海圖書館
93	禹貢	1934 年	禹貢雜誌社	顧頡剛	北平	國家圖書館、北京大學
94	文化週報	1934 年			南京武學園 20 號	
95	伊斯蘭學生雜誌	1934 年	上海伊斯蘭師範學校學生會	金志晏	上海市方濱路青蓮街 222 號	中國伊斯蘭協會、上海圖書館
96	中國回教俱進會陝西分會會刊	1934 年	中國回教俱進會陝西分會		西安化覺巷清真寺	陝西省圖書館
97	突崛	1934 年	突崛社	穆建業、穆成功	南京和平街外	國家圖書館、中國伊斯蘭教協會
98	覺醒鐘	1934 年		西北三小	西北三小內	
99	大道	1934 年 3 月	南京太平路清真寺	穆華軒	南京建康路	

100	邊鐸天山	1934 年 4 月	天山學會	艾沙	南京大石橋路 25 號	江蘇省圖書館
101	成師月刊・成師校刊	1934 年 4 月	成師學生會		北平東四清真寺	國家圖書館、北京大學、中國伊斯蘭教協會、寧夏社科院
102	人道	1934 年 6 月		楊玉書	上海法租界內	寧夏社科院
103	廣西回教	1934 年 10 月	南寧清真寺	陳煥文	南寧清真寺	桂林市圖書館
104	伊斯蘭	1935 年	河南伊斯蘭社	白壽彝	開封鼓樓街二道胡同 39 號	國家圖書館、河南省圖書館、寧夏社科院
105	天道	1935 年			北平	
106	晨熹	1935 年	晨熹社	劉伯餘	南京下浮橋清真寺	國家圖書館
107	塔光	1935 年	塔光社	馬瑞圖	廣州光塔街 56 號	廣州中山圖書館
108	華族週報	1935 年	回教公會漢口分會		漢口市打銅街 29 號	湖北省圖書館
109	西北穆斯林	1936 年	太原清真寺	喬世達	太原西蕭牆 9 號	
110	中國回教教育促進會會刊	1936 年	中國回教教育促進會	王曾善、周仲仁	南京	江蘇省圖書館
111	古蘭日報	1936 年		楊松友、郭齊民	南京中正路武學園 20 號	江蘇省圖書館
112	回報	1936 年		童仁甫	鎮江	
113	邊疆	1936 年			南京馬路街松竹里 1 號	
114	伊斯蘭婦女雜誌	1936 年	伊斯蘭婦女雜誌社		上海	上海圖書館、寧夏社科院
115	陝西回教公會月刊	1936 年	陝西回教公會	馬壽山	西安	中國伊斯蘭教協會

116	北平教案始末記	1936 年	北平各回教團體臨時聯合會	王夢陽	北平	中國伊斯蘭教協會
117	晨鐘	1936 年		張懷德	上海	中國伊斯蘭教協會
118	湖南回民	1936 年	湖南回教公會分會		長沙	中國伊斯蘭教協會
119	回教報	1936 年		劉復初	上海	中國伊斯蘭教協會
120	伊斯蘭青年	1936 年	伊斯蘭青年刊社		西安	陝西省圖書館
121	回民報	1936 年	回民報社	法捷三	鎮江西門大街	鎮江市圖書館
122	回教青年	1936 年	青海回教青年學會		西寧	青海省圖書館
123	西北一小校刊	1936 年	西北一小		西北一小內	
124	西北二小校刊	1936 年	西北二小		西北二小內	
125	西北週報（刊）	1936 年	西北中學自治會	西北週報社	西北公學內	
126	友穆	1936 年	中國穆民交際會		漢口特三區洞庭路	寧夏社科院
127	回教青年月報‧回教青年	1936 年 4 月	回教青年會	石覺民	南京建康路淨覺寺內	江蘇省圖書館、中國伊斯蘭教協會、寧夏社科院
128	崑崙	1936 年 4 月	青海回教促進會	任閒之	西寧東關	青海省圖書館
129	崑崙	1936 年 6 月	青海回教促進會	馬霄石	西寧	青海省圖書館
130	中國回教青年學會會報	1936 年 9 月	南京中國回教青年學會	王曾善	南京	
131	抗日小報	1937	留埃學生團	納忠	開羅留埃學生部	
132	清真世界	1937 年	成都清真女子小學自治會		成都	四川省圖書館
133	回教青年會刊	1937 年	香港回教青年會		香港銅鑼灣街25號	香港圖書館、寧夏社科院

134	雲亭小學校刊	1937 年 1 月	校刊編委會	馬毓貴、李恩華	甘肅臨夏	甘肅省圖書館
135	回族文化	1937 年 7 月	中國回族青年學術研究部	法商學院	北平	
136	回聲報	1938 年	中國回民救國協會青年服務團		宜昌	
137	星月	1938 年	青海回教促進會	馬耀開、丁紀俊	西寧	
138	回聲壁報	1938 年	回協青年服務團	孫繩武指導	湖北宜昌	
139	真光	1938 年	昆明東門清真公會		昆明	
140	回教大眾	1938 年 2 月	回教大眾出版社	沙雷	武漢	寧夏社科院
141	戰地通訊	1938 年	中國回教青年戰地服務團	李劍霜	開封	
142	回民言論·回教論壇	1939 年 1 月	回教論壇社	孫繩武、王夢揚	重慶上清寺聚興村 5 號	寧夏社科院
143	冀中回民	1939 年	冀中回民建國會	馬鐵輪	冀中解放區	
144	國民報（伊斯蘭學會專欄）	1939 年	蘭州伊斯蘭學會	馬煥文	蘭州	蘭州市圖書館
145	回聲	1939 年	蘭州伊斯蘭學會	楊靜仁	蘭州	甘肅省圖書館
146	回光	1939 年	長春清真寺	王釣璞	長春	中國伊斯蘭教協會
147	中國回民救國協會通告	1939 年	中國回民救國協會	薛文波	重慶驟馬店 105 號	重慶市圖書館
148	回教月刊	1939 年 8 月	中國回教宣道所	完捷三	上海重慶路餘慶里 6 弄 12 號	上海圖書館
149	力行月刊	1939 年 10 月	力行月刊社		重慶	重慶市圖書館
150	中國回教救國協會會刊·會報	1939 年	中國回教救國協會	王夢揚、閃克行	重慶張家花園 62 號	國家圖書館、北京大學、中國伊斯蘭教協會

151	綠旗	1939 年		楊玉書	上海西摩路 33 號	國家圖書館、北京大學、中國伊斯蘭教協會、寧夏社科院
152	亞洲日報	1940 年	滇西赴緬工作隊	馬伯次	仰光	雲南圖書館
153	西北回教政論	抗戰時期	回協陝西分會	王月波	西安	
154	西北回民正論	1940 年	中國回教救國協會陝西分會宣傳股		西安	
155	曙光壁報	1940 年	四川松潘	馬仁壽	松潘清真小學	
156	伊斯蘭週報	1940 年	冀魯邊區抗日救國總會	夏戌		
157	回教青年月刊	1940 年	香港回教青年會		香港	
158	新月	1940 年	青海回教促進會		西寧	
159	靈棗	1940 年	復旦大學回教同學會		重慶	
160	正義	1940 年	回協廣西分會		桂林	廣西圖書館
161	柳州回教特刊	1940 年	柳州回教堂		柳州	
162	正源	1940 年 6 月	中國回教協會安徽分會	張玉光	泉州清真寺	福建省圖書館
163	綠洲	1941 年	化覺巷清真寺		西安	
164	中國天下月刊	1941 年		馬伯次	蘭州	
165	回教（醒時報副刊）	1941 年	醒時報社	張幼岐	瀋陽	中國伊斯蘭教協會
166	興建陣地	1941 年		狄陸頌	桂林	中國伊斯蘭教協會
167	河北回民	1941 年	冀魯邊區抗日救國總會		河北	
168	回聲月刊	1941 年	回協廣東肇慶支會	鄔白沫·	肇慶	廣州中山圖書館
169	戰時滇西回教月刊	1941 年	滇西赴緬回教工作隊	回石文	滇西	

170	《賀蘭日報》專刊	1941 年	中國回教救國協會寧夏分會	馬毓貴	賀蘭縣	
171	中國伊斯蘭佈道會刊	1941 年	中伊斯蘭佈道會	馬淳夷、尹光宇	桂林	
172	穆民	1941 年	昆明西南聯大回教同學會	汪浩、汪沛	昆明	
173	回聲報	1941 年	湖北回協分會	偉誠榮	老河口	湖北省圖書館
174	伊鋒	1941 年 1 月	伊斯蘭青年會桂林分會		桂林	桂林市圖書館
175	伊斯蘭青年	1941 年	伊斯蘭青年會	王農村	重慶	
176	回教文化	1941 年 10 月	回協回教文化研究會	閃克行	重慶張家花園 62 號	國家圖書館、中國伊斯蘭教協會
177	回協康定支會會刊	1942 年	回協康定支會	馬裕恒、康世文	康定清真寺	
178	安徽分會會報	1942 年	回協安徽分會	哈富貴、鐵子房	安徽阜陽	安徽省圖書館
179	催醒壁報	1942 年	大理下關回教救國會支會		大理	大理圖書館
180	新月導報	1942 年	成達中學	哈富貴、鐵子房	安徽阜陽	
181	東風	1943 年	中國回教救國協會	白澤民、馬宗融	重慶	
182	金字塔	1943 年	金字塔社	成師阿專班學生	桂林國立成達師範學校	寧夏社科院
183	正道報·正道雜志	1943 年	冀魯邊區抗日救國總會	韓道仁	冀魯邊區	
184	新穆民	1943 年	突崛昆明分社	汪沛	昆明金碧路 208 號	雲南省圖書館
185	流火	1944 年	西安大皮院清真寺	張玉良	西安	陝西省圖書館
186	近東通訊	1944 年		馬天英	開羅	開羅圖書館
187	真光	1944 年	成都清真寺		成都	
188	鋒聲	1944 年	四川回民青年會	喇文波	重慶	重慶市圖書館
189	阿爾泰	1944 年 1 月	阿爾泰編輯部	艾沙	重慶市兩浮支路 91 號	寧夏社科院

190	丁嚶	1945 年			北平	
191	回教婦女	1945 年	中國回教救國協會婦女組	馬佩珍	重慶	重慶市圖書館
192	通訊	1945 年	重慶大專伊斯蘭同學會	沙淑嫻	重慶	重慶市圖書館
193	西北通訊	1945 年	西北通訊社	馬振武	南京大豐富巷 34 號	江蘇省圖書館
194	清真八寺董事會會刊	1945 年	成都八寺	余濟和	成都	成都市圖書館
195	新月	1945 年	新月社		開封北羊街十號	
196	齋月特刊	1945 年	光塔社	熊振宗等	廣州	中國伊斯蘭教協會
197	回教青年	1946 年	長春回教協會	郭雲龍等	長春	中國伊斯蘭教協會
198	回聲	1946 年	回協四川分會	喇文波	重慶	重慶市圖書館
199	廣州回協	1946 年	廣州回協分會		光塔街清真小學	廣州中山圖書館
200	伊斯蘭週報	1946 年	冀魯邊區伊斯蘭出版社	韓道仁	冀魯邊區	
201	真光	1946 年	八寺董事會編務處	王西河	成都清真八寺	成都市圖書館
202	伊斯蘭月刊	1946 年		石覺民	蘭州	甘肅省圖書館
203	回聲月報	1946 年	回聲月報社	買韻公	河南新鄉縣疏河街 96 號	寧夏社科院
204	北平小報	1946 年	國立成達師範學校	薛文波	北平	
205	中國回教協會會報	1946 年	中國回教協會	閃克行	南京淨覺寺內太平路 310 號	北京大學、江蘇省圖書館
206	回民青年	1946 年	回民青年會		南京建康路 31 號	江蘇省圖書館、寧夏社科院
207	東北回教週報	1946 年	東北回教協會		長春市珠江路 5 段 11 號	長春市圖書館

208	天山月刊	1946 年	新疆省建設協會	安文惠	南京	江蘇省圖書館、寧夏社科院
209	伊理月刊	1946 年	伊理社	馬全仁、張兆理	漢口	湖北省圖書館
210	伊斯蘭	1947 年	蘭州大學伊斯蘭學友會	安迪光	蘭州	甘肅省圖書館
211	伊聯	1947 年	北平回教青年會	龐士謙	北平西單清真寺	
212	回協廣州支會會務總報告	1947 年	回協廣州支會		廣州	中國伊斯蘭教協會
213	齋月週報	1947 年	回教協會北平分會		北平	中國伊斯蘭教協會
214	伊斯蘭復刊	1947 年	開封曹三廳清真寺	馬學仁、何玉良	開封	中國伊斯蘭教協會
215	武進回光	1947 年	回協江蘇武進支會		江蘇武進	
216	伊斯蘭通訊	1947 年		李稚倫	上海英士路同益坊 15 號	
217	月華週報	1947 年	青年伊斯蘭社		北平東四清真寺	北京大學、北平東四清真寺
218	古爾邦	1947 年	古爾邦社	薛文波	北平錦什坊街清真寺	寧夏社科院
219	春雨	1947 年	開元明德中學春雨社	馬宗祿、楊光浩	開元	雲南省圖書館
220	弟妹們	1947 年		林松	沙甸	雲南省圖書館
221	回民青年	1947 年	江蘇六合回民青年會	王作彬、常志遠	六合	江蘇省圖書館
222	回協	1947 年 3 月	回協北平分會	周仲仁	北平廣安門大街 100 號	
223	天山	1947 年 5 月	復旦大學回教同學會	仝道章	上海江灣	寧夏社科院
224	崑崙報	1947 年 10 月	崑崙中學校友會	馬樂天、賀勳	蘭州	

225	南京回教青年教師聯誼會特刊	1947 年 11 月	回教青年教師聯誼會	胡思均	南京草橋清真寺內	江蘇省圖書館
226	正義	1948 年	雲南回民援阿聖戰大同盟		昆明	中國伊斯蘭教協會
227	大陸報	1948 年	大陸報社	何傳成	南京	中國伊斯蘭教協會
228	回族文化	1948 年	回族文化編輯部	馬次伯	烏魯木齊	中國伊斯蘭教協會
229	小草	1948 年	小草文藝社	馬生祥	平涼	
230	穆聖誕辰特刊	1948 年	回協四川彭縣支會	喇文波	彭縣	
231	伊斯蘭通訊週刊	1948 年	伊斯蘭通訊社	沙德珍、林松	昆明	雲南省圖書館
232	伊聯	1948 年	青年伊斯蘭社	包承禮	東四清真寺	
233	新新疆	1948 年	新疆民政廳	王曾善	烏魯木齊	烏魯木齊市圖書館
234	回教報	1948 年	上海會教堂理事會	薛子明	上海福祐路	
235	國立成師年刊	1948 年	國立成達師範學校	年刊編委會	北平	北京回民中學
236	回族文化	1948 年 1 月	新疆回族文化促進會	馬力克	烏魯木齊	烏魯木齊市圖書館
237	崑崙	1948 年 5 月	崑崙出版社		蘭州	甘肅省圖書館、寧夏社科院
238	懷聖	1948 年 7 月	回協廣州分會	周振宗	廣州	廣州中山圖書館
239	大路	1948 年 7 月	大路報社		南京牛脊巷 10 號	
240	西北世紀	1949 年	回教協會蘭州分會	馬繼援	蘭州	甘肅省圖書館
241	伊斯蘭青年刊	1949 年	新疆伊斯蘭學會		烏魯木齊	烏魯木齊市圖書館
242	回民大眾	1949 年 11 月	回民大眾編委會	龐士謙	東四清真寺	國家圖書館、北京大學、中國伊斯蘭教協會

243	中國回教	1952 年	中國回教協會	孫純武、謝松濤等	臺北	臺北圖書館
244	清真教刊				香港	
245	唯民週刊					
246	伊斯蘭公論					
247	回民月報					
248	伊斯蘭旬刊	不詳				
249	回民信號	不詳		白榮璋		

民國時期中國穆斯林阿拉伯文報刊（4 種）

序號	刊名	創刊日期	主辦單位	歷任主編	社址	館藏
1	回文白話報	1913 年	京師蒙藏事務局	王浩然張子文	北平	
2	回文報	1915 年	民國蒙藏院		北平	國家圖書館首都圖書館
3	阿文正報	1931 年	伊光社	王靜齋		
4	蒙藏月報（回文版）	1934 年	南京蒙藏委員會	李虞寰周仲仁	南京	江蘇省圖書館

民國時期日偽穆斯林報刊（17 種）

序號	刊名	創刊日期	主辦單位	歷任主編	社址	館藏
1	滿洲國回教徒問題	1932 年	偽滿文教部教化司編			
2	新亞西亞	1932 年	興亞宗教協會		北京	東京圖書館
3	伊斯蘭旬刊	1934 年	長春伊斯蘭教協會	王教一、唐易塵	長春	中國伊斯蘭教協會
4	伊斯蘭特刊	1935 年	偽滿伊斯蘭教協會		瀋陽	遼寧省圖書館
5	回教勢態	1936 年	偽滿回教協會	川村狂堂	瀋陽	遼寧省圖書館
6	回教世界	1936 年	興亞宗教協會		北平	
7	回教情事	1937 年	日本駐偽滿使館		瀋陽	
8	回教西北鐘聲	1938 年 4 月	偽回教聯合總會	劉錦標	北平廣內大街路北100 號	

9	回教	1938 年	偽中國回教聯合總會	唐易塵	北京	國家圖書館
10	回光月刊	1939 年	偽滿回教協會		瀋陽	遼寧省圖書館
11	中國回教聯合會年報	1939 年 2 月	華北聯合會總部		北平	寧夏社科院
12	回教週報	1940 年	偽中國回教聯合總會	劉錦標	北平	國家圖書館
13	回教圈	1940 年	日本特務機關		南京	江蘇省圖書館
14	塔光	1940 年	偽廣東回教自治會機關雜誌		廣州	廣州中山圖書館
15	回教月刊	1941 年	偽蒙藏西北回教聯合會本部		呼和浩特	內蒙古圖書館
16	華北宗教年鑒	1941 年	興亞院華北聯絡部		北京東四鐵獅子胡同 14 號	
17	西北鐘聲	1942 年 9 月	偽西北回教聯合會本部		呼和浩特	

附錄三：民國時期出版回族伊斯蘭教書目（部分）

類別	書目	著者	出版發行	日期
宗教	天方回回原來	劉三樂撰	成都敬畏堂周氏藏版	1904 年
宗教	七空仙橋	不著撰者	北京牛街出版社印	1924 年
歷史	米氏宗譜	米俊明著		1903 年
歷史	鄭和下西洋考	伯希和著、馮承鈞譯	商務印書館印刷	1934 年
歷史	鄭和航海圖	向達撰	中華書局商務出版	1943 年
宗教	回教繼承法與其他繼承法之比較	林興智撰		1946 年
教育	回教教育史	託太哈著、馬堅譯		1943 年
歷史	中國阿刺伯海上交通史	（日）桑原騭藏著、馮攸譯	上海商務印書館再版	1934 年
歷史	新疆與回族	王雲傑、王聖傑編	商務印書館	1933 年
譜牒	楊氏家譜	楊堡祥撰		1912 年
譜牒	戴氏宗譜	戴誠弟兄五人撰		1859 年
譜牒	脫氏族譜	脫萬慶撰		1944 年
方志	朔方道志	馬福祥撰		1926 年

宗教	齋戒	馬宏毅	北平成達師範出版部	1935 年
宗教	回教與尊孔	唐宗正著		1942 年
宗教	開齋節	馬宏毅著	北平成達師範出版部	1935 年
宗教	回教雜記		上海廣學會	1931 年
宗教	回教喪禮述要	許昌等著	回教文化出版同志會	1944 年
宗教	腦威四十段聖諭	龐士謙譯	黎明學社出版	1947 年
宗教	漢譯寶命真經	馬復初著		1927 年
歷史	回回原來		北京牛街清真書報社	1932 年
宗教	教義法程	許兆文、沙竹軒合著	北京牛街清真書報社	1941 年
宗教	播音	達甫生、哈德成合著	上海回教經學研究社	1934 年
宗教	西北回教生活	石覺民著	甘肅蘭州回教日報社	1945 年
宗教	回教總要	馬健之著	雲南穆光書店發行	1948 年
宗教	教義讀本	馬堅編譯	雲南印刷局	1945 年
宗教	回教與人生	馬松亭等著	北平成達師範出版部	1934 年
宗教	清真指南要言	馬注著		1926 年
宗教	回教必遵	馬駿編	青海印刷局	1939 年
宗教	伊斯蘭教	納子嘉譯	北平成達師範出版部	1935 年
宗教	教典詮釋	馬堅譯	雲南印刷局鉛印	1945 年
宗教	教義學大綱	塞爾頓丁著、馬堅譯		1945 年
宗教	伊斯蘭教基本信條之一	唐幼山編	江都縣伊斯蘭婦女協會	1936 年
宗教	伊斯蘭教的認識	周仲仁譯		1934 年
宗教	伊斯蘭教義概說	楊少圃著	北京新民印書局出版	1943 年
宗教	中國伊斯蘭教概論	馬鄰翼著	商務印書館	1947 年
宗教	伊斯蘭教之理智研究	劉耀黎著	西北論衡社出版	1941 年
宗教	伊斯蘭教志略	許崇灝編	重慶商務印書館	1944 年
宗教	回教認一論	馬瑞圖譯		1937 年
宗教	回教真相	馬堅譯	商務印書館	1943 年
宗教	黎明時期回教學術思想史	納忠譯	商務印書館	1939 年
宗教	和平之使命：回教之新認識	龐士謙譯	伊斯蘭出版公司印製	
宗教	齋月演詞		北平成達師範出版	1931 年

宗教	希真正答	（明）王岱輿著		1925 年
宗教	歐母戴	丁蘊輝譯		1936 年
宗教	伊斯蘭教義與黨員守則	張兆理著	國民圖書出版社發行	1943 年
宗教	世界回教史略	水子立著	北平清真書報社印	1930 年
宗教	人道天道彙編	劉錦標著	增利印書局	1938 年
宗教	回教發展史略	袁東寅撰	南京回教青年學會出版	1946 年
宗教	回教淺說	馬天英著		1940 年
遊記	中國回教近東訪問團日記	中國回教近東訪問團撰	中國文化服務社	1943 年
宗教	中國伊斯蘭教史綱要	白壽彝著	文通書局	1946 年
宗教	穆聖史略	馬福龍編	銀川伊斯蘭學社出版	
宗教	穆聖的故事	納忠譯		1945 年
宗教	穆信瑪提經	馬毓貴等譯	成達師範民眾教育會	1930 年
宗教	穆斯林的祈禱	追求學會譯		1930 年
宗教	穆民教訓	安喀里著、王國華譯	北京成達師範出版部	1932 年
宗教	穆士塔格	金殿桂譯	北京成達師範學校出版	1931 年
宗教	證明穆罕默德為聖集考	馮瑞生編著	西安化覺清真寺出版	1930 年
宗教	穆罕默德的默示	馬瑞圖譯		1946 年
宗教	宗教正基	李文瀾、張希真著		1919 年
宗教	禮法問答	馬玉龍著		1935 年
宗教	和平教	尹光宇著	太原晉新書社印刷	1934 年
宗教	歸真總義	阿世格口授、張時中編	北京清真書報社出版	1922 年
宗教	清真教典歌	馬耀廷編		
宗教	選譯詳解偉嘎業	王靜齋譯	伊光報社出版	1913 年
宗教	克蘭經選本譯箋注	劉錦標著	奉天文化清真寺發行	
宗教	新譯天方大化歷史	李相廷譯著	北京牛街萬全書局	1919 年
宗教	四篇要道	張中譯	北京清真寺書報社	1923 年
宗教	回教常識問答	曼蘇爾著、陳克禮譯	北京月華文化服務社	1951 年
宗教	清真教之研究	（英）罕直克馬倫定著、張炳鎮譯	上海中國回教學會代印	1926 年
宗教	回教法學史	龐士謙譯	北京月華文化服務社	1951 年

宗教	回教認識的派別	安嫻蒲著	北京月華文化服務社	1951 年
宗教	朝覲摘要			1929 年
宗教	五功釋義	劉介廉著	北平牛街清真書報社	1931 年
歷史	回回	郝遇林著		1941 年
宗教	穆民勸善歌		北平成達師範出版部	1935 年
宗教	性理注釋、五功釋義合印	馬福祥翻印		1926 年
宗教	清真教典速成課本			1931 年
宗教	考證回教歷史	馬良駿著		1947 年
宗教	正教真詮、清真大學、希真正答	王岱輿撰		1931 年
宗教	指迷考證	馬魁眉斬氏、馬魁退山氏	北京清真書報社印	1922 年
宗教	伊瑪尼擇要		伊斯蘭學社出版	
宗教	至聖贊文	楊潤支編輯	回民報社出版發行	1934 年
宗教	日本之回教政策	楊敬之著	伊斯蘭文化學會重慶出版	1943 年
宗教	回曆綱要	馬堅編譯	北京大學東方語文學系	1951 年
宗教	中阿初婚	楊仲明編譯	北京蓋森公司刻版印刷	1911 年
宗教	回族民族運動史	蔡元培、王雲五等		1944 年
宗教	麥加巡禮記	唐易塵撰	北京震宗報出版部	1943 年
宗教	鄭和	鄭鶴聲著		1944 年
宗教	鄭和遺事彙編	鄭鶴聲著	中華書局印刷發行	1948 年
宗教	鄭和家譜考釋	李士厚著	昆明正中書局	1937 年
宗教	回教基督教與學術文化	馬堅譯	中國回教書局發行	1936 年
宗教	據理質證	孫芝山撰	北平孫芝山印贈	1925 年
宗教	回耶辨真	王文清譯	清真書報社	1921 年
民族	回回民族問題	民族問題研究會編	延安解放出版社	1941 年
宗教	回耶雄辯錄	王靜齋譯	北京清真書報社	1914 年
宗教	宗教正基	張希真撰	北京牛街萬全書局出版	1919 年
宗教	穆信麻題	劉輔堂著		1923 年

歷史	埃及九年	龐士謙著	月華文化服務社	1951 年
歷史	小學教點問答	馬毓龍譯	北京清真書報社。	1931 年
宗教	省迷真原			1914 年
宗教	清真益知錄	李向亭錄		民國
歷史	元咸陽王賽典赤家譜		回民大眾書社發行	1939 年
宗教	齋月講演錄	陳克禮譯	清真北大寺理事會印	1940 年
宗教	回教史參考資料	馬宗融著		
宗教	聖訓	馬玉龍著	北平清真書報社	1935 年
宗教	清真沐浴禮拜箴規	閃北辰編		1924 年
宗教	聚真堂馬氏宗譜			1929 年
宗教	禮拜箴規	（清）潤堂開著		1921 年
宗教	修真蒙引	伍子先生著		1921 年
宗教	雜學擇要注解	佚名撰		
宗教	清真要義	馬駿著		1933 年
宗教	清真通俗歌	佚名撰	北京清真書報社印行	1924 年
宗教	清真正史	張德純譯	京華新報	1914 年
宗教	清真學理譯著	王三友編		1914 年
宗教	清真解義	何馨桂著		1903 年
宗教	回回曆	馬以愚著		1946 年
歷史	中國回教史	傅統先著		1940 年
歷史	中國回教史研究	金吉堂著		1935 年
宗教	中國伊斯蘭史綱要	白壽彝著		1941 年
歷史	回教諸國文化史	納忠著	雲南印刷廠出版	1948 年
歷史	回教歷史教科書	林仲明譯	上海回教書局出版	1935 年
宗教	穆罕默德	追求學會譯	北平清真書報社	1931 年
宗教	穆罕默德	金兆梓編		1948 年
宗教	穆罕默德傳略	馬志程編譯		
宗教	天方性理	（清）劉智著	上海中華書局承印	1923 年
宗教	天方典禮擇要解	（清）劉智著	北平清真書報社發行	1939 年
宗教	天方奇觀	李廷相譯	北平清真書報社發行	1934 年
宗教	克蘭聖經牟言	尹恕仁譯		1925 年
宗教	可蘭漢譯附傳	劉錦標編		1934 年

宗教	古蘭經譯解	王靜齋譯	永祥印書館初版	1946 年
宗教	天方正學	（清）蘭煦著	北京清真書報社	1924 年
宗教	正教真詮清真大學合印	（明）王岱輿著	北京清真書報社	1922 年
宗教	天方戰克錄全卷	李廷相譯述	北平清真書報社	1933 年
宗教	天方大化歷史	李虞宸譯	北平清真書報社	1931 年
宗教	中國回教小史	白壽彝著	商務印書館	1944 年
宗教	中國回教史鑒	馬以愚著	商務印書館	1941 年
宗教	回教哲學	馬堅譯		1943 年
宗教	伊斯蘭淺論	馬福龍著	伊斯蘭學社印	
宗教	回教與社會	邦戴理・喬基著陳克禮譯	北京東四清真寺印	
宗教	回教哲學史	馬堅譯		1944 年
宗教	天方至聖實錄	（清）劉介廉著	中華書局	1932 年
宗教	天方道程看經淺說	花湛露譯		1922 年
宗教	天方性理	劉智著		1923 年
宗教	天方典禮	劉智著	錦城寶真堂藏版	1922 年
宗教	四典要會	馬德新著	清真書報社鉛印	1923 年
宗教	漢譯古蘭經	劉彬如，花妝舟譯	中國回教經書編譯所印行	1935 年
宗教	清真指引	李向亭著		1917 年
宗教	正教理論	馬駿著		1922 年
宗教	（御覽）清真釋疑	金天柱著		1921 年
宗教	中國之回教	中國回教南洋訪問團編	中國回教救國協會印行	1938 年
宗教	回語讀本	常德回教教育輔助會編		1935 年
宗教	漢譯耳木代	馬魁麟、星泉氏撰	北平牛街清真書報社印	
宗教	精神指導講義	馬善亭撰		
宗教	扯哈雷凡束黎	馮國祥撰		1924 年
宗教	教心經注	楊敬修譯		1924 年
宗教	開禮麥講解	尹少軒著		1948 年
宗教	清真辟異論	穆之安著		1899 年
宗教	朝覲天方日記	馬正泰著		1924 年

宗教	尼爺帖講義		北京崇外花市清真寺印	1929 年
歷史	雁門薩氏家譜	薩鎮冰、嘉曦續修	遠東書局鉛印本	1935 年
歷史	青州趙氏宗譜	趙潛撰		1936 年
歷史	貢氏宗譜	全族纂修		1933 年
歷史	金氏宗譜	金全漢修		1890 年
宗教	螯拉戴			1934 年
歷史	蒲壽庚考	陳裕菁譯	上海中華書局	1936 年

參考文獻

一、民國報刊類

1. 寧夏少數民族古籍整理出版規劃領導小組辦公室:《月華》(全十冊),寧夏人民出版社,2010 年。

2. 姚繼德、雷曉靜主編:《清真鐸報》(上、下冊),雲南大學出版社,2014 年。

3. 寧夏少數民族古籍整理出版規劃領導小組辦公室、北京市民族古籍整理出版規劃小組辦公室整理:《晨熹》(上、下冊),寧夏人民出版社,2011 年。

4. 中國回教救國協會主辦:《中國回教救國協會會刊、會報》(1939～1949)。

5. 中國回民救國協會主辦:《中國回民救國協會通告》(1938～1939)。

6. 中國回教學會主辦:《中國回教學會月刊》(1926～1929)。

7. 沙蕾主編:《回教大眾》(1938～1939)。

8. 中國回教救國協會主辦:《回教文化》(1941～1943 年,共出版 4 期)。

9. 孫繩武、王夢揚主編:《回民言論‧回教論壇》(1939～1941)。

10. 中國回教總聯合會主辦:《回教週報》(日偽報刊)(1940～1945)。

11. 國民黨中央政治學院附設蒙藏班回族學生主辦:《突崛》(1934～1945)。

12. 石覺民主編:《回教青年月報‧回教青年》(1936～1947)。

13. 中國回民青年會主辦:《回民青年》(1946～？)。

14. 丁國珍主編:《正宗愛國報》(1906～？)。

15. 禹貢學會主辦:《禹貢半月刊》(第七卷第四期,回教專號)1937 年 4 月出版。

16. 伊斯蘭學友會主辦:《伊斯蘭青年》(1931～1936)。

17. 北平追求學會主辦：《正道》（1931～1946）。

18. 天方學理月刊社主辦：《天方性理月刊》（1928～1935）。

19. 留東清真教育會主辦：《醒回篇》，王希隆點校，蘭州大學出版社，1987年。

20. 王靜齋主編：《伊光》（1927～1942）。

二、著作、資料彙編類：

1. 王正儒、雷曉靜主編《回族歷史報刊資料文選》（社團卷、教育卷、歷史卷、社會·青年卷、社會·調查卷、抗戰卷、經濟卷、特刊卷、宗教卷、文化卷、文學卷共 28 冊）寧夏人民出版社，2012 年 5 月、2015 年 2 月先後出版。

2. 中國南方回族古籍叢書編委會：《中國南方回族古籍資料選編》（上、下），廣西人民出版社，2013 年 12 月。

3. 馬建釗等主編：《中國南方回族社會團體資料選編》，四川人民出版社，2003 年 12 月。

4. 王正偉：《回族傳承文化實錄》，寧夏人民出版社，2001 年。

5. 李興華、馮今源編：《中國伊斯蘭教史參考資料選編（1911～1949）》（上、下），寧夏人民出版社，1985 年。

6. 中國百科全書編輯委員會：《中國伊斯蘭百科全書》，四川辭書出版社，1994 年。

7. 中國伊斯蘭教協會編：《中國伊斯蘭教簡志》，宗教文化出版社，2011 年。

8. 民族問題研究會編：《回回民族問題》，民族出版社，1982 年。

9. 白壽彝：《中國伊斯蘭教史存稿》，寧夏人民出版社，1982 年。

10. 楊懷中、余振貴主編：《伊斯蘭與中國文化》，寧夏人民出版社，1995 年。

11. 馬通主編：《回族近現代史研究》，甘肅民族出版社，1992 年。

12. 余振貴：《歷代政權與伊斯蘭教》，寧夏人民出版社，2012 年。

13. 姚大力：《「回回祖國」與回族認同的歷史變遷》，載《北方民族史十論》廣西師範大學出版社，2007 年。

14. 雷曉靜主編：《回族近現代報刊目錄提要》，寧夏人民出版社，2006 年。

15. 馬博忠、李建工編：《抗戰時期穆斯林期刊廣西資料輯錄》，香港天馬出版有限公司，2007 年。

16. 李偉、吳建偉主編：《回族文獻叢刊》，上海古籍出版社，2006 年。

17. 劉東聲、劉盛林著：《北京牛街》，北京出版社 1990 年。

18. 任一農、楊牧之、宋鎮鈴主編：《民族宗教知識手冊》，中共中央黨校出版社，1994 年。

19. 王正偉：《回族民俗學概論》，寧夏人民出版社，1999 年。

20. 薛文波：《雪嶺重澤》，甘肅內部出版，2001 年。

21. 楊敬之：《日本回教政策之全貌》，商務印書館，1943 年。

22. 喇秉德著：《赭墨集：喇秉德學術論文選》，民族出版社，2005 年。

23. 回部全權代表辦公處：《回部公牘》，上海中國印刷廠，1924 年。

24. 鄭杭生主編：《社會學概論新修》，中國人民大學出版社，2001 年。

25. 【英】安東尼‧吉登斯《社會學》，北京大學出版社，2009 年。

26. 傅統先：《中國回教史》，寧夏人民出版社，2000 年。

27. 白壽彝：《中國回教小史》，商務印書館，1944 年。

28. 邱樹森主編：《中國回族大詞典》，江蘇古籍出版社，1992 年。

29. 李偉、雍際春、王三義著：《抗日戰爭中的回族》，甘肅人民出版社，2001 年。

30. 霍維洮：《近代西北回族社會組織化進程研究》，寧夏人民出版社，2000 年。

31. 馬宗保：《多元一體格局中的回漢關係》，寧夏人民出版社，2002 年。

32. 馬強：《民國時期粵港回族社會史料輯錄》，甘肅人民出版社，2012 年。

33. 德爾基彭錯、郭嵩明主編：《中國南方回族文化教育資料選編》，四川民族出版社，2001 年。

34. 張巨齡：《綠苑鉤沉——張巨齡回族史論選》，民族出版社，2001 年。

35. 張嶸：《傳統、創新與發展——20 世紀前期（1949 年以前）回族社會文化變遷研究》，民族出版社，2013 年。

三、學術論文類：

1. 華濤，翟桂葉：《民國時期的「回族界說」與中國共產黨「回回民族問題」的理論意義》，《民族研究》2012 年 1 期。

2. 王柯：《日本侵華戰爭與「回教工作」》，《歷史研究》2009 年 5 期。

3. 柴靜，白友濤：《論民國時期回族社團的特點》，《回族研究》，2000 年 2 期。

4. 【日】松本真澄：《1920 年～1930 年代日本改宗穆斯林亞洲主義者在中國活動和中國伊斯蘭文化覺醒》（未發表，為 2013 年在內蒙古科技大學舉行學術會議論文）。

5. 張巨齡：《中國回教俱進會初創記評（上、中、下）》，《回族研究》1997 年 4 期，1998 年 1～2 期。

6. 錢志和：《中國回教俱進會與近代回族文化運動》，《中國穆斯林》1994 年 3 期。

7. 達慧中：《抗戰時期回族爭取國際聲援的國民外交》，《西北第二民族學院學報》2004 年 1 期。

8. 哈寶信：《上海回族抗日救亡運動述略》，《回族研究》1995 年 4 期。

9. 答振益：《民國時期社會賢達與回族》，《中南民族大學學報》2000 年 3 期。

10. 白潤生：《中國回族報刊研究芻議》，《當代傳播》2009 年 4 期。

11. 白貴，金強：《中國近代回族報刊波動現象淺析》，《回族研究》2008 年 4 期。

12. 馬博忠：《民國時期中國穆斯林報刊統計表》，《回族研究》2008 年 4 期。

13. 楊桂萍：《中國穆斯林新文化運動》，《回族研究》1999 年 3 期。

14. 高占福：《民國時期甘肅的回族教育》，《西北民族研究》1991 年 1 期。

15. 姚繼德：《回族留學生與雲南現代伊斯蘭文化》，《回族研究》1996 年 3 期。

16. 錢志和：《20 世紀前半葉回族教育發展的歷史軌跡》，《寧夏社會科學》1995 年 2 期。

17. 答振益：《辛亥革命與民國時期回族的新文化運動》，《中南民族學院學報》2002 年 6 期。

18. 張建芳：《從民國時期穆斯林文化運動看文明對話的意義》，《世界宗教研究》2006 年 4 期。

19. 張志誠：《20 世紀初上海伊斯蘭教學術文化團體——中國回教學會》，《回族研究》1992 年 3 期。

20. 馬博忠：《回族抗日歌曲與國家認同》，《北方民族大學學報》2009 年 5 期。

21. 方素梅：《從「回部公牘」看民國前期回族的政治參與活動》，《民族研究》2010 年 1 期。

22. 韓晶：《近代北京回族報刊與民族問題》，《甘肅社會科學》2010 年 2 期。

23. 王德才：《中國回教救國協會在抗日救亡運動中的歷史作用》，《中國穆斯林》2009 年 5 期。

24. 張巨齡：《清末民初的回族報刊和丁寶臣等五大報人》，《雲夢學刊》2006 年 5 期。

25. 張嶸：《中國回教救國協會陝西分會述評》，《西北師大學報》，2010 年 6 期。

26. 張嶸：《歷史的語境和動力——近代回族社會轉型的背景分析》，《中南民族大學學報》2011 年 3 期。

27. 曾凡雲：《20 世紀上半期日本的中國回民政策述論》，《西北民族研究》

2012 年 1 期。

28. 馬威:《民國時期民族識別與分類的知識源流》,《西南民族大學學報》2011 年 8 期。

29. 方美玲:《中華民國社團的基本特徵》,《北京教育學院學報》2000 年 3 期。

30. 郭琳琳:《試析抗戰時期回族報刊「回教大眾」的宗教認同與國家認同》,《牡丹江大學學報》2013 年 7 期。

31. 姚繼德:《中國留埃回族學生派遣始末》,《回族研究》1999 年 1 期。

後　記

　　《近代回族文化運動》一書終於結稿出版。之前在基本框架完成後主要從事資料補充工作。本書從開始收集資料到最終完成出版，前後共花去了五年多時間。

　　本書採用歷史文獻學研究方法，對近代回族創社團、改良教育、創辦報刊的文化活動進行系統研究。我關注民國回族已經有 20 多年了，從 1997 年開始研究馬福祥，至 1999 年《馬福祥傳》最終出版，引起我對民國回族歷史與文化研究的興趣。近代回族飽受戰亂及外敵入侵考驗，愛國熱情得到提升，增強了對中國民族、中華文化的認同，能夠將民族命運與國家命運緊密聯繫起來。同時在文化、宗教、政治階層湧現出了許多名人大家，他們為國家、民族命運上下求索，事蹟斑斑可考，許多人物可以撰寫出一本內容豐滿的傳記。同時也發現民國回族資料豐富，可挖掘、研究的內容很多，這些資料包括民國回族學者的著述，特別是民國回族創辦的報刊為今人研究提供了大量豐富資料。這些報刊各有特點，也發表了大量有學術價值的文章，還有國內外動態報導、甚至刊登的廣告也具有時代特點。本書中引用了大量近代回族報刊資料內容，特別是近年來國家圖書館將許多民國報刊進行數字化處理，為研究者查閱、複製提供了方便。寧夏社會科學院少數民族古籍研究所等單位整理影印出版一批辦刊歷史比較長、價值比較高的回族報刊，如《月華》《清真鐸報》《晨熹》《中國回教學會月刊》，同時將近代回族報刊中發表價值較高資料進行分類，最後編輯出版《回族歷史報刊文選》，原計劃出 10 卷 40 餘冊，現已出版了 27 冊，王正儒、雷曉靜主編。這些資料的挖掘整理與出版對本書的研究提供了資料方便。近代回族資料豐富，要寫的領域很多，本書以近代

回族文化運動為主線，以史料為基礎，運用歷史學、民族學研究方法進行研究。一個人精力有限，不可能面面俱到，書中不足及遺漏地方不可避免，希望各位同仁批評指正。

本書在撰寫過程中得到許多朋友的幫助與支持，在這裡首先應該感謝臺灣花木蘭文化事業有限公司，對本書出版給予大力支持與幫助。王正儒博士為本書提出了很有價值的修改意見，雷曉靜研究員為本人無償提供幾種民國回族報刊資料，國家圖書館、中國民族圖書館為我搜集資料提供了方便，在此一併表示感謝。

作者

2019 年 12 月 16 日